行者致远：班主任的思与行

刘永要　主编

XINGZHE ZHIYUAN:

BANZHUREN DE SI YU XING

中山大学出版社

·广州·

图书在版编目（CIP）数据

行者致远：班主任的思与行/刘永要主编 . —广州：中山大学出版社，2023. 12
ISBN 978 - 7 - 306 - 07971 - 8

Ⅰ . ①行… Ⅱ . ①刘… Ⅲ . ①中小学—德育工作 Ⅳ . ①G631

中国国家版本馆 CIP 数据核字（2023）第 242662 号

出 版 人：王天琪
策划编辑：金继伟
责任编辑：王　璞
封面设计：曾　斌
责任校对：周　玢
责任技编：靳晓虹
出版发行：中山大学出版社
电　　话：编辑部 020 - 84110283，84113349，84111997，84110779，84110776
　　　　　发行部 020 - 84111998，84111981，84111160
地　　址：广州市新港西路 135 号
邮　　编：510275　传　　真：020 - 84036565
网　　址：http://www.zsup.com.cn　E-mail：zdcbs@ mail. sysu. edu. cn
印 刷 者：广州市友盛彩印有限公司
规　　格：787mm×1092mm　1/16　15.75 印张　350 千字
版次印次：2023 年 12 月第 1 版　2023 年 12 月第 1 次印刷
定　　价：48.00 元

编　委　会

主　编：刘永要

副主编：胡碧华　魏雪雁　邓小满

编　委：（按姓氏拼音排序）

序一　相聚相惜　携手并进

——2022 永联研修共同体研修总结

广东省深圳市格致中学　刘永要

在专业成长的带队之路上，我比较谨慎。每当付诸行动之前，我常常要在心里思量上百遍，认为确实可行了，才会去实施。而在我决定要去实施之后，就会竭尽全力去落实。在实施的过程中，可能要翻山越岭，可能要披荆斩棘，可能会遭受怀疑或非议，但既然出发，便义无反顾，风雨兼程。

2022 年年初，我想组建一个这样的共同体——人数不多，志同道合，坚持研修，做出成绩。然后，我就不畏艰难行动起来了，开始发倡议，组建团队，实施研修。每一步，都在计划之内；每一步，都坚定沉稳。

其实，这个行动，还是对樊瑞校长的致敬！曾经，我在樊瑞校长工作室参与研修一年，那是我专业成长最快速的一段时间，也是每天都心情澎湃的一段难忘时光。我和来自全国各地的名校长、名师、名班主任一起，构建了一段研修的传奇——专业、深刻、思辨、成长。每一位成员都给我带来了不小的冲击，不一样的视角，非一般的视野，超出众人的深刻……

这无疑是我专业成长最重要的路径之一。既然这样，在我成长起来之后，我就想以类似的方式，和更多的同行者一起成长。于是，我们汇聚在一起，永联研修第一期 50 位教师聚集在网络，聚集在我们小小的永联研修共同体的小群里，开始了大大的研修。

2022 年 2 月 13 日，我们开始第一期研修；2022 年 2 月 14 日，我们发出第一篇推文。我们设置了几个研修路径，每星期拟定一个主题，称之为"每日一言"，一年时间下来，一共设置了 47 个主题；每个星期撰写一篇文章，称之为"每周一文"；还设置了听讲座的任务和每月共读"一本书"的任务，后来因为任务实在太重，不少老师无法完成，所以后两项任务取消了。

围绕着主要研修任务，我们坚持了整整一年，我们积累的研修成果超过了 500 万字，结果就是这样耀眼！为何我们能坚持下来？这或许就是团体的力量，独行快，众行远，独行和众行相结合，才能行稳致远。这无疑是一段美好的回忆——因为我们没有辜负这一年。

一年的时间不长也不短，但坚持的力量，让人惊叹。研修在只进行了三个多月的时候，我们便有了要把研修成果结集出版的勇气。于是，我们果断组建编委团队，开展整合编辑工作。这也是这本书的由来。

研修团队里，有一种坚持让我钦佩不已。一年来，虽然有一些老师因为各种原因，无法坚持参加研修活动，但是很多老师坚持了下来，他们每天写一言，每周提交一文，从不间断。所以，很多老师撰写的文字量超过了15万字（每人平均撰写文字量在10万字以上）。这一年时间，因为我们的坚持而特别有意义。

研修团队里，有一种无私让我感激。一个团队的有序运行，是需要很多人在背后默默付出的。研修成果如何整理？每日考勤工作，谁来做？文档收集，谁来负责？公众号推文，谁来编辑？这些烦琐的事务，都是由我们研修团队的老师主动去承担的。严双莲、岳加军、欧红、马思怡、魏雪雁、邓春燕、马明洋、李富华、向小群、黑江丽、尚善报、彭吴桃、张爱敏、信双峰、石岩、桂巧艳、邓昕、曾晓霞等老师，是我们团队正常运行的幕后志愿者。正是因为有这些老师热心又无私的付出，我们才能够坚持到最后。在此，我代表我们整个研修共同体向他们深表感谢！

研修团队里，有一种优秀让我敬仰。张爱敏老师是全国模范教师、特级教师，荣誉等身，却一直在团队里引领、奉献、坚持；赵静老师，每日一言，每周一文，几乎没有缺过，而且质量很高，优秀如斯，却十分低调；严双莲老师是省级名班主任工作室主持人，又是研修团队"每日一言"文档收集团队的负责人，在繁忙的工作中，她一直坚持为团队付出，每当有什么工作任务时，总是义不容辞，让我感动不已；吴清宇老师是深圳市龙华区引进人才，南粤优秀教师，教研员，她谦逊、努力，一直优秀，一直坚持，看她教研如沐春风，看她管班温润高效；岳加军老师在研修中途才加入团队，却是一位表现十分优异的老师，每天都有高质量的文字输出；魏雪雁老师是省级骨干教师，一直是永联的核心骨干，也一直在奉献着她的智慧；陈娥老师在班级管理和亲子阅读活动方面有很深的造诣，对永联团队不离不弃，常常积极开拓发表文章的渠道，为永联的发展出谋划策；黑江丽老师身兼数职，每日一更，坚持提升，不管多难，她总是乐观地面对，积极地追求上进；陈惠珍老师由一开始加入团队时的犹豫，到最后一直坚持，我感觉她的变化很大，收获很多；晏清华老师，育人情怀浓厚，写作思路清晰，文字掷地有声；马明洋老师，年轻有为，文笔老到，成了永联耀眼的新星；张美菊老师，小小的身躯，却有着大大的动力，一直在专业成长的道路上孜孜不倦地努力着，一路成长一路歌，收获了很多荣誉；曾瑞奇老师凭着一手好字，征服了永联团队的老师，给老师们带去温暖送去光，在研修之路上发光发热；张晓军老师是导师级别的名师，思想深邃，视野开阔，文字优美；张成尧老师是来自东北的名师，所写的文字特别有力量；黄希宾老师是小学老师的优秀代表，其所撰写的多篇文章发表在永联公众号上；李富华老师，河南优秀班主任、骨干教师，积极地研修，低调地写作，硕果累累，属实让我敬佩；广州的詹雯校长，每天非常忙碌，却依然坚守着，直到工作岗位换到了教育局，才依依不舍地请假作别；河源的曾晓霞老师，一边研修一边参加教研室的选拔，最后成功了，十分励志；还有来自山西的王伟凤老师，来自河南的赵彦利老师，来自浙江的曾金炳老师，来自湖南的桂巧艳、阳金姣、段小华、左佳瑶等老师，来自安徽的李琴老师，来自杭州的王倩倩老师，来自梅州的陈梅卿老师，来自惠州的池敏君老师，来自中山的黄建勋老师，来自江门的邝丽丹、吴俣老师，来自珠海的吴爱国老师，来自湛江的王小清老师，来自东莞的石岩、邓春燕老师，来自深圳的黄亚妹、杨琴、邓昕、曾迎婷等老师，来自佛山的孙钦强、何淑而、龚金秀、彭吴桃、邓小满、汪婷婷、严结敏、吴燕飞、吴艳等老师，他们都是优秀教师的代表，教书育人，师德高尚，努力研修，积极进取……太多优秀的老师难以一一列举，在我们这个小小的团队里，发光发热，熠熠生辉！

很庆幸，我在2022年年初，有这样的一个微小的想法和举动，让这么多优秀的教师聚在这里，创造了许多动人的瞬间和难忘的记忆，积累了很多优秀的成果，促进了团队成员的共同成长。一年过去，当初我们立下的誓言大部分都已实现，尽管我也曾因工作繁忙而没有完成这当中的一些任务，但我还是收获到了很多，依然觉得很开心愉悦。因为，这个过程如此精彩，这种友谊如此纯粹，这种进步如此真实。

我一向认为，我们在专业成长的路上，最难改变的是自我满足的思想，而这也是一个人无法持续前进的重要原因。当我们满足于现状，当我们不再愿意为未知去努力，当我们沉浸于过往的辉煌而不可自拔的时候，我们便会停滞不前。对此，我们需要保持高度警惕。也正因如此，我乐于与年轻人交往，乐于和来自全国各地的老师们交流和分享，乐于组建团队与更多的老师同行，以期鞭策自己摆脱故步自封的困局，行走在充实又专业的成长之路上，不断学习，力求进步，发现更广阔的天地，遇见更美好的自己。

一年了，我们2022年永联研修共同体的研修要告一段落了。感谢2022年永联研修共同体的每一位老师，一年的相伴，如此多彩。

最后，以一句话和大家共勉：请相信，日复一日地坚持与付出，一定会让你成为你想成为的人。

是为序。

序二 不负相逢，奋力前行

——写在永联研修共同体一周年之际

河南省长垣市 张爱敏

今天是 2023 年 2 月 14 日，也是我加入"永联研修共同体"一周年的日子。导师选择这样一个日子开启，又选择同一天结束，这本身就是一段浪漫而温暖的旅途。我在行走中，有导师的引领，有同伴的鼓励，视野更开阔了，理念更新了，行走更加坚定明晰了。

缘起

2022 年刚过春节，我收到了一份特殊的礼物——刘永要导师的邀请函，邀我加入"永联研修共同体"。

也许，在他人眼里，我也是荣誉等身、硕果累累。其实，我一直都只是一名乡村教师，身在穷乡僻壤，在成长的路上一直都是茕茕孑立、形影相吊。特别是近几年，我总是被前所未有的孤独感笼罩着，痛彻心扉的迷惘只有自己知道。

我与刘永要导师结识于 2021 年暑假，源于《教育时报》组织的班主任研修——"河南班主任智慧学院"，当时我应邀担任"永要班"的班长，他是导师。但当时郑州连续下暴雨，导致研修中断。此时，刘永要导师的邀请函，对我来说无疑是一针强心剂。加入成长共同体，与全国天南海北的一群优秀教育者一起前行，该是多么浪漫的事。我雀跃地应允了。

筹备

2 月 11 日 10 时 8 分，"2022 永联研修共同体"成立，刘老师开始在群里征集群成员简介与照片，还记得他那段铿锵有力、振奋人心的话语："各位老师，我们是作为一个团队去研修和展示的。我们的简介，我们每一天的研修成果，都会通过公众号去发布。对外展示，体现的是我们的勇气和自信；也是给我们这个团队增添压力，有压力才会有动力；更是借此影响更多的人，这样，我们所做的事情才会更有意义和价值。我相信，随着时间的推移，我们会成为一个让人惊艳的团队，一年后，我们会为自己是这个团队的一员而感到骄傲。请大家爱护团队、珍惜团队。感谢！大家准备好！我们要启航了！"

12 日上午，团队成员简介上传完毕，话题写作关键词征集工作圆满完成。刘老师又在群里发布了一番肺腑之言："有缘才能相聚于此！我们每一个人都是这个团队的重要一员。我们纯粹，我们不功利，我们只为追寻进步而来，盼望我们能够成为中国教育一抹靓丽的风景线，以影响和改变更多的人！"

13 日 0 时 52 分，刘老师在"永要德育联盟"微信公众号上以《嗨，一起研修吧！》为标题撰文，极富仪式感地让"2022 年永联研修共同体"全体成员出现在公众面前。

惠州仲恺中学的曾瑞奇老师即兴赋诗一首，来祝贺 2022 永联研修共同体启动：

> 五十精英集研修，
> 要哥引领竞一流。
> 格物致知共同体，
> 虎威杏坛拓荒牛。

接着，刘老师于 23 时 18 分发布了第一个话题，并附上详细的写作格式，明确了五个事项：

（1）我们每日一言的主题是每周一个主题，活动时间是星期一至星期五，每天围绕一个主题，从不同的角度去阐述观点、提供案例等，这样，对同一问题的思考才会比较深入。每日一言的字数不作限制，可长可短，但一定要体现自我思考，所有语句需要原创。

（2）星期六的主题是每周一文。

（3）星期天的主题是自由讨论（不作考勤要求）。

（4）预告：本星期三晚上，将有一位学术大咖为我们带来第一个讲座。讲座的第二天大家必须提交听后感。

（5）每天将有专门的老师去记录大家的研修情况。

刚开学，会非常忙，这也是对我们的考验。大家加油！

启航

就这样，在刘老师的运筹帷幄中，"永要研修共同体"载着来自全国各地的 50 位教育同仁启航了。

"永要研修共同体"每周围绕一个关键词展开话题写作，每周提交一篇千字文，每单周周三推荐一个讲座并提交一篇千字心得感悟，每周共读一本书。可谓实实在在的研修，实实在在的行走。

我清晰地记得，第一周的话题写作关键词是"成长"。当刘永要导师于 13 日 23 时 18 分发布写作主题后的 10 分钟，张美菊老师便第一个提交了作业，接着是向小群、陈惠珍、池敏君三位老师。14 日清晨 5 点半左右，研修群又一次响起了信息提示声，苏州的张晓军、濮阳的尚善报、鄢陵的信双峰、衡阳的左佳瑶、东莞的邓春燕、佛山的孙钦强等老师也陆续提交了作业……大家从不同角度话成长，有个人专业方面的、学生成长方面的、关于师生成长渠道与评价的，也有谈到身心学习方面的，打卡一直持续到凌晨。与此同时，研修团队的志愿者队伍也组建完毕，涉及研修考勤、经费管理、研修成果整理及公众号编辑等方面。

我很震撼，并深情地表述了关于"成长"的一己之见：以成长的名义来相聚吧！2022 年 2 月 8 日，看到刘永要导师在"永要德育联盟"公众号发布的"永联教师研修行动倡议书"，我顿时为之一振。最近，自己一直在寻求成长突破，但却又深感无力，甚至警觉到自己的懈怠与忧郁。刘永要导师的邀约好比一场及时雨，让成长恰逢甘霖。我暗暗发誓：在壬寅虎年，走出"舒适区"，迈进"挑战区"，实现新跨越。于是，我敲出百字以上的申请，附上个人简介，以成长的名义去相聚。小伙伴们，让我们严格遵循研修规划与成长规则，挑战自我，赋能他人，彼此照亮。

江门的吴俣老师说，"成长，不是个体的孤独奋斗，而是一群人的同频共振、相互促进。在共同营造的良性循环的'场域'里，大家彼此鼓励，共同进步。班主任要通过主题班会开展、班级文化建设等途径，营造积极向上、充满正能量的班级氛围，建构班级成长共同体，让学生在班级中收获成长"。只要当了老师，我们就会关注每一位学生，期待着每一位学生的成长。

佛山的吴燕飞老师则是引用俞敏洪老师关于"成长"的几个关键词"思考、选择、目标、行动、进取、挑战"来谈成长。她说："每个人都需要成长，作为教师更加要不断学习成长，不断研修进升，不能故步自封、原地踏步，才能给一届又一届的学生带来永不枯竭的教育能量和与时俱进的知识能力！挑战自己，破茧而出，才能实现飞跃的梦想！"

向小群老师对"成长"的理解更为独特，富有创意。她通过"立竿见影"一词来表达："立"，即立刻。"想"都是问题，"做"才是答案。我们只有立马行动，迈开步伐，才能获得成长。正如我们研修群里的各位小伙伴，以火箭般的速度集合，立刻行动是成长的开始。"竿"即标杆。三人行必有我师。我们群里有非常多优秀的小伙伴，每个人身上都有很多值得被学习的优点，向标杆不断看齐，也会让自己不断优秀。"见"即"看见"。这也就是要求我们有一双善于发现的眼睛，看见别人的需求，及时伸出援手；看见别人进步，为别人鼓掌；看见自己的差距，不断做出改变。这样，在无数"看见"中，我们就已经获得了成长。"影"，即影响。人之所以要成长，是为了影响自己，影响别人。通过成长，我们可以给孩子树立良好的榜样；通过成长，我们可以给自己带来力量；通过成长，我们可以带动别人成长……不积跬步无以至千里，成长也需要我们脚踏实地。让我们携手互助，让成长"立竿见影"！

随之而来的一周时间，我们都要历经阅读、思考、写作去展开对"成长"的思考、梳理与总结，特别是赵静、龚金秀、严双莲、晏清华、桂巧艳、严结敏、曾瑞奇、王伟凤、赵彦利等老师以教育故事为形式向大家描述了生动的故事，提供了深邃的反思，起到了很好的引领示范作用。是的！成长永远是自己的事。无论你遇到多有名望的导师，加入多强大的团队，都无法决定你能否实现真正跨越。你，就是你自己，成为最好的自己，才是最重要的。每当组建新团队时，我总是对同伴说："成功的道路并不拥挤，因为坚持下去的人并不多。期待你就是那为数不多中的一位。"名师是写出来的，名师是读出来的。不读孔孟，不读陶行知，不读杜威，不读苏霍姆林斯基，如何从优秀走向卓越，从教书匠到教育家？读写是每个人都可以走的路，关键在于谁坚持得久，谁做得用心，谁更执着，谁更有恒心。

坚守

就这样，历经一年的沉淀、守望与坚持，我完成了 47 个话题写作，围绕话题写作完成了约 245 次话题写作任务，约 15 万字。这一年，除去国庆节与春节，我共提交了 49 篇千字文，最长的逾 3000 字，可以说，一年来，5 万字是绰绰有余了。你的文字能走多远，你就能走多远。不逼自己一把，你怎么知道自己能有多优秀？！

永要导师不止一次在群里唤醒与激励我们：

成长，在很多时候是孤独的。原因有二：一是因为主动追求专业成长的人其实不多，我们很难在身旁找到志同道合的渴求专业成长的人；二是我们在成长的道路上，有可能还会遭受不理解、讥讽甚至打压，我的朋友中就有不少人有这样的遭遇。

战胜这些的方法也有两点：一是坚持成长，唯有坚持成长，我们才能更深刻地理解成长的意义和价值；二是加速成长，让那些不理解、讥讽甚至打压我们的人无法再去讥讽和打压我们。

《岛上书店》中的话又一次在脑海浮现："每个人的生命中，都有最艰难的那一年，将人生变得美好而辽阔。是啊，面对不如意，面对不能改变的环境，唯有改变自己。""我看透了这世界，但依然热爱它。"文友们也很积极，曾瑞奇老师提出"'敏而好学，不耻下问'的人生态度"；魏雪雁老师提到"提升自我效能感"，亦即"自我效能越高的人，更加容易实现突破，迅速成长"。

2 月 19 日是我在"永要研修共同体"提交第一篇千字文作业的时间，标题是《争渡争渡，惊起一滩鸥鹭》。我用深情的笔触为张爱敏工作室写了一篇年终总结，这篇总结也是为"永要研修共同体"写的一篇成长宣言。在文中，我深情地表白："越来越坚信：

三尺讲台，既是耕耘，又是奉献；既是荣誉，又是责任。我越来越体会到专业成长不仅仅是自己的事情了，更是一种责任与担当；越来越体验到站稳讲台不仅仅是一种信念，更是一份坚守；越来越体悟到做好教育不仅仅是一种追求，更是一份执着。忆往昔，李清照为酒醉迷路而'争渡'。看今朝，我们怀着对教育教学的热爱和执着，必将继续走在自我修炼之路上，向着有专业尊严且精神充实的好老师再次'争渡'：聚志同道合之人，守一间温暖教室，做一段美好教育；研讨班级管理，品茗管理智慧，向着美好教育扬帆远航。亲爱的小伙伴，新的一年，期盼与'一滩鸥鹭'翩翩起舞！"

后来，这篇文章被"永要研修共同体"的编辑选用，发表在"永要德育联盟"公众号上。文友们也给予好评"越优秀越努力""不愧是名师，学习的楷模""收获颇丰，收藏待日后反复学习"。其实，这都是坚持的力量。自2016年左右开启随笔文写作，我一直都未放弃。在"新教育论坛"，在"校讯通"，在"1＋1教育博客"，在"新浪博客"，在"简书"……正是文字的力量，让我走出了心灵的阴霾，生动地演绎出教育的美好，也真正实现了"你的文字能走多远，你就能走多远"。虽然脚步很少踏出河南，但名字却被大江南北的文友知晓。

还有每周三的主题讲座，第一周是钟杰老师的"班主任如何说话，家长才愿意听"，让大家感受到了专家学者沟通的智慧，我的研修搭档江丽老师有句话我很欣赏，"先完成，再完美"。写作不是一蹴而就的，需要日积月累的"输入"，才能更好地"输出"。"永要研修共同体"推荐了一系列的书籍来共读，以期真正实现团队的合作共赢同成长。

阅读、反思、践行是专业成长的三部曲，在一次次历练中，我越来越深刻地领悟到"成长""影响""生命"的内涵。我在，一直都在，永远都在。

回眸与展望

此时，我再一次拿起手机，翻看"2022永联研修共同体"的群聊记录，浏览研修足迹，过去的事情宛若就发生在昨天。优秀的同行情深意切、字字珠玑的文字，诠释着自己的教育理念与教育的智慧，倾诉着对学生的尊重与信任、觉察与引领，偶尔也有淡淡的忧伤与迷惘。

特别是看了研修团队伙伴们对自己的讲座"十年，开一朵属于自己的花儿"的心得感悟，再一次让我倍受鼓舞。

（赵静老师）每日一言的研修作业，她总是写得舒畅自然，每周一文的研修作业，她总是率先完成，垂示范例。原来这些都是有原因的，读书、写作，她从不停息。她写了近两百万字，她发表了很多作品，她用稿费给学生买书，她笔耕不辍，钟情翰墨，芳华如灼，砥砺深耕。

（孙钦强老师）听完张老师的讲座，我被深深地震撼。我生于农村，长于农村，我在想，如果我是张老师的学生，我将会成长为什么样子？她诠释了什么是真正的爱的教育，我为乡村有如此有爱的老师感动、叫好，并且佩服张老师；现在，我已离开家乡，远在城市教学，从来没有想过回到农村献身乡村教育，个人情怀自愧不如，更不要说坚持30年。前有于漪后有张爱敏，都用行动演绎了教育情怀。

（严小敏老师）张老师用十年时间，开出了一朵属于自己的花。2022年，以张老师为榜样，在永联研修共同体集体智慧的引领下，我种下一颗花的种子，希望十年以后，我也能开出一朵属于自己的花……

回眸中，一股暖流涌遍全身。原来，我并不孤独；原来，一直有志向相同的同人与我隔屏而望。

回眸这一年，"永要研修共同体"的文友们在分享中研修、反思、写作，都有了不同程度的提升。刘老师在总结里写道："人均撰写的篇章字数超过8万（我个人撰写的文字量超过10万），总字数超过400万；我们相约下一周期的研修还要继续；我们期盼2023年暑假可以线下会面……"

刘老师还说：2022年12月初，永联新著的第二本书《春风化雨以育人：班主任的30讲》在短短的一个多月，已售出1500多本；第三本《班主任育人育己方略：永要德育联盟主题研讨与实践》预计很快就可以出版，这本书分量很重，囊括了永联团队开设的500多期主题研讨的精华内容，这是我们最初的起点，是我们历经三年开展主题研讨的真实再现，是数千名班主任的智慧凝聚，这对于永联来说具有特殊的意义。第四本书是永联研修共同体老师们写的教育故事，可读性很强，预计于2023年年底出版。

亲爱的小伙伴，与其说人生是一场马拉松，不如说是不停的探索。2023年的第一天，我们向着新年的太阳奔跑，携着深情的表白演绎，一起向前。因为远方，有一种力量，一直吸引着我们。追光而遇，沐光而行。可能有短暂阴霾，可能有孤独彷徨。但新年的太阳，会让我们心中的激情再次燃烧。

是的！每一个终点都是新的起点。2023，新光芒，心力量。

目　录

第一章　师 生 成 长

第二章　关 系 构 建

第三章　班 级 文 化

第四章　治班妙招

第五章　家校共育

第六章　育人故事

第七章　教育思考

后　记

第一章 师生成长

成长是一种美丽的痛

广东省深圳市格致中学　刘永耍

人们需要快乐，真正的快乐并非来自财富或荣誉，而是来自做了一些值得的事情。比如，成长。有人说，成长是一次次蜕皮，蜕皮是痛苦，是流血，是失败，但也是对美好未来的憧憬和期待。列夫·托尔斯泰说："人类被给予了一种工作，那就是精神的成长。"我们在变化中成长。假定你拒绝了变化，你就拒绝了新的漂亮、新的机会、新的自己。

一、前行路上，永远不忘引路人

第一次知道专业成长是怎么回事，是在 2016 年年末加入樊瑞校长工作室的时候。这是我在专业成长路上的里程碑。

在樊瑞校长的帮助下，我得以和群内诸多的前辈学者、专家一起研修，我们每日一言，每周一文，围绕教育热点发表见解，激情碰撞。在樊瑞校长工作室的研修群，我眼界大开，认识了一批极具教育情怀的专家学者和中小学一线校长、名师等。和优秀的人在一起，我们也会变得优秀。

这里除了樊瑞校长，还有导师万恒，她是华东师范大学教授，亲切随和，曾通过私信指导我许多，也表扬过我；还有众多名师名校长，如王益民、孙艳红、詹大年、叶志青、胡志武、邵仲文、王新民、马军礼、郭雪红、柳兆春、彭涛、陈尚斌、贾高见、刘习洪、张岩、黎志新等，每一位都是响当当的教育界人物。他们所写的每日一言，总是洋洋洒洒，常常让我自叹不如。樊瑞校长更加了得，所写文字既有诗意，又有情怀和思想，深刻睿智。也是从那个时候开始，我才开始懂得"情怀"二字的真正含义。在他们的引领下，我如饥似渴，每天心潮澎湃，竭尽全力。后来我发现，当你竭尽全力去做一件事情的时候，你所收获的也肯定是最多的。

不知不觉中，在以樊校长为首的一众导师和同修的引领下，我也有了脱胎换骨的感觉。时至今日，回忆起那段研修岁月，回味无穷，不禁感慨自己多么幸运。一年研讨，引领我走上了专业发展的道路，这一年的努力，甚至改变了我的一生。

二、相识优秀，引领我勇敢超越

战胜自我，不怯懦，超越自我，不松懈。在樊瑞校长工作室，我认识了很多优秀的同修。

现在的大咖校长詹大年先生，也是樊瑞校长工作室的一员，他是我非常敬佩的一位同修。那个时候，他已经开始思考教育的种种现象，经常写一些"豆腐块"文章，干净利落，引人入胜，彼时我常常为之点赞。后来的一两年，我明显感觉到詹校长的人气高涨，开始在全国各地做报告，后来他成了爱心与教育研究会会长。他所在的中学也成了一所网红学校。

那时候，张岩是"80后"班主任的领军人物，他个性张扬，水平真是高，下笔有神，舌战群雄；那时候，刘习洪是家校共育的领军人物，很受欢迎；那时候，贾高见是全国班主任界的佼佼者，见识与智慧俱佳，常常到全国各地去讲学。他们都是我崇拜的对象。

除了樊校长，还有一众关心我的校长，如胡志武、邵仲文、柳兆春、郭雪红、马军礼等，他们时不时地鼓励我专注于走专业的路线，让我至今感激万分。

因为樊校长的关系，我还认识了深圳十佳校长叶志青先生和全国著名班主任黎志新老师，他们后来都应我之邀莅临永联学院开公益讲座，他们的讲座非常受欢迎。

三、不想懈怠，勇建研修共同体

成长是一种习惯。在2016年年末的一段时间，我的工作室成立了，那个时候，我曾经有过每天写一篇文章的习惯，那个时候要是哪一天没有写一点文字，就会感觉到全身不舒服，好像总是缺少了一点什么。但是，2021年前后，这个习惯因为某些原因停止了，我懈怠了。当然，也感觉自己的成长停滞了。这种感觉很不好受。好习惯养成不易，但是懈怠却是很容易的，浪费时间也是很容易的。想想，时间多容易流逝啊，任何时候只要拿起手机，追一下新闻热点，刷一下屏，时间就被消磨掉了。

富兰克林说："浪费时间是所有支出中最奢侈及最昂贵的。"2022年年初，我痛定思痛，我要重启个人专业发展之路了，于是就有了2022年永联研修共同体的创建。刘墉说："成长是一种美丽的疼痛。"要经历苦痛，才会有绽放的时刻。深刻剖析自我，才有可能赢得新生。

很荣幸，我能够得到永联研修共同体内各位老师的信任，愿意加入这个团队，共同研修。我很感激。你们的信任，于我而言，既是压力，更是动力。我相信，经过我们的努力，我们会定有丰盈的收获。

四、同行美好，矢志携手同进步

2022 年，永联研修共同体一共有 50 人，我们以最快的速度汇聚在一起。我们似乎都拥有年轻人的朝气和勇气。我们都敢于在极其忙碌的当下，共同思考、共同写作。我感觉到了这个团队的活力和韧劲。

才开始一个星期的研修，就让我感动不已。我感动于詹雯校长历经三省 11 间学校，获评"贵州好人""广东好人"，仍每天反思自我，积极参与研修；我感动于张爱敏老师，她是全国模范教师，特级教师，坚守乡村教育 30 年，成长经历堪称辉煌，却愿意放下身段和我们一起研修；我感动于群内的校长、学校的行政还有一众班主任，他们工作非常忙碌，却依然醉心于研修，写下了很多深刻的思考；我感动于那些自愿承担团队运行工作的志愿者，他们的无私奉献，让我敬佩。

乔·贝利说："有了坚定的意志，就等于给双脚添了一对翅膀。"来自湖南的左佳瑶老师很好地诠释了这句话，她说："我也是逼自己成长，我觉得这个星期我学会了如何合理利用时间。我比以前勤快多了。上班的时候我不会和大家闲聊了，我会一个人坐在教室默默做事。谢谢大家的鼓励，谢谢永联促我成长。"

促进，在这里是互相的。很庆幸，同行路上有你们。

请你努力做一个诗意而幸福的教师

广东省惠州市仲恺中学　曾瑞奇

亲爱的自己：

你好！这是你投身于教育行业的第16个年头。在大多数人看来，教育对教师来说，就是以牺牲幸福和快乐为代价的。他们晨兴理荒秽，带月荷锄归。全部心思扑在学生身上，却是费力不讨好，付出与收获总不成比例；不仅仅是身累，心也累。但无论如何，你应该努力做一个诗意而幸福的教师。

著名哲学家海德格尔认为："人诗意地栖居在大地上。""诗意地栖居"，不仅要诗意地生活，更要诗意地工作。过去的16年来，你一直努力用一颗诗意的心灵、一双诗意的眼睛创造并享受着诗意而幸福的教育生活。

你是一名普普通通的老师，在这个充满诱惑的世界里，请你一定要努力着为自己缔造一方诗意而幸福的田园生活。为了实现这个目标，请你努力做到以下三点。

一、胸中有梦——会当凌绝顶

记得你毕业前怀揣着一个梦——努力做一个诗意的语文教师、班主任。那时你坚持每天写教育教学随笔，把电脑搬到班上，努力构建幸福的班级；可现实并不像你想象的那么简单，理想是丰满的，现实是骨感的。你每天和你疲于应付一些调皮的学生，应该备的课根本难以奏效，你曾经彷徨，曾经失望，甚至有点不知所措。你曾经想过放弃，可还是努力坚持。2010年9月28日，你终于找到了自己理想的"栖息地"——K12班主任论坛，你终于使自己的梦想成真——过一种完整而幸福的教育生活！你以"仲恺奇哥"为名开始了班级论坛之路，在网友的鼓励上不断前行。当一篇篇教育教学随笔被列为精华并摆在面前时，激动之情溢于言表，幸福之感了然于胸。一个月后，你上了班主任论坛第28期英雄榜的名单。你成为大家学习的对象。任何时候，请你不忘初心，坚持梦想。2011年，你创建了具有仲恺特色的日新班，带着这帮普通但不甘普通、平凡但不甘平凡的日新学子努力奔跑，至今已经坚持整整十年了。十年后，你依然激情不改。

二、手中有书——腹有诗书气自华

朱永新教授说过，"一个人的精神发育史就是一个人的阅读史"。金庸先生有一句名言："只要有书读，做人就幸福。"也有人说："对于女教师来说，书籍是最好的美容品；对于男教师来说，书籍是挺酷的一张名片。"对于我来说，书籍是最好的朋友，与书相伴，精神日新。

你爱读书，工作之余，节假休息，捧读一本好书，和圣人谈话，无纷争的烦扰，无世俗之喧嚣。读老子的《道德经》，你懂得了"为道日益，为道日损"；读庄子的《逍遥游》，你懂得了内心没有羁绊，方能做到逍遥游；读孔子的《论语》，你懂得了见贤思齐，方能不断进步。在《学记》的天空中，你看到了教育的本质——"道而弗牵，强而弗抑，开而弗达"；在魏书生的天空中，你学会了善假于物；在李镇西的随笔中，你学会了用心灵写诗。在仲恺中学这本大书中，你开阔了自己的心胸，增长了见识，在年长的教师身上，你看到了深厚的历史文化积淀；在年轻的教师身上，你感受到了后生可畏；你在廖仲恺精神的引领下日新成长。感谢社会这部大书，让你明白：只要用心，就能化腐朽为神奇。你每天反思着，在键盘上跳跃着思想的乐章，心灵与精神的丰盈诉诸拙文。

记得陶继新老师说过："教师要为自己的一生而设计，为自己做一份生命规划书，特别是读好书的规划。文化储蓄是你一生幸福的本钱，拥有文化资本你就会永远快乐！"在日常生活中，你一定要努力享受阅读，也要努力享受教育。书一定能以独特的芬芳洗涤你的灵魂，净化你的思想！任何时候，请不要忘记好书带给你的充实感。

三、身上有情——悠然见南山

课堂是提升你生命价值的舞台，学生是给予你幸福生活的载体。但你是教师，而不是工作狂，你懂得工作只是你生活的一部分；你是凡人，不是圣人！你是父亲，是丈夫，是儿子，除了教育，你还有家庭，还有生活。你只有身体健康、内心幸福才能教出健康幸福的学生来！

晨读时，你可以在黑板上蘸着清水，挥动毛笔，写下弘扬传统文化的句子；闲暇时，你可以边品味音乐边用心写下教育教学心情；下班时，你可以和球友相聚，在羽毛球飞翔的轨迹中体验到运动的快乐；傍晚时分，你可以带着你心爱的女儿一起漫步在开阔的运动场；晚修时，你可以俯下身来，倾听"花"开的声音；周末，你可以在家看看电视，享受幸福的天伦之乐。

你要爱你的父母，因为他们会离你而去，不要"子欲养而亲不待"；你要爱你的妻子和孩子，因为你若没有他们，你就什么也没有；你要爱你的事业，你要爱你的学生，你要兢兢业业地工作，因为这样你就可以感到非常幸福；你也要爱你的同事，因为只有团结协作才能品尝到快乐！

一个诗意而幸福的教师，必然拥有亲情、友情、爱情，是感情上的富翁；一个诗意而幸福的教师，必然洋溢着满腔的热情和澎湃的激情，必然拥有高雅而有品位的闲情雅致和阳光般的心态。

因此，在课堂上，你一定要尝试着体验师生共同营造的精神愉悦；在工作中，你要认真品味那微乎其微的成功快乐；在平淡中，你一定要尝试享受诗意的教育生活！

哲学家费尔巴哈说过：人的第一责任是使自己幸福。你自己幸福，你也就能使别人幸福。其实，幸福就是一种感觉，只要你身心愉悦了，精神充实了，你就是幸福的、快乐的。即使今天不是教师节，你也可以快乐。

最后要告诉你的是：

或许，你不能成为名师，但也要在杏坛留下行走的痕迹！激情依旧，爱心依旧，倾听着"花"开的声音，继续读点小书，写点小文，练练摄影，写写书法，打打球，抱抱女儿。在洒满阳光的仲恺中学大道上守望幸福！

与仲恺中学全体同仁共勉，与天下所有教师共勉！

走一步，再走一步

广东省深圳市松岗中学　黄亚妹

曾经的我看到一个又一个教育界的专家功成名就时，常常会感叹别人出身不凡、才华横溢，并暗示自己根本没法和人比，于是继续待在舒适圈里，一日复一日，甚至还乐在其中。

我告诉自己我就是一个普普通通的老师，我只要耕耘好我的一亩三分地，扎扎实实地做个教书匠就好。教育家、作家等都离我太遥远了，我做不到。

《论语》中有这么一句话："冉求曰：'非不说子之道，力不足也。'子曰：'力不足者，中道而废。今女画。'"孔子告诫我们做不到不是说出来的，而是努力尝试过之后，发现无法前进，这才算真的做不到，而不是一开始就画地为牢。我还没踏出第一步，就认为自己"力不足"，这不该！

我似乎被经典点醒了，自有不动声色的力量。我开始思索：教育写作真的离我那么遥远？一线教师通往教育专家的道路在哪儿呢？

第二天，我踌躇满志地拿起笔准备写起来，可我咬着笔头半天都无从下笔，不知道要写什么。一周过去了，我的写作只留下零零星星的几行字，记录着班级管理的点滴。

一个人的成长总会遇到偶然的事件。有时候人的成长似乎就源于一次偶然。

那天是周五下课后，我拿起手机，看到好友琴儿发来一个文档——《永联教师研修行动倡议书》，要求有意愿参加者做到工作日撰写每日一言，每周提交一篇千字文。看到这篇倡议书，我内心激起了很大的波浪。

工作日撰写每日一言，每周提交一篇千字文？这么繁重的任务，我做得到吗？我思考了一番，诚实地给好友发出几个字：太难了，我做不到。

"你不是不知道要写什么吗？这个是个研修团体，每周都有主题的，围绕主题而写，正好能指引你。不过你要做好准备，积分300，一次没完成任务扣50，积分用完自动退群。"琴儿在电话里语重心长地和我说。

琴儿说完便挂断了我的电话，留下我在电话这头，思绪重重。在我烦躁、不知所措时，我会习惯性地拿起《论语》这本书，在经典的世界里寻找答案。我忽然看到这么一句，子曰："不得中行而与之，必也狂狷乎？狂者进取，狷者有所不为也。"我开始反思，为什么我一个人写的时候写不了多少？这句话给了我答案：找准优秀的人引领自己，自己也会被逼着优秀起来。

我愿意相信团队的力量不可估量。我何不勇敢地迈出第一步，就从这里开始？我立刻提笔撰写了《永联教师研修行动申请书》，字里行间流露的是我诚恳而坚定的决心。我走出了第一步，寻找一个学习共同体。

几天后，我收到通知，我被批准了。我感觉我的教育写作生涯终于正式开始了。刚开始的日子里，我感觉到很吃力，面对熟悉的教育叙事主题，我却感到无比陌生，无话可说。写到第二个月，我实在忍受不了这种绞尽脑汁都写不出来的感觉了，很有挫败感，很痛苦，我想过打退堂鼓。这时琴儿的一句话成了我咬牙写下去的最大动力：Done is better than perfect! 写比写什么更重要。

我收拾好心情，不再退缩，又向前迈了一大步，进入了第一阶段，练手感的阶段。我边想边在键盘上敲打出来，写的是我教育教学生活中的琐屑小事、点滴感触，语言朴实，故事完整。看着一天天写下来的小文章，就像看到自己的孩子一天天长大一样。

就这样坚持了三个月，我觉得我已离不开写作了。我感觉自己忙碌了一整天就是为了夜里在键盘上提炼出自己一天教育教学生活的精华。这个时刻是彻底属于我的，我在和我的学科交流，我在和我的学生交流，我在和自己的思考交流。我生怕我的灵感稍纵即逝，我一定要记录下来。我平平淡淡的"练手感"却夯实了我的写作基础，也给我留下很多美好的回忆。

功夫不负有心人，一次偶然的机会，我在《教师报》上发表了一篇文章。我坚持每天刻意练习"本手"，就是为了我的"妙手"诞生。谁知道这一天来得这么快，看到"已录用"三个字，我无比欣喜。

欣喜之余，我似乎又有些急于求成了。我开始在各大教育核心报刊上海量投稿，可想而知，我屡战屡败。不久我进入了写作的低迷期，忽然看不清方向了。幸运的我再次被《论语》点化："子夏为莒父宰，问政。子曰：'无欲速，无见小利。欲速则不达，见小利则大事不成。'"欲速则不达，这么通俗的道理我怎么会不懂？文章发表不应该成为我写作的最终目的，我要学会延迟满足，学会踏实写作。人生很多事情就像飞机起飞一样，飞机起跑时，需要在跑道上助跑很长一段距离，只有达到拐点，才能腾空而起。整个过程不是一蹴而就的。跑道上助跑是我要忍受的寂寞，忍受持续不断的努力却几乎看不到效果，但一旦击穿阈值了，就会出现质的飞跃，呈现美丽的飞机起跑曲线。写作同样需要沉淀。

我停下脚步思考，"欲速则不达"稳稳地扎根在我内心深处。我开始先看书，再写作。一个不看书的人如何写出好东西？一个不看书的教师如何教育学生成为一个爱看书的孩子？我在网上下单购买了许多书，如《教学勇气》《给教师的68条写作建议》《中学教师论文写作指南》和期刊《教师博览》《英语学习》，还有报纸《中国德育报》等。

我开始要求自己每个月看一本书，每天看报刊 10 页。

当我真正静下心来看书时，我发现世界很安静，没有掺杂太多东西。我不再着急着通过写作成名成家。在书的海洋里，我发现自己进入了"知道自己不知道"的阶段。我求知若渴地看着书，写着自己的文字，内心安定而有力量。这一步，我脚力矫健，一步一个脚印。读书之余，我还在知网上输入关键词，下载相关文章，开始啃读起来，有时为了写好每周的主题式教育叙事，我看了相关主题的一本书，有时还和研修好友进行一番激烈探讨之后才开始着手写作。

我落笔不再纯粹为了发表，而更多的是借文字表达我的思想，练就我的思维。子曰："吾未见刚者。"或对曰："申枨。"子曰："枨也欲，焉得刚？"是的，无欲则刚，我继续静心读书，安心写作。不知不觉中，我走进了写作的下一个阶段——练思维阶段。和第一阶段相比，我感觉自己的文章不再那么单薄，有了大量的书籍的润泽，我强迫自己拓宽、加深写作思维的广度和深度。

我深知我的写作还在飞机起飞的助跑阶段，但我还会继续走下去，以迈进更高层次的写作阶段。在论语的熏陶下，依托学习共同体，走一步，再走一步，我会努力写出一篇又一篇有着自己的生命温度的文章。

选　　择

广东省佛山市顺德区第一中学外国语学校　晏清华

人生短暂，如今已中年的我，想想走过的路，一切如昨日呈现。人生走到今日，感觉无不是一串串的选择组成的，在选择中走来，在选择中承担，在选择中成长。

一、选择有时是被选择

从懂事起，我只知道我在畜牧场长大。从父母和哥姐口中，才知道我是出生在蒙山林场，在那儿生活了不到一年，随父母工作调动来到了畜牧场。小学升初中时，我从畜牧场的子弟小学升入上高二中初中部就读，我是在接到录取通知书的时候才知道要去上高二中读初中，之前，我只是按照学校的安排复习、参加小升初考试等，其中被上高二中录取，完全不知。

二、有选择是有实力表现

随着我一天天地长大，认知能力的增强，在重点中学环境的熏陶下，我的成绩由入学的班级第51名（当时全班60人）提升到稳居全班前两名。当年我们初中升学时，考上小中专的都是班上优秀的学生，考上了的学生户口由农村转为城市，其身份也成为国家干部，还包分配工作。当时，我没有选择报考中专，因为我心中想读大学，认为考上全县重点高中——上高二中是毫无悬念的事（全县共招300人）。于是报考了普通高中——上高二中，7月揭榜如愿。大学读完的那年夏天，我在静等国家分配工作时，同学林因为是自费生没有工作分配，从老师那儿得知广东云浮招老师，我作为陪伴与她一起来到了广东云浮。内心平静的我，也一同与她进行了笔试和面试，也许是我的心态稳，也许是我读书时一直是学生干部，胆子比较大，结果，我被录取了。思忖着已到手的家里分配的工作和广东双向选择的已有的工作，我选择了来到广东。由此我想到，读书，就是为了让我们有更多选择，有选择往往是有实力的表现，我感谢读书给了我选择的实力。

三、偶然选择成就一生命运

在广东云浮工作的日子，我很快知道了广东经济发展有明显的地区差异。常言"水往低处流、人往高处走"，我努力工作，积累教学经验。有一次在看《南方日报》时，发现顺德华侨中学成立且向全国招聘优秀教师的广告，我便认真写下了自荐信和相关应聘材料。之后这件事半年都没有消息，我以为没有戏，没想到那年7月收到了去面试的通知。于是有了来顺德工作的机会，直至今日。2003年，一次偶然机会，我认识了我如今的丈夫，那时我身体不是很好，经常感冒发烧，他刚买了摩托车，常常载我去医院看病，如此一来，我选择了他。有人说：婚姻是必然，与谁结婚是偶然。在偶然中，我选择了在顺德工作，也选择了人生的伴侣。

四、选择需要坚持和付出

2022年2月的一天，在好友芳的工作室微信群里，我看到了刘永要老师的《2022年永联教师研修行动倡议书》，情真意切的倡议深深吸引了我，尤其是研修活动安排每日一言、每周一文、两周一听、修改研磨、经典共读、其他研修活动等。我想这是克服中年倦怠的好方法，也是实现人生价值的好途径，在压力下，我们才会高效地写出一篇文章来。刘永要老师在倡议中写道："蒙田有言：'要有所行动，然后认识你自己。'请不要忽视我们的行动，只有行动起来，才有可能有新的开始，才有可能有进一步的成长。星星之火可以燎原，任何时候开始都不晚。马克思说：'我们知道个人是微弱的，但是我们也知道集体就是力量。'如果你愿意，请加入我们。前行路上，让我们共同扶持，彼此砥砺！来吧，拿出勇气，成就全新的自我！"能写出这话语的人绝对是能量满满的人。很感谢刘老师接受了我的申请。在这些月的研修活动中，我每天坚持和大家一起写每日一言、每周一文等，每日一言写了近5万字、每周一文也写了20篇、两周一研也写了8篇读后感等，目前还在继续中。虽然目前初三毕业班的教学工作，还有自己的课题研究，加上学校有时大会小会的召开，有时可能真的会忙得没有时间去想和写每日一言，但是看到群里优秀的同伴们每天写得那么优秀的文字，我不敢怠慢，也每天坚持在写。

人生没有彩排，每天都是现场直播。不管是生活的选择，还是工作的选择，都是我们人生的一部分，认真对待每一个选择，选择了就不后悔，努力前行，为开一朵属于自己的花。

学生帮助我成为更好的自己

广东省中山市神湾中学 黄建勋

我从教 20 年，当班主任 10 年，可能领导一直认为我是一位弱女子，所以迟迟没有安排我当班主任。直到 10 年前某一天，领导终于给我一个当班主任的机会，我既兴奋又紧张。刚刚开始当班主任，我非常勤奋也非常忐忑，因为自己也一直认为自己就是一个弱女子，我在乡下初中连课堂管理都成问题，怎么能当班主任呢？

我最开始就是模仿那些很厉害的班主任，发现他们一个眼神就可以镇住全场，不用到班，但学生乖乖的。科任老师提出的任何问题，那些厉害的班主任都能立刻解决。科任老师只要一提到班主任，学生们立刻调整好脸部表情肃然起敬。这样的班主任，学校领导、孩子和家长都喜欢。我观察着也模仿着，要在学生中树立威信，要严厉要求学生。当我连续第三年做班主任的时候，班上有一位女生叫张华（化名），她给我留下很深刻的印象。

张华语文基础还不错，字写得工整，成绩中等，口齿伶俐。她比较早熟，常常和班上几位女生去运动场看男生打篮球，最关键的是，她还会在班上大声讨论运动场上哪个男生比较帅，对班上的男生也会评头品足，这些行为都会影响到同学的学习，甚至影响班风。我已经私下提醒过张华，叫她要把关注点放回学习上，不要拉着女生去盯着男生看。但她还是我行我素，甚至还在班上形成小团体，高调"追星"，高调谈论哪位男生帅，甚至还给男生写情书。

经过家访，我了解到张华的家庭情况比较复杂，父母离异后，张华跟着父亲，父亲找了一个女朋友，平时都没有时间理张华和弟弟。放学后，张华回家就简单地做一些饭和弟弟一起吃，家里连一张像样的书桌都没有。

对张华，我是又怜又疼，我在关心她的生活的同时也会教育她自我保护，并加强和张华家长的联系。但是张华大胆评论男生的行为并没有改正。直到有一天，她被其他科任老师投诉。我觉得很生气，为什么她屡教不改？我狠狠地批评了她。她突然泪流满脸说自己很想自杀。那一刹那，我很难受，心如刀割。我安抚情绪失控的张华，也联系了她的爸爸，让爸爸多点关心她。放学后我还亲自送张华回家，把她安顿好我才离开。

在回家的路上，我泪流满面，我为什么要骂她？是不是只有骂人才解决问题？有没有其他方法？我不喜欢看到自己整天面目狰狞，整天板着脸对学生，我也不想看到自己整天骂人的样子。我发现我的班干部和其他同学也是用批评指责的方式对待他人。我明明是想为了学生好，想纠正学生的不良行为，我也是为班级操碎了心，为什么教育的效果却不好呢？她的哭声有很多委屈，有无奈，更有愤怒。当然有些问题是家庭环境造成的，但我作为老师，又给了她多少温暖和帮助呢？她喜欢异性的背后也是希望得到一份关爱。于是，我决心要学习心理学和家庭教育，只有更好地学习，更好地成长，才能更好地帮助学生。

后来我没有带这个班了，张华在初二下学期也转学回老家读书。自从那件事情后，我改变了自己的管理方式，减少批评学生，更多的是了解问题背后的原因，耐心倾听同学们的心声，用引导、鼓励的语言帮助学生。我紧绷的脸多了很多笑容，人也轻松很多。我觉得自己管理和教育方式的改变更能赢得学生的尊重和合作，班上学生的人际关系也越来越好。因为我用耐心温和的态度对待他们。我有了更多的时间解决核心问题，如班风整顿、主题班会设计、班干部培训等。

我越来越发现教育不是输赢，而是共赢；教育不只是管理与被管理，而是相互理解、沟通、合作、彼此懂得。感谢每一位来到我身边的学生，他们都在帮助我成为更好的自己。

我们之间的故事

广东省深圳市格致中学　刘永耍

永联研修共同体的研讨话题为"师生关系"的那一周，我在研修群里看到了很多让人感动的人和事。在每一个故事里，都有为师者源于爱的付出和担当。我不禁想起我的学生，想起了我们之间的故事。

一、我对不起她

在毕业后的第一年，我辅导了我的一名学生参加学校的演讲比赛。

她在班级初赛中拿了第一名。但是，她没能代表班级去参加比赛，因为我和这个班的班主任商量之后，推荐了另外一名学生去参加学校的决赛，我们觉得那名学生更有能力获奖。

但是，此事之后，我明显感觉到，那个在班级初赛中得了第一名的她，有意疏远我。感受到了这明显的疏远之后，我开始反思自己，我只考虑班级能否获奖，没有顾及她的感受；我违背了公平公正的原则，对参加校赛的人选我凭主观安排；我对班级初赛结果视若无睹，也是对学生初赛中的付出视而不见。

至今回想起来，因为我的功利、武断、粗心，我仍觉得对不起我的学生。

二、我责备了她

有一年，我承担了一个市级的班会公开课。在准备阶段，我充分发挥学生的主观能动性，让他们去拍摄微电影、做问卷调查、写小论文、写主持词。她是主持人之一。

在一次准备活动中，因为她的一点小过失，我对她劈头盖脸一顿责备，一点也没有考虑她的感受，当时还有很多学生在场。

在我责备完她之后，看见她默默地站在了边角的位置，一副没有力气的样子，她不说话了，她的整个眼神都黯淡了下去。之前，她是整个活动中最活跃最给力的学生，她是我班上的语文科代表，她在此次活动中一直都有着满腔的责任感。我意识到了我的错

15

误，我怎能因为她的一点过失，就公开责备她呢？

后来，因为家庭原因，她转学了。从此，我再也没有见过她。

至今，我还记得她那黯淡下去的眼神。

至今，我还想念她，不知道她过得好不好？

三、我不会放弃他

我曾经教过这样一个学生，这位学生的显著特点就是无心向学，谎话连篇。他为何会养成说谎的坏习惯？我记得有一次他模仿老师和校领导的签名笔迹混出校门，夜不归宿。因为此事，他的家长被约到德育处办公室面谈。

他父亲来到德育处办公室后，二话不说，就拿起放在门口的那张椅子，朝他狠狠地砸了过去。此时，这个个头一米八几的男生，在他父亲面前瑟瑟发抖。

后来，根据观察和了解，我知道了他为什么能练出"谎话连篇"的本领。这可能正是他的生存之道。在如此强势的父亲面前，他撒谎，有可能蒙混过关；而老实承认错误，只能遭到父亲的殴打。其实，他是一个很可怜的孩子。

他不断违纪，有档案记载的违纪行为就有 30 多起，按照校纪校规，他早就达到了被开除的程度了。但是我顶着各方面的压力，一直没有放弃他，一直去鼓励他，一直对他说，"你是一个可以考上大学的孩子"。有一次为了教育他，我拉着他坐在楼梯口，两个大男人沉默着，坐了半个小时。我只是想向他表明我的态度：不管你犯了多少错误，我都没有放弃你，你更不能放弃自己。

就这样，我陪伴他走完了高中最后的日子。

高考结束后，他真的考上了大学。我还经常能看到他在朋友圈分享自己的美好生活。

四、我鼓励我的学生

有一年，我接了高一一个新的班级。我遇见了她。

她初中的时候是在我们区里的重点初中读的，但是高中却考到了我们学校——一个在她的眼中不尽如人意的学校。所以开学初，她消沉堕落。

于是，我这样给我的学生说："三年之后，我们要超越那些重点中学的学生。请相信我，相信你们自己，我们一定可以。现在，我们才刚刚开始高中阶段的学习，所有人都在同一起跑线上，我们完全有机会全力以赴，奔赴在前。我有太多的案例可以证明，你们的很多师兄师姐，经过三年的努力，超越了很多很多在重点中学就读的同学，考上了理想的大学。所以，请你们一定要相信自己。"我总是这样坚定地鼓励着我的学生。

在被大学录取之后，她写信给我："刘老师，谢谢您在我最迷茫最消沉的时候给我们最有力量的鼓励；谢谢您让师兄师姐们返校给我们分享学习经验和学习感受；谢谢您的悉心呵护、用心引领，您总是让我能感受到'希望之光'。遇见您，我很幸运！"

就这样，我们相遇、相惜、相助、相期待，我们之间有信任，有遗憾，有抱歉，有难忘的朝夕相伴，有珍贵的师生情谊。我和我的学生之间生发的自然、质朴、纯粹、简单的小小故事，都长在了我的心里。

两张治愈假期综合征的"药方"

湖北省宜昌市远安县振华小学　陈娥

说实话，放假不管是对教师还是学生而言，虽然是一种休养，但如果突然没有了同学校一样固定的作息时间和事情，确实容易产生"无聊"的感觉。

有一年寒假，我看学生平时学习非常辛苦，我便什么作业都没有布置，让他们好好休息。我以为他们会玩得非常开心，也非常喜欢这个"寒假作业"——玩！结果开学后，我布置学生写作文《_____的寒假》，多数同学都写的是《无聊的寒假》。他们在作文中写道："平时早晨6点起床，洗漱、吃早餐、上学，然后就是一天上10节课，回家以后又是写作业。我已经习惯了这种忙碌的枯燥的学习，突然停下来，我感觉心慌，感觉无所事事，感觉就像一辆正在行驶的车突然刹车，让人感觉不适应。"但是多数学生的假期，刚开始时都是疯狂玩耍，把学习抛在脑后，到开学前，又开始疯狂补作业。就像许多成年人在假期过后上班，也有疲劳的感觉。

如何治愈假期综合征呢？因为成人和孩子年龄不同，所以"药方"也不一样。

对于成年人来说，有三味"药"。

第一味"药"的"用法说明"及"药效"——加入一个比较大的研修团队，抱团成长，一起读书，一起写作，一起听讲座。

我加入了三四个研修团队，团队活动使我的假期更充实。比如，我们小学语文团队开展了共读活动，一起共读《大概念教学》，从6月底一直持续到8月底，每周1次，共9次。每次大家不仅共读，还要做作业。其他团队每天都有任务要打卡，写每日一言、每周一文，所以我没有假期综合征。

第二味"药"的"用法说明"及"药效"——每天研究一道美食。我比较喜欢研究如何做美食。我喜欢做面食，经常做馒头、包子；有时研究菜，如皮蛋瘦肉汤、红烧冬瓜、糖醋排骨；还喜欢做腌菜，如糖蒜、糖藠头、洋姜等。每次做好美食后，我都会送给姐姐、弟弟和同事品尝。听着他们的夸奖，我内心充满幸福感和成就感。我也喜欢在家请客，"显摆"我的手艺。

第三味"药"的"用法说明"及"药效"——每天锻炼。生命在于运动。不管是哪一种运动，运动后会有一种酣畅淋漓的感觉，那才叫一个字——爽！比如散步，一般大约花 2 小时，这 2 个小时的运动足以让我们流一身汗；即使是打太极，看起来那么慢那么柔的动作，也能打出一身汗。我特别喜欢运动出汗。运动，促进血液循环，好处多多。

成人有了这三味"药"，你的假期综合征一定"药到病除"。

对于孩子来说，因为年龄特点，我所开"药方"于成人不同。学生的"药方"只需要一味"药"——制定一份作息时间表。这份作息时间表，合理安排学习、锻炼、家务等活动。一般建议安排阅读打卡有声阅读 30 分钟，默读 1 个小时。有声阅读打卡可以安排在早晨，默读可以安排在晚上，练字可以安排 20 分钟，还可以安排半小时的下棋、拼积木、玩魔方等活动，早中晚家务各安排一小时，锻炼可以安排在晚上，还可以和家人一起散步。时间固定，内容固定，学生和在学校一样有规律的作息时间，只是相对来说，比学校的作息时间宽松。

我相信，这张药方也可以治愈学生的假期综合征。

寻找师生间的心灵密码

陕西省西安市临潼区临潼中学　赵静

一天早上，我跑完早操，回到教室，做了日常班务安排。出教室的时候，小 H 对我说："老师，我没生活费了。"

回到办公室，我与小 H 家长取得联系，家长微信转给我 160 元。我找办公室同事帮忙兑成现金。拿着这 160 元现金，我去教室找他。

正是早读时间，小 H 却趴桌上呼呼大睡。我拍醒他，叫他出来。我们站在教室外面，我生气地说："我去给你要生活费，兑生活费，再来给你送生活费，你却趴桌上睡。"

小 H 一脸抱歉："老师，你听我说，这节英语早读的读背内容我都会了，我才睡的，真的。"

我随手拿来他的英语读本："我提问，你来背。"随便提问了 2 个短语，他没答上来。他说："老师，我复习 5 分钟，5 分钟之后，我给你背，就 5 分钟。"

5 分钟之后，英语老师开始给全班听写，他当然有理由不来找我。

下午发语文试卷，他又没及格。我狠狠地瞪了他一眼。

他跑到我跟前："老师，下次语文考试，我如果还不及格，我就给你买吃的。"

我："说话要算数。"

我刚转身要回办公室，他就又跑来："老师，你想吃啥，我提前买好。"

"什么？你是铁了心要不及格？"

"不是不是。我是怕我万一没考及格。所以，想提前买好。"

…………

这是我截取的我和小 H 的一点日常片段。带小 H 已经快三年了，我特别了解他。他聪明可爱又调皮捣蛋，成天惹我生气，却又带给我、带给全班最多笑点。他是淘气包，他是开心果。面对这样的孩子，我想，不论谁是他的班主任，都会哭笑不得。是的，教师没有办法去选择教什么样的学生。师生之间，就是一场偶然的缘分。面对教室里性格迥异、各有特点的学生，教师只能去了解、去适应、去调整，逐渐摸索出适用于不同学生的行之有效的教育方法。

还记得网课期间的一天早上，小 H 未打卡，我打电话联系家长。小 H 妈妈告诉我，小 H 昨晚通宵玩手机，此时正在呼呼大睡。

下午小 H 还是没有签到，晚自习前也未签到。我又一次打电话给家长，询问情况。小 H 妈妈告诉我，早上他们母子吵架，之后小 H 离家出走，未带手机。得知这一情况，我不禁担心起来，天寒地冻，又是疫情期间，小 H 不可能去同学家，他能去哪里？

正在我为此心忧如焚的时候，小 H 妈妈发信息给我："老师，他回来了。麻烦老师了，谢谢您。"

看看我家墙壁上的挂钟，已经晚上 9 点半了。过了半个小时，我打电话给小 H。

"你去哪里了？"

"我在外面闲逛。"

"干吗跑出去？"

"我就是心烦。"

"这会不烦了？"

"还烦。"

"为啥烦？"

"我觉得我不争气，玩手机竟然能玩一晚上，还惹得我妈生气。老师，你说我是不是没救了？完蛋了？"

"你有没有救，不是我说了算，也不是妈妈说了算。你有没有救，只有你自己说了算。你说没救了，那就肯定没救了；你说你有救，那你就肯定行。谁也不是谁的救世主。面对你的堕落或是一蹶不振，我能想到的最好办法就是两个字：放弃。不管你就好了呀，不管你了，我就能落得个轻松自在。你说是不是？"

"不不，老师，我需要你管我。"小 H 焦急地说。

"那就先从自身转变，放下手机，拿起书本，专心学习。我还记得你的目标，我知道你心中的理想大学，我想看到你为此不懈努力的样子。我需要你给我'管你'的信心。"

"老师，请你相信，我重新开始，一定努力。"

我很快就回到了校园，再见到小 H，他确实有了较大转变，上课睡觉次数少了很多，自习时间也在忙着做题。但是几次考试成绩还不理想。我倒不为此过分担忧，我觉得好的学习状态可能更重要。每次考完试，我会和他说说话，说好下一次的目标，以及该为目标怎么做。尽管他犯错千千万万遍，但我从来没有放弃他。看到他今日努力的样子，我很欣慰，好像所有为他苦恼过的日子都值得了。

他真的进步不少，可是他还是多次让我生气。

他去厕所，碰见同学，答应给同学送纸，又专门不去，惹恼同学，两人又动手打架。打架之后，他又小心翼翼地对人家家长说："叔叔，你不要处罚他，这次真的怪我。"两人刚还怒气冲天，瞬间又变成难兄难弟，互相不舍了。

他上课偶尔打瞌睡，被我点名，还死不承认。只要我有问题问出，全班推举答题人，一定全班齐呼："小 H。"哈，全班都想看他回答不出来的囧样儿。

有时轮到同学提问，总有几个同学就爱叫他，并全班商定好，回答不出的人要唱一首歌。他们出题，问题难度不低，小 H 回答出来，也会被各种追问，直到全班确定"回答错误"为止。下课铃声响，就是小 H 表演唱歌的时间。小 H 开唱，歌声嘹亮，有时引得已下课的外班同学都趴在我班窗台上听，俨然一场小 H 的演唱会。

高三很忙很累，有小 H 这样的开心果存在，着实有趣，加深同学情谊，还纾解了不少学习的紧张情绪。小 H 也在这样的简单表演中，找到了自信，变得更可爱更友好更积极上进。

其实每一个学生都有他的可爱之处。作为教师，我们应该懂得如何去欣赏、去放大学生的优点，我们也应该思考如何引导学生通过自身的优点去缩小、改正自身的缺点。

总有老师抱怨学生不好，素质差、习惯差、学习态度不端正，还惹是生非，等等。可是一味抱怨，除了强化了教师心中的嫌恶情绪外，对于教育这个孩子，毫无用处。或是摆出一副为师独尊的面孔，以一种上对下的绝对强势，来强迫学生接受老师的话语和要求。教育的一个重要思想，就是给予学生尊重和公平。只有这样，学生才能懂得尊重和公平，才能学会尊重和公平，才能把尊重和公平种进学生的心里，教师也才能赢得来自学生的真正的尊重和认同。因此，与其抱怨，不如想办法；与其叹息，不如去和学生说说话；与其愁眉不展，不如帮助学生一下，哪怕帮捡起一支掉落的铅笔。教师智慧真诚地给予学生一句表扬、一次谈心、一点帮助、一个微笑，就是在给予学生各种美的体验。苏霍姆林斯基说过，所有能使孩子得到美的享受、美的快乐和美的满足的东西，都具有一种奇特的教育力量。

寒来暑往，日复一复，就在那间熟悉的教室里，操心、生气，鸡零狗碎；鼓励、怒怼，乐忧都有；期望，失落，互相陪伴。师生之间终于找到彼此间的心灵密码，用只有我们读得懂的对话、手势、眼神，来理解、沟通，一起笑呵呵。这或许就是师生间的默契。

"邋遢大王"变形记

湖南省长沙市天心区湘府英才小学 段小华

"邋遢"在百度百科里的意思是不整洁或做事不谨慎。小刘在班上是出了名的邋遢，不信，你看。

他的书包摊在地上，文具盒仰卧在地板上，而文具则四处散落在课桌旁，笔不知道滚到了哪个角落。他的桌面上，几张刚下发的练习纸横七竖八地放着。抽屉里简直是不堪入目，练习卷被胡乱塞进了抽屉里，不少练习卷被踩蹦成了一个圆球。这节课，我正讲解昨天布置的家庭作业，只见小刘在努力翻找着。他把书包胡乱地捡起，左翻翻、右看看，见书包里没有，就开始在抽屉里找起来。这个抽屉更是难找，一堆试卷杂乱无章，当我讲到第二题的时候，他还在寻找作业纸，我不禁长叹一声。而小刘的作业呢？也是同样邋遢。不是"悬"字多一横，就是"惧"字少一点，在考试时小刘也往往因为字"缺胳膊少腿"而丢分。

小刘邋遢的毛病也不是一天养成的，自我教他开始，我就发现他不太会收拾整理东西。常常文具盒里的笔这节课还在，下节课就不知道去了哪里。才发的作业纸，这节课还好好地放在抽屉里，放学的时候作业纸就又不见了，为此，我相当苦恼。有一次，学校要进行整理大赛，我知道，契机来了。

我首先在班级里开展了一个微班会。班会上，我先给学生介绍了一个新兴的职业——整理师，学生透过整理师这个职业，感受到了新奇。我又跟学生交流了整理的好处。学生知道整理可以获得归属感、培养决断力以及提高专注力。看到学生都跃跃欲试的时候，我再跟学生宣布周五的班会课会进行整理比赛，还会评选出优秀选手代表班级参加学校的比赛，让学生们回家认真学习整理的方法。

随后，我又找到小刘，跟他说："小刘，班上同学一直觉得你不太会整理东西，这次可是你的机会呀！一定要好好珍惜。"小刘随即回答："段老师放心，我一定回家跟妈妈学习整理的方法。"看到小刘自信满满的，我也替他高兴。我又拨通了小刘妈妈的电话。小刘妈妈在电话里也很担心小刘的"邋遢"，基于此种情况，我又给小刘妈妈提出了建议，并请她根据整理比赛的要求，教小刘叠衣服、叠红领巾，整理书包。

第二天，我细致观察了小刘。他的书包里，书与练习卷被分类放好，试卷也用文件袋装好了，看起来特别整齐。我跟小聊起天来："小刘，你的书包今天特别整洁，你是怎么做到的呀！"小刘打开了他的话匣子："段老师，我昨天可跟我妈妈学习了一个多小时如何整理东西呢！她告诉我收拾东西的时候要分类，叠衣服也是有方法的。"看到小刘得意的样子，我笑着说："小刘，真不错呀！可是，我知道我们班的好几个女孩子整理东西是又快又好，你要想代表班级参加整理比赛，光会整理可还不行，还得要速度。"小刘扑闪扑闪的眼睛里流露出一份坚定，我知道他肯定会抓紧时间练习的。

时间悄然流逝，转眼就到了星期五下午。我们的班级整理比赛即将开始。只见参赛选手们蓄势待发，只等我发号施令。我一声令下，选手们立马开始叠衣服。叠衣服还是比较简单，选手们势均力敌，一会儿的工夫，一件衣服就叠得整整齐齐。小刘的速度很快，基本上与参赛的女同学速度一致。接着，就是叠红领巾了。小刘叠红领巾速度很快，他的手似乎有了魔力，很快，红领巾就成了小方块。最后一个环节就是整理书包了。我提前准备好几个书包，这几个书包的东西放得相当凌乱，练习纸皱皱巴巴，文具也随意放在书包里。不少女孩子看到这样的书包皱起了眉，可是小刘却好似发现了新大陆。他等待着大展拳脚。只见他熟练地拿起练习纸，一张一张地按照不同的科目叠好，随即又把文具一一放入文具盒里，他对细节还格外重视，就连书包小口袋里的纸屑都不放过。

同学们通过投票，一致决定推荐小刘参加学校的整理比赛，那一刻，我看见小刘眼里溢满了喜悦。

"邋遢大王"小刘的改变也让我意识到孩子的成长需要一定的契机，更需要家长和老师的帮助，因为他们都是成长中的人。

恭喜你，考了 48 分

湖南省长沙市天心区湘府英才小学　段小华

小许学习暂时落后，每次单元练习就没有及格过，写的字就像是小蚯蚓在蠕动，歪七扭八。小许也不会听课，经常右手拿支笔，左手不是在抽屉里摆弄小玩意儿，就是抠鼻子、啃手指。为了他的学习，我没少跟他谈话。可是，谈心的次数也不少，这孩子依旧我行我素，学习成绩仍然不理想，看着他这个模样，我也只能一声叹息。

事情的转机发生在一次午间阅读课。

那天的风温和地吹拂着，白云也格外悠闲地穿行在湛蓝的天空中，教室里学生都沉浸在阅读当中，学生认真阅读的模样就是教室里最亮丽的风景线。这时，小许进入了我的视线。

他的神情专注，眼睛一动不动地盯着一本书，他时而舒展眉毛，时而嘴角微微上扬，时而屏息凝神。看着他看书的模样，我的心头微微一震，小许这么爱看书，为何不表扬他，让他花时间读书，减少课堂上的不良行为呢？

课后，我走到小许身旁，拍拍他的肩膀，跟他说："小许，我今天认真观察了你，你看书的样子真投入，我本来想找你谈话，都不忍心打扰你。"

小许不好意思地挠挠头，他微微一笑。我接着又说："爱看书的孩子能够走得更远，虽然你现在的学习暂时落后，老师相信只要你上课的时候像看书这么认真，学习肯定能进步的。"

小许的眼睛突然一亮，他依旧低着头，小声地说："老师，我就怕管不住自己，我每次练习的成绩都很差，课堂上的内容我有时候也听不懂。"说着，他的头更低了。

"小许，你别怕，只要你想进步，我一定会帮你的！"我坚定地看着他。

小许点点头，跟我说："我上课一定努力听课，争取获得进步。"从这天起，小许还真的有了变化。

他上课依旧会走神，可是我的眼神望向他的时候，他会回过神认真听课。他的字依旧写得歪歪扭扭，可是却能够看得出来这个是什么字。为了让他更有信心，当课堂上遇到了很简单的问题，我会请他回答并把他的名字工整地写在表扬栏里。每次听写词语的时候，我会提前告诉他一些比较容易错的词语，并跟他讲记词语的方法。慢慢地，小许真的进步了。

可是，他的基础实在是太薄弱了，很多最常用字都不会写，虽然他也在努力，但是效果一直都不好。一次单元练习，他仅仅考了35分，这次的事情给了小许很大的打击，他又开始放弃自己，又回到了之前那样的状态。

这节语文课，小许呆呆瘫坐在座位上，他的双眼无神，一副灰心丧气的样子。看到他的状态，我还有点高兴，至少小许还能够对自己的学习有点要求，知道难过。语文课后，我把小许带到了阅览室里。

阅览室里空无一人，书本散发着淡淡的墨香，让人的心也愈发平静。我对小许说："你今天状态很不好，是因为这次单元练习成绩不理想吧！你最近有了很大的变化，课堂上跟着老师的思路来，课后也能够认真完成练习，你真的很努力！"

小许的内心或许得到了共鸣，他低着头，眼里泛起了涟漪。

我又补充道："小许，你听过曾国藩的故事吗？曾国藩是中国历史上最有影响的人物之一，可是他小时候的天赋却不高。有一天，他在家读书，对一篇文章重复读不知道多少遍了，还在朗读，因为，他还没有背下来。这时候他家来了一个贼，潜伏在他的屋檐下，希望等读书人睡觉之后捞点好处。可是等啊等，就是不见他睡觉，还是翻来覆去地读那篇文章。贼人大怒，跳出来说：'这种水平读什么书？'然后将那文章背诵一遍，扬长而去！"

讲完故事后，我欣喜地看到小许的眼睛里迸发出了光芒，我趁热打铁地说："小许，这么笨的人按理来说，要泯然众人了，可是他在却成了清代最后一个大儒，你觉得他凭的是什么呀？"

"我觉得可能是曾国藩很勤奋。"

"是的，就是勤奋读书，曾国藩之所以能够开窍，靠的就是读书，持之以恒地读书。你前段时间通过努力，已经有了进步，虽然进步还不大，但老师相信你只要肯继续勤奋努力，你一定会有更大的进步。你愿意继续努力下去吗？"我满眼期待地看着小许，他坚定地点了点头。

事后，小许果然如他所言，更加努力了。课堂上，跟着老师的思路认真听课；课后，不懂的问题还会主动问老师和同学。果然，他在这次的单元练习中有了进步，考了48分。

课后，我找到小许，发自内心地对他说："恭喜你，考了48分！"小许粲然一笑，我知道他肯定会继续努力，会继续进步。我也期待他通过努力，变成更好的自己。

勇敢地迈出第一步

广东省深圳市松岗中学　黄亚妹

"老师，老师，我获奖了！"小雪跑进我的办公室，放下手里经典阅读演讲大赛的奖杯，抱着我哭了。这不禁让我想起了三个月前，我那场专门为她酝酿和实施的"阴谋"。

那时候的小雪是个内向害羞的女孩，整天待在自己的小天地里，舒服自在。在这舒适圈里，她变得越来越孤僻，我想我应该帮助她走出舒适圈。

恰逢学校在进行经典阅读演讲大赛，我提议她代表我们班参加比赛，她犹豫了一下，拒绝了我。看来我还是得为她迈出第一步下点功夫。

隔天在进行论语共读时，我特意准备了下面这一句，冉求曰："非不说子之道，力不足也。"子曰："力不足者，中道而废。今女画。"为了让同学们更好地理解这句话，我分享了自己的工作经历。刚踏上教师讲台的我，和冉求一样，觉得自己力不足，一直不敢尝试上公开课。第二年，学校指定我上公开课，我硬着头皮上了，经过同行的指导和自己的充分准备，最后获得一致好评。所以我们要大胆尝试，凡事都有第一次，我特意看了一眼小雪，角落里的她若有所思地点点头。

借着在校园中和小雪"偶遇"的机会，我跟她聊《论语》《道德经》等，我们聊得很开心。"小雪，想不到你读过这么多书，你的见解独到，要是班里的同学们也能听到，一定受益匪浅！"小雪眼里闪过一丝光，我趁机告诉她，若你能勇敢地上台分享，就已经是最大的成功。

这一周里，在课堂上，我特意地让她多尝试讲讲题。同学们说她的声音很动听，喜欢听她讲题。有一天，我在台面上看到小雪的纸条，说她愿意尝试演讲，我欣慰地笑了。

有了意识就有行动。第二天她把稿子给我看，文章的故事力很强。"配以演讲的技巧，效果一定很赞。"我拍着她的肩膀对她说。小雪开心地跳了起来。

我们一起探讨修改稿子，又邀请了语文老师帮忙审稿，很快我们定稿了，并开始紧锣密鼓的演练。经过一段时间的磨炼，小雪渐入佳境，我想应该让她在班里先试试胆量。

临上场时，她突然胆怯了，她从教室里逃了出来。"现在，先不想演讲。你要做的是先回教室，走上讲台，这个你可以做到的。"我在她耳边轻轻说。好一会儿工夫，她终于挪了脚步，上了台。"现在，张开嘴讲第一句话。这个你也可以做到。"小雪结结巴巴地讲完了，喘了一口大气，如释重负。

因为勇敢地走出了第一步，有了成功的体验，她的胜任感明显强了不少，后来小雪在班里演讲越来越自信大方。就这样，我们在班里排练了几次，一次比一次好。

盼望着，盼望着，校级的经典阅读演讲大赛终于如期而至。一张圆圆的鹅蛋脸，眼珠子骨碌碌地，小雪周身透着一股青春活泼的气息。站在舞台上的她有些紧张，脸颊越发地红润，很动人。小雪在大家热烈的欢呼声中结束她的演讲，获得了校级演讲比赛一等奖，这便有了文中一开始的那一幕。我看在眼里，喜在心里。

学生很容易进入各种各样的舒适圈，而走出舒适圈，需要老师的引导和鼓励，更需要自己的决心和勇气。其实，下定决心，勇敢地迈出第一步，终有一天会拥抱不一样的自己。

天 籁 之 音

广东省佛山市北外附校三水外国语学校　龚金秀

世界上有很多声音，被不同的人在不同的心境下认为是最悦耳的声音，于是用"天籁之音"来赞誉。

久旱的田地里，突如其来的雨点在狂风的怂恿下，激烈地扇打着在连日来被阳光炙烤得变形的稻叶，那噼里啪啦的响声，在稻叶听来，不啻是天籁之音。

冰封已久的河流上，阳光穿透厚厚的阴云，把一丝丝暖意投到冰面上，突然响起的一声破冰的"嘎叽"，在潜游一冬的鱼儿听来，不啻是天籁之音。

一切被需要的，又正当其时地出现的声音，都不啻是天籁之音。

我教过一个董姓的男生。他长得白白净净，说话的声音尖尖细细，发言的时候又很小声，老是被同学们嘲笑。他呢？也不甘于被嘲笑，谁笑他就骂回去。有几次周末作业他没有完成好，字写得很潦草，还没有写完该写的内容，我跟他的家长沟通，才知道他在学校住宿一个星期，到周末的时候，别人大都回家了，他回的却是校外的托管机构，因为父母都在忙生意，家里没有人辅导他写作业，也没有人给他做饭。有时候父母忙完了会来辅导机构接他回去，更多的时候则是他周日下午过完就从辅导机构直接去学校了。我很惊讶孩子家长的这种安排，孩子妈妈说："生存压力大，没有办法，只能委屈孩子了。"

了解到这些之后，我不再在他上课发言很小声时提醒他"大声点"，而是走到他的身边去听他发言，并把他发言中的亮点扩音给大家听，并让同学们真诚地为他鼓掌点赞。有一次，他的发言确实很有质量，可惜声音还是很小，我灵机一动，对同学们说："刚才小董同学讲的实在太好啦！很有新意，还有深度！可能有的同学还没有听到，我想邀请他上台来再跟大家说一遍，好不好？"同学们一听，掌声响成一片。小董有点紧张，用眼神向我求助。我走到他身边，小声对他说："把你刚才讲的重复一遍就好。"他慢慢走上台，说了一遍刚才的发言内容，但是声音依然很小，只有前面几个同学听到了。我就问最前面的这个同学："小董讲得怎么样？"那个同学站起来说："我觉得他的发言确实讲得很好，值得我学习！"我就说："小董，听见了吗？你讲得的确很好，但是还有很多同学没有听见，你再说一遍好不好？"小董又说了一遍。我站在他的身边，轻轻拥住他的双肩，明显感觉到他的紧张，身体都在微微抖动。后面有同学说没有听到，我鼓励小董再说一遍。他的声音明显大了一点，听到的人又多了一些，大家自发鼓起掌来。我看到，他的眼中有了泪花。我又轻轻对他说："后面还有同学没有听到，你可不可以再说一次？"他很大声地又说了一遍，全班掌声雷动，还伴着欢呼声。我用力拥抱了他，让他回到座位。我看到，回到座位的他，身姿板正，白净的脸红成了苹果，眼中一片晶莹。

从那以后，小董每次在我下课后都会跑到讲台上来问问题。他的问题真是够多的，而且很多时候我都不能给出确定的答案，只能说出自己的看法，也鼓励他多去看书寻找更确切的答案。

我在课外组织学生开展国学经典诵读，想在元旦会演时出个节目。小董踊跃报名参加，每次排练的时候，都能听到他独特的声音。我后来不教他了，但在一次他们年级的表彰会上，我看到他居然拿了数学全年级第一。

对于一个缺乏自信、缺乏关爱的孩子来说，老师肯定、鼓励的话语，不亚于天籁之音。

第二章　关　系　构　建

好教育始于好关系

——浅谈师生良好关系的构建

安徽省淮北市人民路学校　魏雪雁

一、关系先于教育：请让我来关心你，就像关心我自己

周一晨读时间，我接到托管班董老师的信息："魏老师，您有时间吗？想和您谈谈凌枫的事。"

我："好的，董老师，您请说。"

董："最近凌枫不愿写作业，总是找借口。他最听您和李老师的话，您说说他。"

我："（看了看凌枫，他正斜坐在位上，还没开始读书）好的，董老师您也辛苦了。"

凌枫很聪明，也很顽皮，曾经因为贪玩，科任老师批评他，他不仅不服管，还顶撞老师。其因为脾气特别倔没少挨批评，但效果不大。后来我们发现凌枫能吃苦，有力气，便安排他与责任心强、善于包容的梓璇同学同桌，任命他俩当班里的生活委员。搬东西、值日、做好事，他很卖力，经常在班里得到表扬。慢慢地，凌枫的脾气不再那么倔了。特别是二年级校园足球比赛时，他是班级球队主力，踢球时拼力付出，贡献了宝贵的进球，为比赛夺冠立下了汗马功劳。老师和同学都由衷夸奖他，这个孩子渐渐有了自信，开始转变。

凌枫的家庭情况比较特殊，妈妈经常出差，没有多少时间陪伴孩子，出差时会把孩子放在亲戚家临时待一晚。有好几次凌枫没吃早餐就来上学，这可怎么行？老师给他买来早点吃。平时中午就放在托管班。托管班的董老师很负责，出于对孩子的担心，主动与老师联系谈孩子的教育。

所谓"问题孩子"，其实是孩子遇到了问题，需要我们帮助。

讲班级故事、猜同学名字是同学们喜欢的课前互动。"有一个活泼可爱的男孩，他吃苦耐劳，积极为班级做事……"课前我不动声色地讲起班级好事，让大家猜主人公名字。当大家异口同声说出凌枫时，他脸上露出腼腆的笑容，整节课都坐得笔直，听记都积极了。课间时我找到他，关心地问问他家里的情况，顺便鼓励他，对学习方面提出细化的

要求。凌枫连连点头。

关系先于教育。师生关系好，教育就会变得易于接受，事半功倍；关系不好，师生间就有了屏障，接受渠道不畅通，甚至被阻断，失去连接。从这个角度来说，教师应着力与学生建立民主和谐的关系，不要形成对立关系，平等友好相处。凌枫从让科任老师头疼的倔强男孩到乐于助人的阳光男孩的转变过程，就是源于师生深入交流，建立起了信任。当看到孩子遇到问题时，我们不妨换位思考：假如我是孩子、假如是我的孩子。有了自己人效应，教育才能入其心。

二、建立好关系的前提：尊重了解学生，做学生尊敬的人

不少新入职的教师满怀热情地踏上岗位，工作一段时间后却会被现实泼盆冷水，感到沮丧、迷茫：明明自己掌握许多教育学知识，了解了很多管理方法，为什么在实际教学中却管不住这些学生？

很重要的原因是教师没有与学生真正建立起积极良好的关系。只有教师把与学生建立良好关系放在首要位置，才会在教育教学中化解难题，取得成功。如果一个教师只想着"我只要完成教学任务就可以了，平时自己事情那么多，哪有时间与学生培养感情"，那么他一定会在教育中遇到重重难题。

汽车销售员乔·杰拉德曾获得"世界上最好的销售员"称号。谈到自己成功的秘诀，他归功于自己十二年如一日与每一个人保持良好的关系。他坚持用心记下遇到的每个人的姓名、地址，每月寄去手写的暖心问候卡片，送上温馨祝福。他用这样的方式获得了极大的成功。教育也是同样的道理。教师只有深入了解学生，知道学生的兴趣爱好；与学生多沟通交流，让学生感受到教师对他的关心，才会赢得学生的信任，才会成为学生敬爱、尊重的人。可以试试每天与一个学生交流30秒，交谈内容随意，坚持20天，再看看与该生关系有什么变化。学生对自己喜爱、熟悉的老师会积极响应，面对与自己和睦相处的老师会更加努力地学习，行为也会更加规范。

三、怎样构建师生良好关系：一二三，小步走

怎样构建积极良好的师生关系？教育教学工作中应本着核心原则：把孩子的身心健康放在第一位。

（1）变问题视角为优势视角。如果我们总用找问题的眼光看学生，问题就会层出不穷，哪儿都需要"修理"。于是在严苛的要求下，学生可能就被"修剪"成了精致的"盆景"，个性被束缚，思维少创新。而我们用优势视角看学生，发现学生的长处，优化其成长的环境，学生在适合的教育下才能成长为"大树"。好老师要平等对待每一个学

生，尊重学生的个性，理解学生的情感，发现学生的优点、闪光点。引导学生成长为更好的自己。

（2）不断充实师生"情感账户"。建立积极的师生关系需要我们积极投入心力和情感，在关系中投入越多，得到的回报也多，"爱出者爱返"。经常与学生在一起沟通交流，让学生感受到我们对他的关心。账户"存入"得多了，得到的"回报"就丰厚。

（3）善用"富兰克林效应"。想要增加某个人对你的好感，最好的办法就是尝试让他帮助你。帮助别人能产生被需要的感觉，让人感觉美好。课后服务结束后，老师组织送队。回来时，班里子城同学已悄悄地关上班级电脑，把老师的手机、教本等送回到办公室。"谢谢子城，你真是个贴心的小助手！"子城同学脸上洋溢着笑容。为别人做事让他收获成就感、幸福感。一个学生如果能够经常有利他行为，他的品行自然越来越优秀，他在同学中也能得到更多的肯定。在马斯洛需求金字塔中，被需要、被肯定是人的高层次需求。

师生良好关系的构建不可能一蹴而就，不可操之过急。循序渐进，做力所能及的事，心态放平和，进一寸有一寸的欢喜。平时少说多做，做个行动派，发挥榜样力量。与家长结成同盟军，站在一条战线共同帮助孩子。与学生沟通时可以采用"三明治"谈话法，即：先说优点，实事求是，表达赞赏；接着指出问题，有根有据，表达自己的担忧；最后提出建议。师生关系和谐了，孩子才能听进你的话，教育才能入心。

教师因职业特点容易喜欢说教，批评学生容易"刹不住车"。这是与学生交流应注意避免的"雷区"，否则欲速不达，事倍功半。己所不欲，勿施于人，与学生交流一要避免唠叨说教，这会带来超限效应；二要避免高高在上，武断压制，这会使学生口服心不服；三要避免双标行为，这会让学生失望灰心。

教育的目的是让孩子成为快乐的人，教育的手段也应是快乐的。就像一根细小的芦苇管，你从这头输进去的如果是苦涩的汁水，在另一头流出的也绝不会是甘甜的蜜汁。我们对待学生也是要以潜移默化的方式影响他们。

小胜靠智，大胜靠德。求木之长者，必固其根本；欲流之远者，必浚其泉源。构建良好师生关系目光应放长远，应着眼于孩子的身心健康，令其心地善良，有情趣爱好，有人格魅力。那些令人扼腕的由师生关系紧张引发的悲剧背后，往往是教师过于关注分数，过于关注结果，而忽视了学生心理，学生成了冷冰冰的学习机器。尊重学生，读懂孩子，望生成人比望生成龙成凤更重要。

相信每个孩子都是一朵花，只是花期不同而已。不要过早评价，真正的园丁不会在意花开的时间，只会默默耕耘，静待花开。

南风，你轻轻地吹

浙江省杭州市富阳区东洲中学　王倩倩

D是我班的一位男生，刚上初中就表现出各种问题，他学习习惯差，学习不认真，不做作业，在教室和寝室里都会影响他人，同伴关系紧张，值日工作不积极，家长也拿他没辙。

经过多次多方谈话，D的改变甚微。但是我并没有因此而放弃他，我相信学生内心总是向上的；坚信他终会有所改变，只是需要时间，就让关爱的南风，轻轻地吹。

一、转机——需要用心发现

那天语文课，D恰巧没有带讲义。语文课结束，他走到我面前来，一本正经地对我说："老师，我没有讲义。"他其实整一堂课都没有在听。这个时候，他居然又很在乎自己的这份讲义。我心想，这份讲义给他，他会不会名字都不写？然而，我不是一直在等着他改变吗？他来问我要讲义，我不是应该感到高兴才对吗？这样一想，我抓住这个机会说道："D，看着你上课的表现，其实老师这会心里很生气，应该要批评你才对。但是你能够主动向我来要讲义，我还是感到很欣慰的，说明你其实还是想要学习的。"

然后，我让他一起和我到办公室，我把讲义找出来，给他。那天下午，他被社会老师叫去补作业，上课铃响结束才匆匆回教室，而我又表扬了他。我知道照理他也应该接受批评，作业不及时完成，还影响老师上课，可我拍着他的肩膀道："D，你虽然达不到其他同学的标准，但是就你自己的基础而言，你的行为表现还是有进步的，老师要表扬你！"他的脸上露出了惊讶而又欣喜的表情。

二、转变——愿意耐心地等待

距离期末考试仅剩一周的时间，为了营造良好的期末复习氛围，我利用一节班队课，开展了期末动员大会，并且给每个学生发了一张白纸，让学生们在白纸上写下自己的期末考试目标，然后粘贴在后面的黑板上。

第二天，我发现学生们把自己的期末目标都贴好了，但是没有 D 的，我开始犹豫，到底要不要找他出来交流交流，然而我想，我找他交流的目的是什么呢？是出于班主任的权威，还是出于对他真正的关心？如果我真的关心他，我想没有必要给他施加压力，为了让他完成我布置的任务而写一张期末目标上来。为此，我选择继续默默地关注，关心。上课的时候，我会不时地走到他边上，停留一会。有时发现他的衣服领子没翻好，我会帮他把领子翻正；或者在他后背上轻轻拍一下，示意他要坐正。课间的时候，我有时会问他穿这么点衣服冷不冷，要不要我让他家长给他拿点衣服来……让我的南风继续吹吧。

周五临近放学，当我走到他身边的时候，他突然转头向我问道："老师，你有没有固体胶？"我说："固体胶，没有啊，要订书机的话我倒可以借你的。"他失望地说："订书机没用！"我就好奇他到底要用固体胶干什么，于是我继续问道："你要固体胶干什么呢？订书机不是一样的吗？"这时他小心翼翼地拿出一张纸说："我想把期末目标贴后面黑板上。"我很高兴，马上想去看看他到底写了多少，写了点什么。这时，他居然害羞地把目标往自己的胸口捂。我帮他向同学借来了固体胶，他还不好意思自己贴，我让同学帮他贴好。这时周五放学的铃声响起，孩子们排队回家。

教室里只剩下我一个人，我马上去看 D 写的期末目标，我发现他的字较平时写得工整，密密麻麻地写了很多。看得出来，他是认真思考并精心编排过的。纸张的正上方端端正正地写着"期末目标"四个字，纸张的左半部分均匀地按照语文、数学、英语、科学、社会、道德与法治的顺序写着期中考试的成绩和期末考试的预想成绩。纸张的右边分别是三段话，第一段话的内容是："人生来不是被打败的，我在学习中可以说是天天被打败。有时是别人，有时是自己一次次地说：'要好好学习。'但这太难了，可能是我太软弱，也可能是我与学习无缘。但这并不是不可能的，我相信，只要我一直去学习，总有一天可以让我的爸爸妈妈为我骄傲。"第二段话是："期末在班级中不够努力排在最后一名。"最后一段话他将它设计成金字塔形，内容是："梦想是美好的，但现实是残酷的，我们不能只有梦想，而是要去实现它。当然梦想不是这么好实现的，所以我们要好好学习。"

看了他的文字我感到很心疼，过去没人在意他的"好"。他居然写了这么多字，他可是一个平时连作业都不认真做的人啊，上课从来不拿起笔来写字的，每次语文考试作文他只写两行字，这次他居然认认真真地写了这么多，而且我分明能够感受到他的真心诚意与用心。虽然他的目标在别人看来是这么低的分数，但是对他来说，却是超越自己。我意识到每一个孩子都是渴望进步的。

此时，我灵机一动，在后面黑板写上了"D 加油！"，而且跟的是一个大大的感叹号。我相信他周一来上学的时候，会看到。

接下来的一周，我发现他的学习态度较之前有进步，认真了一些，当然也需要经常地提醒。期末考试成绩出来，果真他每一门课都有了进步，并且超过了他预期的分数，他也不是班级倒数第一。而且，同学们并不像一开始那样地讨厌他了，也有同学课间愿意和他一起玩。

三、进步——需要坚定的信念

（一）私人定制，相信你可以

新年过后，新学期又开学了，这是孩子们在学校学习的最后一个学期。我作为班主任，依然十分关注学生的学习态度和习惯，同时也更关注他们的心理动态。对 D，我也更加地关注，我在正月十四就单独发微信给他的家长，询问他的寒假生活及学习情况，并且询问 D 能不能报到那天帮我来教室搞一下卫生，D 说好的。

那天报到规定时间是早上八点，很多同学都比他早到，我觉得既然和他约定好了，就得等他来了再搞卫生，他没有迟到，只是相对有些迟，因此我先让其他同学搞卫生，当然我还是给他留了一个任务，最需要耐心的任务——撕教室后黑板上黏着的白纸的残余，之前我让大家写期末目标然后贴上去，学习委员用的是胶水，就很难撕干净。D 来了之后，我跟他说，有一个最艰巨的任务，我觉得只有他能够做好，希望他能够利用课余时间，把残余的纸撕下来。他把任务应了下来。

我很好奇，他到底有没有在清除黑板。我发现他用上了工具，一把尺子，还用了湿毛巾，把那些纸屑沾湿，然后用尺子把纸屑刮下来。我感到很欣慰，他用了两天的课余时间把黑板弄干净，而且还及时地把刮下来的纸屑扫掉。我表扬了他说："D，你瞧，同学们认为这么需要细心的活，你都能耐心地搞定，你上学期期末努力了下，成绩也马上有了进步，我相信这个学期你认真努力一点，肯定会有更大的进步。你昨天的作业没有完成，我觉得人与人之间是要相互尊重的，老师给你提出要求，那是尊重你，看重你的表现，如果老师对你没有一点要求，那反而是不尊重你，所以我们要相互尊重。当然，老师不是要逼你做作业，我相信也希望你完成作业是自愿的，自觉的。"D 略微迟疑后，轻声地对我说："老师，其实我现在也想着做好，就是有些时候，坚持不了……"我拍拍他的肩膀说道："D，咱不心急，首先我们要有这份心，你现在已经想做好，这一点我们已经达到了。接下来我们要做的是坚持，战胜之前的懒散与惰性的侵袭，这个需要毅力，老师和同学都会帮助你的。"D 离开办公室前，出乎意料地和我说了声"谢谢"。

第二天，我批抄写本的时候，翻开一个本子，感觉字迹有点陌生，一往回翻封面，D 的名字赫然出现在眼前，我几乎高兴地欢呼起来，D 写作业了，而且字迹十分端正。我马上把这一消息发微信告诉他的家长，让家长也感受到孩子的点滴改变与进步。为此，我在班级说明原因之后，给他的语文作业加了分。接下来的几天，D 都完成了他的语文作业，后面有一天批文言文翻译的时候，发现他没有写翻译，而是把原文抄了一遍。我问他原因，他说看不懂。我问他，可以参考注释，实在不行，把课下注释抄一遍行不行？他说可以。然后，我与他约定了完成作业的时间。

（二）你是我的好帮手

初三下学期，学生们的学习都很紧张，语文复习重基础，重落实，我几乎每天都会给学生听写词语，默写古诗。一开始我都是自己批，后来我想到了 D。我想 D 也是要参加中考的，古诗和词语的字音、字形是必考的，他如果能把这些分数拿到手，那对他而言，也是很了不起的事情了。让他单纯地识记或者抄写，坚持到中考，是比较困难的，那就请他帮我批改学生的听写和默写吧，批的同时也是他记忆的过程。可是，我不能随随便便地就把这一沓听写本给了他，我得让这个动作变得富有仪式感。

这一天，我把他请进办公室，他的表情告诉我，他感到莫名其妙。我示意他坐下，说："D，初中三年现在想来过得也蛮快。"他微笑着点头表示赞同。"过去的日子里，你帮老师做了很多事情，比如帮老师搬躺椅。每次时间点一到，我只要直接走进教室，就可以躺在你帮我搬来并且平放的躺椅上，每天中午，我都睡得很踏实。还有你总是能完成班里面最难搞定的卫生工作，上次我看你清除教室后黑板的纸张残留也是很用心，我看了真心感动！"这时，我留意观察他的神情，他显得有些高兴又有些不好意思地低下了头。"临近中考了，老师现在感觉每天都好忙，同学们的听写默写有时都来不及批改。"我指着桌上的一大沓听写本对他说："你看看，能不能帮老师分担一下……老师信任你，批改肯定公正，仔细，认真。"他当场答应了我。

回到教室，我在全班面前庄重地宣布，从今天开始 D 就是我的小帮手，负责协助我批改大家的听写默写。D 在全班同学的掌声中上台双手接过我给他的红笔。接下来的日子里，经常有晚自修老师兴奋地拍来微信照片或者视频，跟我说，"D 晚自修在认真地帮你批改作业呢！"第二天到办公室，总会发现桌上整整齐齐地按照批改的情况，放着一组组的听写本。这一叠是全对的，这一叠是错三个以内的，这一叠是错五个以上的，他都仔仔细细地归类。就这样，这个负责批听写默写的小帮手工作，他一直坚持做到中考前。

中考结束的时候，有位同学跟我说："老师，D 这次中考蛮认真的哦！"我想这就是不放弃的力量，也是作为一位老师最幸福的时刻。

趣谈师生关系

广东省佛山市北外附校三水外国语学校　龚金秀

近几年，因为工作关系，我接触并处理了好几起关于师生矛盾的事件。在询问矛盾发生的过程中，我发现，很有意思的是（也许是巧合）：一般来说，学生都会接受对他的批评，而教师则会强调自己的行为是出于教育学生的目的，不会诚心诚意地承认自己的教育方法有问题。并且，当校方介入处理双方矛盾时，教师往往也理所当然地认为学校的立场应该无条件地与教师站在同一边。

俗话说："一个巴掌拍不响。"师生间产生矛盾了，自然是双方都有问题才是客观的。如果学校仅仅采取维护教师的立场，那么对方（学生）的权益该由谁来维护？自然家长就要出场了。家长是带着维护学生权益的目的来的，来者不善，因为孩子在学校受到了不公正的待遇，学校没有给予孩子安全感，家长也感觉受到了不公正的待遇。一般这个时候，家长就要找个主持公道的地方了，比如学校的主管部门——教育局。如果教育局站在学校那边，家长就只能找媒体了。这样一来，原本应该合作的双方变成对立的敌人，师生间的小矛盾演化成为家校的大矛盾。

我以为，学校本来就是让学生知书达理、明辨是非的地方，如果不秉持公正的立场，那成了什么地方了？我觉得，师生矛盾的根源还是教师本人，缺乏强烈的身份、角色意识。学生是未成年人，他犯错是天经地义的；而教师，是成年人，是教育学生这个未成人的，结果不但没有教育好，还降到跟他一样的水平以致发生矛盾，难道不该反思吗？有个笑话说：古时候有个秀才，有一天跟一个屠户为"三八二十四"还是"三八二十一"争辩不休，闹到县衙门。县官听二人说了原委，喝令衙役把秀才打了二十大板。秀才喊冤不止。县官说："你一个饱读诗书的人，自然知道'三八二十四'是绝对正确的，却还跟一个'三八二十一'的人纠缠一天，白费时光，还影响我治下安定，不打你打谁？"秀才豁然，甘心领罚。

教师肩负着教育学生的责任，从年龄上看也是学生的长辈，所以师生间的关系是不完全对等的。在相处中，教师既要把学生当作一个有情感、有主见的个体，也要允许学生出现认知的不足、"幼稚"甚至"不可理喻"，对学生言行举止上的冒犯给予最大限度的宽容。

那么如何避免与学生发生矛盾呢？在教育学生时做到就事论事，在指出学生错误的同时避免上升到对学生尊严、人格的伤害，这就很大概率能避免矛盾产生。教育犯错学生时，还要与家长保持密切及时的沟通。虽然角色不同，但教师和家长对学生的管理和教育，方向和目的是一致的，我们应该充分利用好家庭教育的力量，形成家校合力。

最后，当矛盾不可控制地发生时，教师千万要保持冷静，避免事态扩大。同时，主动及时与家长沟通，做到真诚和客观，如实说明问题，提出理性的分析和建议。

手机进化论

——记一名智障肢障学生的行为矫正案例

广东省佛山市三水区启智学校 吴燕飞

说起手机问题，如果在教育正常学生身上比较棘手的话，那么在我们特殊孩子身上更加需要花费心思。

一、学生屡教不改，冷静应对寻找问题根源

我们班有个智障伴肢障的学生小豪，是一名住宿生，他的身体平衡性差，手脚不够协调，说话也很吃力、欠清晰，但比其他同学的认知水平高，能够认读、书写生字，能够阅读简单的故事，还能够使用手机。然而，他周末在家（回家才能玩手机）玩手机玩出问题来了，上学期每个周末都发骂人的短信和微信给隔壁班黄老师，假期还经常打电话给她但又不说话，更严重的是他试图破解黄老师的微信密码想登录上去。在得到其父母的证实之后，我们班的三位老师都震惊不已，因为没有想到小豪对手机的应用能力如此"高超"，但也同时惋惜他用在不恰当的地方，我们冷静地与他分析这其中的弊端，多次苦口婆心地跟他沟通，做思想工作，但他就是不说原因，而且还非常反感，总是为自己辩解："为什么总是说我，我到底哪里做错了？我说了我没有做，就是没有做。"虽然每次沟通之后，他会暂停一段时间，但之后又反复这些骚扰行为，而且还在师生群里发"厌学"言论。家长一怒之下没收其手机，而且还会使用暴力，然而这没能阻止他，他仍会用朋友的手机来发骚扰信息。

作为小豪的班主任，我感到很棘手。突然想起"百货大王"约翰·华纳梅克曾经承认："我在30年前就已经明白，批评别人是最愚蠢的行为。"也就是说，我们采取批评斥责的方法并不能使学生改变错误，相反只会引起对方的记恨。而小豪不就是这样吗？家长越是批评、指出他的不足，他就越抗拒，越不承认自己有错，而且还会更加叛逆。

我们需要更加冷静地去应对，所以，我一直没有放弃，也没有责怪埋怨，而是留心观察和仔细分析，发现这问题行为的背后离不开家长的粗暴教养方式、缺乏关爱理解的家庭氛围等的消极影响，同时与小豪的敏感性格、青春叛逆、猎奇心理也有密切联系。

只是现在的我需要等待一个合适的时机来打破小豪对我们老师的防备心理，接受我们的关心和引导。

二、师爱引领成长，发掘学生潜能增强信心

我相信每个学生都有自己的"闪光点"，哪怕这种"闪光点"十分微弱，甚至被黑暗掩盖着，我也要努力地发掘它，并且培养它，我认为这是一个可以增强学生自信的强大动力。

在一次日记作业中，我发现这个孩子的作文写得很好，能认识很多生字，并且能够正确表达自己的情感和想法，是一个挺聪明的孩子。我很庆幸我终于等到了一个机会，一个走进小豪心灵的机会。我每次都对他的作文给予详细的鼓励性的评语，比如《联欢》他写了普通中学同学来我校联欢的故事，并发出感慨："对于这些友好善良的同学，我们不但要说声谢谢，还要用我们的感恩之心来表达我们的感恩之情，我们希望同学们下次的到来。"我夸奖他懂得感恩社会和文明礼貌；比如《难忘校运会》他写了我们班拔河比赛和跑步接力赛都输给了隔壁班，却用文字表达"没关系，明年一定可以赢他们班"，我表扬他积极乐观的心态和友谊第一的体育精神；比如《我的老师》，他把班里三位老师的外貌体征、教学科目、性格特点、喜好风格等都详细地写了出来，我佩服并称赞他的观察仔细、心思细腻等。不知不觉，一篇篇的作文，就像师生之间一次次平静的谈心，他抒发、表达、倾诉，我阅读、欣赏、理解，我们的距离变得越来越近了。

世界著名心理学家斯琼纳教授曾用实验证明，如果在动物学习表现良好时给予奖赏，它们则要比学习不好就受到斥责的动物学得更快，而且能够记住所学的东西。进一步的研究还显示，人类也存在同样的情况。小豪不就是这样吗？从前他最讨厌写作业特别是写作文，通过一篇篇作文的评改鼓励和积极反馈，现在，他看到我在黑板上布置的作文题目，思考一会，就会笑出声说"我知道写什么啦"，然后就会迫不及待地拿起笔来写，总是第一个完成交到我面前。现在每次作文发下去，他那经常生气噘起嘴巴的黑脸会时不时露出羞涩的笑容，边看评语边笑。我还鼓励他在全班同学面前朗读自己的作文，成为其他同学的学习榜样。逐渐地，他写的作文越来越长，字越来越美观；慢慢地，字里行间流露出积极乐观的想法和情感，之前那种厌学和消极的情绪缓解了很多。

三、坚持诲人不倦，培养学生积极向上的精神

育人，从来就不是一蹴而就的事情，必须要坚持。

我想，小豪的写作能力那么强，不如让他写信给那位黄老师说说自己的真实感受和打扰的原因。他一开始说不知道写什么，我拍拍他肩膀，"没关系的，就是把你心里话写

出来，就像平时写作文那样就可以了，不用管它写得有没有文采"。得到鼓励的小豪尝试写了第一封信，里面还是有对黄老师的埋怨和反感情绪，至于原因还是没有描述清楚，不过可以得到一些线索，那就是与一年前发生的一件事有关。我请黄老师帮忙配合我的工作，给予他积极的反馈："小豪，你给我写的信写得很好，字迹美观、表达流利，我很高兴，不过我还是没有弄清楚是什么原因让你对我有成见，如果你能再写一封详细的信，我弄清楚原因之后一定会跟你好好解释清楚的，可以吗？"一周后他又写了一封更详细的信给黄老师，这一次我们弄清楚了。原来一年前黄老师看了小豪一眼觉得他独立完成拿棉被的任务很了不起，就给了他一个微笑，然而敏感的小豪却以为黄老师耻笑自己走路一瘸一拐，从而造成了误会。我安排黄老师和小豪来一次"见面会"，大家解释清楚了，误会就解开了。慢慢地，他见到黄老师再也不会是翻白眼扭头就跑，而是不好意思地抿嘴笑一笑（似乎还是很抱歉），我和黄老师开解他："都是误会，都过去了，没关系的。"后来，第三封信是用手机发出去的，小豪给黄老师发了一个短信，说了以前的误会，说了之前的故意骚扰行为，说了自己的愧疚，并向黄老师真诚地道歉。正如前文所说，每个人都是很难承认自己的错误的，而小豪却做到了。我对小豪说："小豪你这份难能可贵的精神值得我们和同学去学习，你的改变让我非常感动。以后有什么心事可以跟老师说，或者写出来，好不好？"小豪听后脸上露出了欣喜的表情。

四、爱出者爱返，点亮学生的快乐阳光人生

有时候，教师的一句话或者一个举动，就会对学生的一生造成影响。要想让学生取得进步，离不开教师从不停歇的爱的付出。

小豪虽然还会玩手机，不过他没有再发骚扰信息，也减少了在群里发消极言论的行为，相反，我们还得到意外收获呢！比如中秋节，他用微信发来的祝福是这样的："趁着还有一日就是中秋节的到来！我祝吴老师节日快乐。看月光，拜月亮，祝吴老师一家可以平平安安过一个中秋，节日快乐，一家大小开开心心！"比如国庆节，他不再往群里发牢骚了，而是发来温馨短信："祝各位老师各位同学节日快乐！身体健康，万事如意，天天快乐！全家团圆！祝老师们工作顺利。"我们全校老师都收到了他用微信发的节日祝福短信，看着这一条条尽管有些标点符号不正确但是感情真切的贴心问候，实在让我们感动和欣慰。

苏联教育家苏霍姆林斯基曾说过："教育的奥秘即教师热爱学生，把整个心灵献给孩子们。"教育需要真诚的爱的付出，就像池塘不能没有水一样，就像万物生长离不开阳光雨露一样。

这个"手机进化论"的案例让我认识到：作为一名特殊教育的教师，体现师德修养的不是多么感天动地的惊人举动，而是把困难事做成分内事，把小事做到极致，真心去

爱每一个特殊的孩子，细心地去发现孩子们看似古怪荒诞行为背后的需求，关心孩子们如刺猬般的敏感脆弱心灵，为特殊智障孩子有一个阳光灿烂的人生而不断努力，十年如一日，一直爱下去。

让爱播种在你的心灵

广东省佛山市三水区启智学校　吴燕飞

一、初遇的困惑

佳佳的五官非常精致，语言表达能力强、词汇丰富，认识很多生字，而且还会说一口流利的英语，很多人都会觉得这哪里像特殊孩子啊？佳佳简直就像一个"小天使"一样非常聪明可爱；但是，当妈妈要离开的时候，佳佳马上从"小天使"变了样，情绪像火山爆发一样，非常狂躁，大声抗议："不要！妈妈不要走！你这样是不对的！……"牢牢地抓住妈妈的手不肯让她离开，伴随着歇斯底里的大声哭闹、尖叫的声音，连整个学校都能听到，并且还对他人拳打脚踢，每次都一发不可收拾，哭闹到半个小时甚至更长的时间，直到筋疲力尽才恢复平静。他的情绪非常敏感脆弱，一遇到不顺心的事就会大声哭闹、尖叫、打骂等，常对不喜欢的事物或人进行强烈的攻击，用拳头打、用脚踢或用头撞等进行攻击。他对周围的同学和老师的人身安全都造成一定的威胁，更不用说能安静坐好认真学习了。这导致佳佳难以融入集体，难以进行正常的社交活动，难以适应学校的学习环境和生活规律。

我很困惑，究竟为什么会这样？佳佳需要的是什么？我怎样才能帮到他？

二、懂你、陪你、爱你

我细心分析佳佳的情况，发现最迫切需要帮助佳佳调节控制情绪。我主要从以下四个方面进行情绪行为干预。

（一）了解学生，关注需求，走进佳佳心理世界

为了深入了解佳佳做出这种特殊行为的原因，我进行家校沟通，查阅文献资料，平日多观察，开始"懂得"佳佳了。从家长口中得知佳佳属于自闭症儿童，父亲由于工作忙碌极少陪伴佳佳，母亲则全权负责佳佳的起居饮食，考虑到佳佳年纪小，佳佳的什么

需求母亲都满足他。虽然教育患自闭症的孩子常常被喻为"特殊教育的挑战和难题"，但我认为，佳佳不是不能教育，只是缺乏适合的教育方法而已。只有全面了解学生，才能认清学生的需要；预先满足学生的需要，才能让学生觉得我们可亲，觉得安全，他的情绪才能稳定，才会有正常的情感体验。

所以，我收集了大量与自闭症儿童相关的资料，并且向佳佳的父母了解佳佳各方面的特征表现，有了充分的了解之后，我就能更好地解读佳佳的心理，这也为我进一步制定教育方案做准备。

（二）家校配合，协同教育，营造良好成长氛围

影响孩子成长的一个重要因素就是父母，父母天天跟孩子在一起，是孩子的一个"天然刺激源"。

因此，做好家长沟通工作是非常必要的，首先通过家访面谈交流，我建议佳佳父母调整好自己的心态，接受这样聪明的佳佳，同时也接受存在社交障碍的佳佳。我经常跟佳佳的家长交流教育方法，针对佳佳非常缺乏安全感，建议佳佳的父母为佳佳营造好一个温馨愉悦的家庭氛围，给佳佳提供一个安全的成长环境，不管工作多忙都不能忽略对孩子的教育，平时不仅仅要关心孩子的生活学习，还要关心孩子其他各方面的教育，尤其是个性发展、心理健康方面，要对孩子的身心健康发展时刻关注。父母对待佳佳的行为模式，就是佳佳学习如何对待其他人的方式模板，如果父母采取的是一个积极良好的行为模式，那么佳佳也会潜移默化地把这些行为模式内化成自己的心理图示，以后也会积极友好地对待其他人，这对佳佳的社会适应能力的提升有着重大的影响。

（三）强化训练，合理表达，增强情绪管理能力

一开始，佳佳由于不适应学校新环境，对上学产生抗拒情绪是理所当然的。所以开始不适合采用说道理的方法，因为跟佳佳说什么道理，佳佳都会想办法反驳，而且越反驳越激动，拉着他的手也会招致佳佳的"拳脚之礼"。于是我在开学阶段采用的是"爱的拥抱"方法，我紧紧地抱住佳佳，不让佳佳伤害自己，也无法攻击到我，让他在我的怀抱里大声骂、大声哭，过了一段时间后，佳佳的情绪便会逐渐平静下来，转为低泣。我见他平静下来了就哄回他，让他吃饭，这时的佳佳就会小声地说"老师，对不起""我知道错了"，然后就乖乖地吃饭。

过了一段时间，佳佳对学校的学习和生活环境已经开始适应了，抗拒心理已经没有开学初那么强烈了，我采用正强化法，如果佳佳能够安静坐在位置上吃饭，我就奖励佳佳一瓶牛奶（据其家长反映，佳佳最喜欢喝牛奶），同时，我也加以精神奖励，如一个微笑、一个大拇指、一阵鼓掌等；而如果佳佳出现吵闹哭嚷的行为，我就撤销对佳佳的特殊奖励。经过一段时间的强化训练后，佳佳的情绪没有那么激动和暴躁了。

（四）不离不弃，关注心灵，开启愉快心情篇章

尽管佳佳语言表达流利清晰、词汇丰富多样，但佳佳只是机械地刻板地读出来，而不能理解语句里包含的意思以及句子适合哪种情境，也不能理解他人说话的意思，所以我为他量身定做了一套"情境反应卡片"，挂在其脖子上，随身携带，随时使用，教会他如何在各种不同的社会情境做出相适应的反应，教会他应该说什么、如何说。比如，当他径自走进教室，不打招呼，也不说任何话，直接坐到自己座位上玩自己的玩具时，我就会要求他看一看"情境反应卡片"，让他把卡片上面同样情境的反应大声念几遍，然后让他按照卡片的提示去模仿去做出反应，一开始，佳佳不肯看着我的眼睛，只是很不情愿地看着其他地方说"早上好！"，我总是很耐心地反复提醒他要看着对方说话。

我使用"小步子策略"：第一步，我只要求佳佳能够被动与人互动，如老师跟他说"早上好！"，他也能做出回应"早上好！"；第二步，我要求佳佳能够学会主动与人交往，如进入学校见到老师主动打招呼，说"老师好！"；第三步，除了主动外，还加上目光交流，要求佳佳在与他人说话时要面对他人要看着对方，不可以眼睛四处张望；第四步，我要求佳佳加上面部表情，如与人打招呼时要面带笑容，向人道歉时要诚恳认真，不要嬉皮笑脸等。

佳佳经过一段时间的卡片提示后，不知不觉中已经把这些社会互动方法内化到自己的行为模式当中，后来不用看卡片也可以合理地应对几种基本情景，与同学和老师可以进行简单的对话和交流了。

三、守护天使，静待花开

经过一个学年的教育，佳佳不抗拒上学了，回到教室能安静坐在座位上，即使妈妈离开，佳佳也能平静地跟妈妈道别"再见"，不会轻易发脾气，打骂他人的行为也收敛了很多。现在的佳佳进到学校会主动跟老师打招呼："老师好""早上好"，放学时也会跟老师说"保重"；喜欢拉着老师的手，主动跟老师聊天；还学会称赞他人，比如说"老师，你的衣服很漂亮"；学会了排队，融入集体，会与其他同学们嬉戏玩耍。吃饭可以安静地坐在位置上就餐，没有跑去玩滑滑梯。还学会关心妈妈了，在一次外出购物时还给妈妈买她喜欢吃的帝王蕉呢。佳佳后来转到普通小学融合班了，佳佳父母很高兴。作为老师，我非常欣慰！

尽管这么多年过去了，佳佳只是我教学生涯中停留了短短一年时间，但是佳佳的改变一直激励着我：教育是一门艺术，对于特殊的孩子我们需要给予更多的耐心、爱心和智慧，更加需要使用正确的教育方式对他们进行教育。

特殊教育教学之路漫漫，我且以此自勉自励，且行且思。在以后的日子里，我一定

会努力钻研，积极进取，更好地为学生、为家长、为特殊教育服务，争取在特殊教育之路上走得更高更远！

我相信，让爱播种在学生的心灵，每一颗残缺的种子都一定可以茁壮成长、开花结果！

第三章　班 级 文 化

班级活动育人的途径与魅力

陕西省西安市临潼区临潼中学　赵静

班级集体活动是教育教学实践过程中，最常用、最有趣、最具体的教育教学实践，有着丰富的教育内涵、深远的教育意义。丰富多彩的班集体活动具有无穷的育人魅力。班集体活动能激励学生展露天性、兴奋精神、增强能力，磨炼性格；能使班集体产生朝气蓬勃的活力，产生积极向上的精神。

（1）班集体活动能加强班级精神文化建设，能引领班级精神阳光向上生长。

学校组织了拔河比赛。从第一场到最后一场，我们高三（2）班一路走下来。尽管最终我们获得亚军，但这就足够令我们开心不已。

选派选手那次班会，我真怕没人参加。而事实上，孩子们主动请缨；关于此次拔河比赛，我估计第一场就得输，一场就会终结我们的拔河赛事。而事实上，我们走到了最后；拔河比赛中，我想大家应该牵挂复习备考，没人愿意为了拔河获胜费时费力，走个过场得了吧。而事实上，孩子们手握粗绳，压低身体重心，脚和脚靠紧，一副坚定不移的样子。啦啦队齐喊口号，拔河队友齐心协力，于是那粗绳上的红布条，总是被我们拉近。体育老师一声哨响，做手势语：高三（2）班获胜。那一刻，全班欢呼，全体沸腾。

为了"赢"，有孩子的手被磨破皮，有孩子的脚被弄痛，但当得知我们要在第二天进行决赛的时候，所有付出都值得了。那一刻，我们班集体感到很自豪。那一刻，我们满身力量，满是干劲。我们坚不可摧，势不可挡。我们每个人的脸上都闪着骄傲的光芒，我们班就像是一个不败的神话。

这就是班级集体活动的教育力量，它能促进学生身心健康发展，能加强班级精神文化建设，能引领班级精神阳光向上生长。

（2）班集体活动能增强学生的实践活动能力，有利于学生各项能力的发展，促进学生个性发展和快乐成长。

那年十月，红歌比赛。

几经周折，我终于确定了合唱曲目，排练开始，没有人能指挥合唱，怎么办？

孩子们建议由我这个班主任来指挥合唱，我摇摇头，我知道我五音不全，音调不分，根本指挥不了。我们为此焦虑不安，一筹莫展。可是事情迫在眉睫，得赶紧排练。我手臂一台，手指小王："小王，本次指挥大任，交给你了。"

小王愕然地说："啊，老师，我根本不会啊。"

我坚定地说："那就学。你指挥成啥样，我们都不放弃。"

由于小王的学习成绩优异，我看好小王的学习能力。我觉得让他学指挥，也肯定行。

第一次节目验收，验收组老师指出问题：你们班指挥根本不在点上。

我们回班后，我给小王说："节目组验收老师说，我们班的指挥真棒。"

小王听我这么说，他笑了，笑得羞涩、腼腆，他似乎明白我的心意。

又一个晚上，我请来我的好友，一位专业的音乐女老师来给我们班排练。那晚排练了一个多小时，从队形、动作、曲调、节奏，包括指挥，我的好友都给我们细致排练一番。这一晚排练效果究竟怎样，他们有没有认真练，我还真不知道。

第二天第二次节目验收的时候，令我没有想到的是，节目组验收老师真的说："你们班指挥真棒。"

前两天还不着调的他，今天能指挥得这么专业，合着拍调，一招一式，哪里是摇摆动作，哪里要唱腔激昂，哪里要二重唱，全在他的指挥下，一丝不乱。全班合唱声音洪亮，动作别致，从容大气。我知道全班同学跟着我的好友认真学了，我知道他肯定一个人对着镜子练了，功夫不负有心人，他才有了今天接近完美的表现。前几天我们还集体焦虑没有指挥，今天我们全班以我们的指挥为傲。

正式比赛的那天，小王穿着白衬衫，黑裤子，打了彩色领带，他帅极了。在他的指挥下，我们班的节目惊艳全场，因此荣获一等奖。

这一次活动，见证了一个事情：只要努力，我们就可以创造属于我们的奇迹。

班级集体活动能增强学生的实践活动能力，有利于学生的各项能力的发展，促进学生个性发展和快乐成长。

（3）班级集体活动能缓解学生的学习压力、纾解学生在学习过程中产生的焦虑、焦躁等负面情绪。

每次讲完文言文阅读，我们都会有一个小小的课堂活动，学生间就本篇文言文互相提问。在提问活动前，先定下几名提问同学，提问同学指名同学来回答问题。

在我讲完《崔瑗传》节选之后，班内提问活动开始。

小郝先提问，指名小孙："阎显兄弟伏诛，瑗坐被斥。崔瑗为什么不听陈禅的来替自己翻案，而是要辞归？"

小孙略迟疑。小攀立答："因为瑗入过阎显府，今阎显伏诛，崔瑗肯定知道不必再为自己辩解，就是辩解也不会被信任的，不如远离朝堂，辞归吧。"

小孙记了一次未答出。

我在暗自欣喜学生的思维能力，提问者、答问者肯定对文段都有了深入理解，才不会只停留在文字表面，才会有这样的问和答。

其他同学继续提问："为什么叫茂才？"

"嬖宠的意思是？"

"请翻译一下划线句子。"

"请你找出表现崔瑗清廉的细节。"

所有问题的回答者，都是小孙。他们今天好像是故意的。小孙答出来了，他们还要继续追问，直到小孙答不出来，他们才得意地坐下，结束提问。

平时小孙上课容易走神，或打瞌睡。今天课堂上，他好像事先就知道自己会被同学叫到，他听讲专心，记满笔记。同学们为了问出有水平的问题，也怕自己被同学提问到，就都听讲专心，记满笔记。

我忽然发现，小小的课堂活动，竟有如此大的魅力。学生的状态好了很多，比我的多次提醒都有效。

在课堂活动结局，小孙无法逃过表演节目。第二节课前，预备铃一响，小孙只好在众目与掌声中走上讲台，羞涩问："你们想听啥？"

小孙开唱，同学们打着节拍，跟唱。我则全神贯注地欣赏。如此真好。

高三学习紧张，压力山大，孩子们很累，容易产生焦虑、焦躁等负面情绪。适时愉悦、简单易操又被群体认同的课堂活动、班级活动，对缓解学习压力、纾解负面情绪等有很大帮助。

（4）班级活动能有效促进生生交流、师生互动，能在活动中增加同学情义，产生班级凝聚力，形成班级精神文化。

班级根据班级小组管理条例记录了每月小组的得分、扣分情况，月末总结，评出每月最优小组。随之而来的最精彩的一场班内活动就是我们班的最优小组表彰会。

表彰会召开之前，要做好筹备工作。算分，评优，表彰活动如何开展，买什么奖品，安排几个文艺节目？小组商讨，小组长商讨，结合商讨结果，班委制定表彰会活动方案。毫无例外，每次奖品栏都写两字：吃的。于是我们买过锅巴、薯片、小米条、棒棒糖，只要是吃的，孩子们都爱。每次表彰会的高潮时刻，也是我们集体最开心的时刻，就是全班一起吃着好吃的，看着同学的各种节目表演。

直到高三，因为复习备考，这样的表彰大会进行得很少了。我们也留下了一个班级传统，或是形成了一个属于我们的班级密码，那就是"吃的"。谁说话不算数了，谁给谁买"吃的"，以示惩罚；谁考试进步了，问老师我要奖励，奖品也是要"吃的"；谁犯错误惹我生气，给我认错道歉的时候，会说，"我再犯，我就给您买吃的"。就这样，"吃的"成了我们的班级密码。"吃的"代表了快乐，进步，表扬，还代表了批评，惩罚，信守承诺。食物本身的美味、柔软、舒适感，成了我们之间的最默契和小幸运。

（5）班级活动的形式可多种多样，应遵循"简单、实际、有内涵、易操作"的活动设计思路，以期从实际的、创新的、激情的班级活动中，收到真正有效的教育效果。

　　班级活动为学生成长提供了实践的条件和生活经验的基础，班级活动充实了学生的学习生活，丰富了学生的精神世界，培养了学生浓厚的兴趣爱好和特长，也使学生更多地体验到个人同他人、集体的关系。

　　学生是班级活动的主人。班级活动的形式应符合学生的成长特点及审美能力。班级活动的形式应多种多样，如课本剧表演、读书分享会、演讲比赛、辩论赛、手工制作、户外竞技等。从活动前期的筹备，到活动开展，再到活动总结，教师充分调动学生的积极性，让学生能参与到活动的各个阶段中。只有这样，学生才能在活动的开展中，没有疏离感，不会觉得与己无关，也才能得到能力的锻炼和美的情感体验。

　　教师在设计班级教育教学活动时，要尊重教学条件与学情实际，活动形式不能只图表面热闹与花哨，而要有一定的知识和技能作支撑，应遵循"简单、实际、有内涵、易操作"的活动设计思路，以期从实际的、创新的、激情的班级活动中，收到真正有效的教育效果。

创设表达平台　助力学生成长

广东省佛山市顺德区第一中学外国语学校　晏清华

2018年和2019年受学校委派，我成了招聘教师团的一位成员。回想起招聘过程，我不禁感叹，被选上的人真的是幸运儿。如果现在换我去应聘，剔除年龄因素，估计都很难成功。一关又一关，制作简历、一分钟表现、试讲、考试、无领导小组讨论等，无一不是能力的选拔、综合素质的体现。其中，让我深深感受到"演讲表达"太重要了，一分钟表现、试讲、无领导小组讨论等无一不是要"讲"，要"表达"。讲得流畅大方，说得有理有据，得高分的可能性大，入围概率就大，当然之后便是影响一生的职业。作为初中道德与法治科老师，我认为我有必要在课堂上渗透锻炼"演讲表达"的训练元素，这不仅符合学科核心素养的要求，更是为学生一生发展奠基的需要。于是，有了我这两年的课前五分钟"我是小小演说家"时事演讲实践活动的坚持。

在2019年9月—2021年7月期间，在任教班级的道德与法治科课堂上推行"我是小小演说家"课前五分钟时事演讲，通过准备、演讲、评价和表彰四个环节，落实以能力提升为主的"学科探究"专题项目式学习，我获得了学生和家长们的好评，取得了预期效果。结束时，通过问卷星调查学生对这项活动的收获和反映。活动盘点回顾，收到学生设计制作的时事演讲PPT共计249个，课堂演讲同学共计278人次，有72人次获奖，有93.68%的同学认为锻炼了在公众面前说话的胆量，86.78%的同学认为提高了表达能力，71.26%的同学认为培养了逻辑思维能力和分析能力。这说明此项活动有利于提高学生们的综合能力和个人素养，有利于培养道德与法治学科的核心素养和提高学习兴趣。在93.68%和86.78%两项数据面前，我看到的不仅是数据，而是学生演讲水平和表达能力的提升，是学生的成长。面对统测成绩仍然是全区第一的情况，我感觉到这项活动没有影响到学科成绩。每节课拿出来的五分钟，也没有影响到教学进度和内容。但是这5分钟却真真切切锻炼了学生的演讲表达能力，提升了学科素养，是有益学生一生的举措。想想，我是如何做的呢？

我把课前五分钟"我是小小演说家"时事演讲实践活动设计成准备、演讲、评价和表彰四个环节，并告诉同学们这一活动一定会坚持七年级、八年级两年，以督促自己要坚持做，坚守诚信，为人师表（实际操作中，备课组其他老师都放弃做这项活动，只有我在坚持）。具体情况如下。

第一，准备阶段，要研究解决的主要问题是动手能力和参与意识。教师提出演讲前课件制作和演讲要求基本标准及赋分要求，主要有五个方面：①整体 PPT 10 分（净色、黑色 字号32）；②PPT 第一张 10 分（标题/主题 5 分；制作/演讲者 5 分）；③简介 30 分（发生什么事，产生什么后果）；④我的看法 30 分；⑤仪态 20 分（准备充分，声音清晰洪亮，自然大方，5 分钟之内）。学生按照课件制作和演讲要求围绕国家、社会和生活中时事，收集资料，制作 PPT 并练习演讲，增强时政意识，提高分析能力和制作课件的动手能力。

第二，演讲阶段，要研究解决的主要问题是锻炼胆量和表达能力。教师安排一位同学计时，要求每位演讲者演讲时间是 5 分钟，演讲时间是每节课的上课前 5 分钟，演讲学生站在讲台前面对全体同学进行演讲，用这种限时演讲形式锻炼公众面前说话胆量和语言表达能力。

第三，评价阶段，要研究解决的主要问题是规范要求，提升能力。分点评和赋分两方面评价：一是点评。第一学年由教师进行点评演讲学生的优缺点，采用鼓励性方式，并按照赋分要求当场打分并公布成绩。第二学年利用班级优化大师的随机抽选功能，选出学生进行点评。二是赋分。采用百分制，围绕课件 PPT 格式、素材、内容和仪态等方面，当场赋分。当场评价激发学生的演讲热情，锻炼学生的分析能力和表达能力。

第四，表彰阶段，要研究解决的主要问题是提升动力，提高综合素质。每一学期结束后，按照分数高低评选出特、一、二、三等奖。表扬先进，鼓动后劲，增强对演讲的动力，提高学生对学习道德与法治学科兴趣，提升学生的综合能力。

活动结束问卷中反馈中，有不少学生说希望九年级还要坚持这一活动。从问卷结果上看，总体说来，学生们学习道德与法治科的时政敏感性明显增强，课件制作水平、语言表达能力和点评分析逻辑能力大大提升，这项活动锻炼了学生的动手能力、表达能力和分析能力，提高了学科兴趣，增强了学科核心素养，加强了课堂互动，促进了学生成长，受到学生们的喜爱，取得了预期效果。

由此，我想到，作为人民教师，我们应该与时俱进，从学生长远着想，努力去设计好自己的课堂；而不要只是盯着分数，盯着教材考点，要用自己的言行去感染和影响学习，创设各种条件让学生去锻炼、去提升、去成长。

只要努力地生长就好

河南省濮阳市油田第十中学　尚善报

今年，我负责七年级的教学工作。学生在面对地理、生物、信息三科中考时，难免会给原本不到中考年纪的他们带来更大的压力。语文、数学、英语、政治、历史课程亦如往昔般正常进行，紧张的复习中弥漫着一种不良的消极情绪，班级内时不时地会听到有人抱怨一句。这种情绪经过发酵，难免会影响班级学生的学习与成长。

我5岁的儿子在一个栽有仙人掌的花盆里埋下一粒花生种子，在观察并记录成长情况时，感悟到无限生长的力量。我于是决定借题"只要努力地生长就好"开一次主题班会，借助班会课探寻生命的力量，引领班级学生更好地专注于自己的学习与成长。

我把班会课设置为三个模块：第一模块是"听你倾诉"，第二模块是"看你成长"，第三模块是"为你朗诵"。

在第一模块"听你倾诉"中，我首先请学生们自由分享了中考备考时的感受，又让优秀代表介绍自己如何调整自我学习状态的具体方法。通过"听你倾诉"这一模块，班级中的氛围渐渐"活"了起来。我深知运用消极情绪的"倾诉释放"法，使学生们吐露心声、倾诉心里的压力与小抱怨后才能变得轻松一些。并通过互相借鉴别人调节学习状态的方法，逐渐缓解消极情绪化解内在压力。

在第二模块"看你成长"中，我首先手捧着栽有花生的花盆围绕教室走了一圈，让学生近距离观察生长中的花生苗，感受生命的力量。而后又通过幻灯片展示花生从破土到抽芽以及生长过程中的一组照片，感受成长的力量。（见图1）最后，通过幻灯片展示学生六年级到七年级两年间不同阶段的几张照片，感受自己与身边同学的成长与变化。用共通点拉近距离，形成共鸣。（见图2）

图 1　花生阶段成长示例

图 2　学生阶段成长示例

在第三模块"为你朗诵"中，为学生们朗诵我原创的一首小"诗"——《一株花生的低语——只要努力地生长就好》。朗诵之前，先为学生们进行沟通疏导："抱怨只会对我们的生活造成不良的影响，且会消耗掉我们自身的能量。也会破坏我们与身边人的关系，影响我们的心情。抱怨不会吸引我们想要的东西，相反，抱怨会让我们永远都摆脱不掉我们不想要的东西。越抱怨，生活中的种种不如意就越如影随形，影响到我们的方方面面。停止抱怨我们才可以更好地成长！"接下来，请欣赏老师原创的一首小"诗"：《一株花生的低语——只要努力地生长就好》献给同学们。

一株花生的低语
——只要努力地生长就好

我是一粒普通的花生米

有幸被小主人选中

埋在了栽有仙人掌的花盆里

我悄悄向下扎根

只为向上生长

探出头的第一天才发现

我是被寄宿在仙人掌的"家里"

身边没有亲人没有伙伴儿

我没有叹息

也不曾抱怨

因为抱怨会让我失去成长的动力

我只顾自己努力的生长

我关注阳光

关注雨露

更顾不上去哀叹

既已出生

就只管安静地生长

因为生长比抱怨更重要

当我第一次挺直腰杆时

却又发现

我生长在花盆儿里

而前世的记忆里是大片的农田

我不知道这狭小的空间

能不能让我完成一粒花生米的宿命

发芽—生长—开花—结果

也许这也不重要

只要不停地向下扎根

向上生长就好

哪怕不能完成此生的宿命

有生之日

也要不遗余力地生长

哪怕明天会被小主人拔掉

哪怕会枯萎会死去

今天依然努力地向下扎根

向上生长

只为此生不留遗憾

今生的宿命唯有生长

其他都不重要

只要自己不停地生长

不停地生长就好！

　　整个班会通过听你倾诉、看你成长、为你朗诵三个环节，使班级学生吐露心声缓解情绪化解内在压力，并感受生命成长的力量。原创小诗以"向下扎根、向上生长，不停地生长就好"为核心精神。借助花生与学生生长的共通点，先是近距离观察盆里的花生，再欣赏花生不同阶段的几张图片以及自己进入中学后不同阶段的一组照片形成共鸣。最后，通过朗诵唤醒自己内心成长的原动力。并引导学生关注有用的地方，消减内心的抱怨与不良情绪。在以后的日子里，再有消极情绪时，希望今天的班会《一株花生的低语——只要努力地生长就好》能为学生们带去一股向上而生的力量。引领班级学生更好地专注于自己的学习与成长。

　　想想，我们成年人的生活又何尝不该如此呢？不管生活给予了我们什么，我们都要一如既往地努力、勇敢，充满希望地向上生长。

润物细无声　素养来提升

——班报与班级管理相结合的个案研究

广东省中山市神湾中学　黄建勋

文化、素养和创意不是靠做题训练出来的，而是熏陶出来的。看得到的标语、听得到的语言以及看不到的心理活动，无处不是德育。要提高学生的成绩，先从德育入手，要抓德育我就从班级文化入手。而制作班报能提升班级文化品位，给学生一个展示的舞台。

当时，我发现我们班有许多爱好电脑的学生，所以让文娱委员帮忙写了份招聘启事招班报主编、美工和记者。没想到有很多人积极报名，所以我把他们分成几组人。本来打算一个学期出一期，后来发现他们的效率很高就一个月甚至是两周一期。刚开始只是反映发生在身边事情，后来还扩展到美食、天文、地理以及国家大事等。下面，我就我们班的班报工作如何开展、效果以及反思，谈谈自己在创建班报的一些体会。

一、班报的版面构成

班报以介绍班级近期动态、表彰优秀、讨论最近班级问题、提供各科学习方法及相关知识为目的。班报由以下五个方面构成（见图1）：

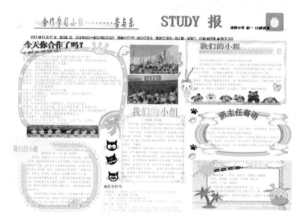

图1　班报示例（1）

（一）班报名

由图标和解说词组成。图标及解说词由全班公开征集，每一个学生根据自己的意愿，设计能体现自己班级特色的图标及解说词，由班委挑选组合，并全班告示，最终定稿。

（二）表彰栏

表彰近期在学校、班级中获得各种荣誉的学生，既包括班内的测试成绩、行为规范优秀的学生，也包括近期进步较大的学生。学生的面尽可能广，项目尽可能多。

（三）讨论区

讨论区是整个办报的核心，主要讨论的是近期班级重点讨论的德育问题，或有讨论的德育事件。文章的来源是学生的周记，因为学生周记比较集中会写的问题也肯定是最需要解决的问题。如果没有正反两方面的观点，就会安排几个学生临时写一篇，以便进行讨论。

（四）刺玫瑰

对班级中甚至学校中不良现象和不良行为进行批评和讽刺。从不同的角度、不同的方式进行善意的批评。

（五）知识与方法

将各科的重要知识点及学习方法设定相关栏目进行呈现，可以是教师的学法指导，也可以是学生的学习心得。

二、创办班报的作用

（一）提升学生团体合作意识，增强班级凝聚力

班报主题都围绕学生日常生活的内容，第一期是学习方法，我让学生当小记者去采访班上学习成绩好的同学让他们谈谈学习经验，再采访相关的科任老师，传授方法；第二期是让学生采访学校领导对我们开展小组合作学习的看法和对我们的期望，等等。通过采访、审稿、排版，提升学生团体合作意识，同时锻炼他们的胆量。以前很多学生都很害羞，后来经过采访了老师和学校领导后，现在大方很多。班报的编辑工作不仅能发挥学生的学习主动性，还能锻炼学生的综合素质，沟通与合作能力。通过班级文化产物，增强了班级凝聚力。（见图2）

图2　班报示例（2）

（二）充分发挥学生的主动性，成就感得以极大的满足

班报每月一期，由班主任确定主题，同学们根据主题采访或搜集相关材料向主编投稿，主编审稿，美工对文章进行设计、编排。从投稿到印刷均由学生完成。忙碌就是收获，当看到还散发着油墨味的班报时，那份喜悦是无法形容的。"想不到我的文章也能登上去，回去一定要让老爸老妈好好看看。""表扬的有没有我啊？""怎么把我的名字给漏了呢？"……每一次班报发下来时，全班总是第一时间阅读，各种各样的声音不断，班报成了学生最喜欢阅读的报纸。看着学生一张张兴奋的脸，分明每一个表情都充满了成就感。（见图3）

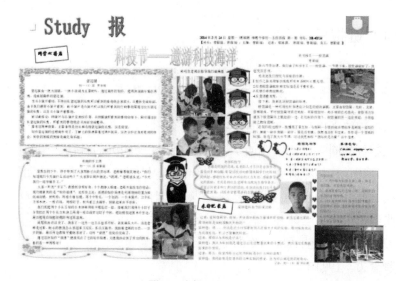

图3　班报示例（3）

这样就充分发挥了学生的主观能动性，让他们参与进来，"自己动手，丰衣足食"。老师在适当的时候进行指导，纠正其中存在的问题。参与就是学习，在投稿和印刷的过程中，学生们学到了很多东西。同时，成就感得到增强，也就提升了他们的自信心。

（三）润物细无声，将说教变成自省

"00后"的学生，个性张扬，不喜说教；信息的爆炸，观念前卫，教师的德育手段着重"说教""灌输"与学生的自我实践、自我教育严重脱节。

班报的"讨论区"恰好弥补了教育德育教育的不足。以学生最关注的、最值得探讨的主题为讨论内容，学生根据自己的已有的德育水平，对问题进行深层次的探讨，德育在辨析中清晰、明了。例如，"中学生是否应追求时尚"的探讨，让学生明了要有选择的追求时尚，效果明显比老师说教要强得多。班里一些打扮时髦、不符合中学生穿戴的学生有了明显的控制。又如，围绕孝顺父母的问题，我们出了一期"感恩"为主题。讨论的话题很多，只要深入学生就一定能定出来，让学生在探讨中加深德育体验。（见图4）

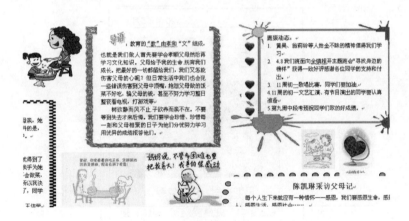

图4 班报示例（4）

三、创建班报的反思

（一）德育教育不能仅靠制作班报一种手段

班报虽然能在很多方面起到教育的作用，但我们也不能仅仅依靠一种手段就把德育简单化了。德育必须是全方位的、多渠道的、长期不懈的坚持取得的成果。

（二）班报制作需要老师指导

班报的完成是需要耗费较大的精力的，特别是最早的一期，没有耐心是不可能完善的。学生是需要指导的，若放任学生自由编排，就会影响班报的效果。只有去做了才会有收获。过程中也许会有许多问题，但也是需要我们慢慢去弥补，做比不做要好。给学生一个展现的机会，会收到意想不到的效果。

（三）对学生表扬的面一定要广

让最多的学生感受成功，享受表扬，这本身就是最好的德育教育。千万不能因对学生存有看法而不进行表扬，那样对学生的伤害会更大，所产生的负面影响将会是无法估量的。班报主要传递正能量，让学生体会成功，感受成功。

（四）班报编辑水平提高可以出班刊

当班报编辑水平提高，我们可以把学生平时写的优秀作文整理编辑，配上学生平时活动展影，出一期班刊。从班报到班刊，更能体现班级的文化品位和修养，展现本班的文化成果。（见图5）

图5　班刊

有一句名言："熏陶比说教更接近教育的本质。"初中学生的世界观、人生观还没定型，他们需要引导。我们经常说孩子越来越难教，他们只对看电视、玩游戏感兴趣。其实是教师是否有花心思没有给他正确的引导？给他们提供展现的舞台？除了创办班报、班刊，还可以举办科技节、文化艺术节等，平时也可以奖励鲁班锁、九连环等有趣的玩意。创建班报也班级管理里创建班级文化的有效措施，学生在文化浸染中不断学习，修正自己，素养也不断提升。

在拔河比赛中提升班级凝聚力

广东省佛山市顺德区伦教周君令初级中学 严结敏

著名教育家苏霍姆林斯基说过："集体是教育的工具。"在教育生涯中，我的法宝是利用班集体活动对每一个学生个体发展产生潜移默化的教育和激励作用。此时，年级组正如火如荼地举行拔河比赛。我想借拔河比赛振奋班级士气，提升班级凝聚力。

一、凡事不预则废

工作安排周一要进行年级拔河比赛，年级组没有提前通知。在毫无准备，匆忙中我们班以 0：2 输了第一场［初三（1）班：初三（9）班］。最令人尴尬的就是我们班的同学还没反应过来就被对手拔过去了。赛后，我和学生们分析失败原因：我们在体力上、心理上、技术上都没有做好赢的准备，结果当然会输了。

二、凡事预则立

拔河比赛是一个很好的提升班级凝聚力的机会，是一次难得的班级集体活动。我痛定思痛，除了面对与改变，别无他选。我相信一句话"班主任的态度即学生的态度"。我在网上精心挑选了一个讲解"拔河技巧与策略"的小视频，一个好的小视频胜过班主任的千言万语。我利用午训 15 分钟时间组织全班同学一起学习拔河比赛的技巧与策略。再利用班会课对同学们进行思想动员。我激情洋溢地演讲道："拔河比赛不是 20 位同学的比赛，是初三（1）班全班同学的比赛；初三（1）班不是我的初三（1）班，是我们的初三（1）班；每个同学都有责任和义务为了取得集体荣誉而竭尽全力，全力以赴，做到最好。"

拔河比赛人人有责，学生也动起来。体育委员重新挑选拔河运动员，体育委员在纸上大致安排好拔河队列名单；利用下午午休醒后根据小视频上学习到的拔河技巧与策略进行拔河队列预演，谁在前后，谁在后面，谁在中间，如何站立，姿势如何，如何配合，队员们各抒己见，群策群力。

考虑到拔河是下午5点钟左右，中午饭已经消化得差不多了，为了拔河能拥有更好的体力，我寻求班级家委提供充足的"粮食"支援。学生们吃饱喝足，能量满满。

在做好了身体、心理、技术上"三重"准备后，我们班以2：0赢了第二场［初三（1）班：初三（10）班］。赛后我和同学们得到的启发是：思想上重视，无论遇到什么困难都能想出解决的办法。凡事预则立！没错！

三、面对变动，迅速调整

原计划我们班与初三（3）班的拔河比赛安排在周五午训时间进行。由于赢的一方要与上一场序胜轮空的初三（2）班拔，输的一方要与上一场序负轮空初三（5）班拔。为了避免短时间内某些班级连拔两场，我们班与初三（3）班的拔河比赛调整为周四下午第9节活动课。第8节我们班刚好上体育课。我的头脑瞬间闪出"学生没有力气了，怎么拔得过别人呀"的负面想法。我第一时间想到的解决办法是拒绝。我向级长和体育老师申请看能否明天周五午训时间再拔。得知即使周五午训再拔也会出现短时间内连拔两场，学生会面对可能体力不支的情况。拔河安排遭遇突发变动，该怎么办？转念，调整。我相信"只要我相信，我的学生就有无限可能性"。当我放下担心与怀疑，相信学生有能力面对的时候，我的内心好像瞬间产生巨大的能量。我立即调整心态，我调动自己整个身心状态去面对，去思考如何在不利情况下尽快调整出学生最佳的竞技状态投入比赛。于是我找到了那一罐大白兔奶糖，我想给刚上完体育课的拔河运动员补充一下能量。糖是最快最直接的补充能量的方式，我还为它取了个名，叫"班主任爱心大力糖"，吃了它们会力大无比，充满力量。每位拔河运动员刚好每人2颗，预示着2：0完胜。我利用课间休息给同学们进行了3分钟激情澎湃的鼓劲"爆发吧小宇宙，你们的潜能超乎你们想象"。让全班同学都接受事实并迅速调整状态，团结协作、凝聚一心面对挑战，我需要把班主任激昂情绪感染传递出去，激发起拔河运动员们的斗志。

当1：0领先一局时我发现了同学们有点飘飘然了，我立即厉声提醒，千万别掉以轻心，一定要速战速决，最终以2：0完胜初三（3）班。由此我得到的启发是：班级遇到突发事件，班主任若能做到以身作则、迅速调整、迎接挑战，那必然会影响学生面对变动时也能勇敢面对、及时调整、全力以赴最终争创佳绩。

四、拼尽全力，勇夺第三

初三（3）班战胜初三（5）班复活进入半决赛。我们与初三（3）班在半决赛再次相逢，"鹿死谁手"？如何才能笑到最后？我们可以做些什么？我利用午训时间和学生们一起讨论、分析班级面临的拔河形势，做到知己知彼。学生们各抒己见、真实表达得出了我们班拔河形势的分析报告：①班级之间实力相当；②班级进过几轮拔河，能晋级四强的班级已精通拔河战术与技巧；③班级同学已经形成一定的班级凝聚力了；④面对初三（3）班，我们要克服侥幸心理，不能麻痹大意，（3）班是"报仇雪耻"来的；⑤面对初三（9）班、（4）班实力强劲的对手，我们要克服畏难心理，相信自己，咱们已经不是第一次拔河的初三（1）班了；⑥我们背后是强大的班级团队，我们完全有实力与能力获得拔河赛冠军。

我们还可以做些什么？首先，我与教务处沟通、与体育老师沟通避免在上完体育课后拔河，尽量避免拔河出现体力不支的情况，最后调整为上午体育课且尽量以训练篮球为主。接着，我与家委沟通，争取提供充足的"粮食补给"。每个学生都要做好班级进入决赛，随时需要你挺身而出担当起拔河运动员的准备。为了争夺冠军，需要每个学生去努力争取。体育委员再次确定拔河运动员和备用运动员名单，组织运动员们反复讨论拔河的队列、拔河的技巧以及拔河的注意事项。而且组建了啦啦队，小卓为队长，小悦为副队长。在操场上呐喊助威，高呼班级口号"三（1）三（1）自强不息，奋力冲刺，勇夺第一"，提升了班级士气、斗志。在拔河决赛周，我专门设计了一节主题班会"拔河最后取胜靠什么？"发掘拔河比赛的内涵，将拔河比赛上升为学生意志品质的教育与培养。拔河比赛最后取胜靠的是同学们坚定的信念、强大的毅力、齐心协力的团结。班会课恰逢"2021年11月7日凌晨，EDG战队在对手2：1拿下赛点的情况下，总比分3：2强势逆转。EDG战队突破自己、打破边界，冲破压力，成为真正的强者"。借着学生关心、感兴趣的大事件号召学生们要有不破不立的大无畏精神，勇于战胜、突破自己的魄力。

最后，我们班全体拔河队员拼尽全力，勇夺第三。拼搏的过程很精彩，学生们在拔河比赛过程中的学习与成长比名次本身更珍贵。通过这次年级拔河比赛，无论是参加拔河的同学们，还是在场外做啦啦队的学生们，都在这个拔河的准备、比赛过程中慢慢心往一处想，劲往一处使，班级的凝聚力得到了很大的提升。

优秀班长养成记

广东省东莞市常平中学初中部　邓春燕

《孙子兵法》论述到为将者应该具备的素质时，提到了这样五种素质：智、信、勇、严、仁。班级的班干部虽然与为将者有所不同，但是大体上相同。班干部，尤其是班长，更是将领之首，是统帅！其重要性不言而喻，班长的选拔更要慎之又慎。下面，我就结合智、信、勇、严、仁这五个字谈谈我是怎样发现和培养出我们班的优秀班长小宇的。

小宇，一个瘦瘦高高的男生，一脸温暖的笑能融化寒冷的冰霜。刚开始见到他的时候，我发现他说话间总是时不时地推推鼻梁上的眼镜，好像若有所思，又好像有所保留，给人一种不太自信的感觉。做班长的人没有自信可不行，所以，当时我只安排了小宇做我们班的科代表，以便观察和培养。

为了更好地选拔出班长的恰当人选，我创造性地开发了一套"双班制"的管理制度，就是让每位学生都轮流做一天值日班长，让每位学生都有一个发光发热的舞台，让同学们体会到自己的存在感，也让同学们知道老师眼里有每一个同学。为了不让班级因为值日班长的轮换而失去稳定性，所以我又设置了"月班长"制度，也就是每个月一个月班长，负责值日班长的轮换与培训，而月班长则由班主任选出德才兼备的同学兼任，这样既能迅速为班级打开局面，让班级在短时间内能步入正轨，又能激发学生的主人翁意识，积极为班级贡献自己的力量和智慧，更重要的是，可以为班主任发现优秀的将帅之才提供依据。

很多学生在双班制的管理下都陆陆续续地表现出了将领之才，比如"勇"字军代表人物：小华同学，他有一双"飞毛腿"，让我班男生只能在他后面望尘莫及；他一声"狮子吼"，我班全体同学都要抖三抖，对于刚从小学毕业上来的小朋友来说，他无疑是镇住了场面，可惜他过于"勇"，而失去了"仁"心，动辄大吼，使其慢慢地失去了群众基础。

除了小华同学，还有"仁"字军代表人物小静同学和"严"字军代表人物小蔷同学，她们都各有优缺点：小静性格开朗人缘好，做事认真负责，但不够"勇"，遇事优柔寡断不够果敢；小蔷记忆力超强，但待人严苛，班级管理过于死板，不够灵活。

正当我烦恼于找不到一个五种素质都具备的人才时，小宇出现在我的眼前。他在做值日班长这一天，早早地来到了班级，安安静静地坐在讲台上开始学习，小宇学习成绩很好，又因为他来得特别早，也特别安静，所以后面来的同学都自觉地保持安静坐到座位上，我突然在他身上发现了一种"静"的力量，这种力量也是"智慧"的表现。

除了"智"元素外，小宇身上让人敬佩的是"仁"元素，他不但自己成绩好，还会带动同桌成绩进步，他总是在课余时间辅导同桌不懂的题目。所以，同学们都说：谁和小宇坐，成绩都会有进步！听了这些赞美，小宇也只是害羞地搔搔后脑勺。

每次班级需要志愿者帮忙的时候，他总是第一时间举手，从不在乎个人得失，只想为班级贡献力量。

为了进一步培养小宇，我安排了小宇组织同学们给课室消毒的工作。因为流感肆虐，班级陆陆续续有同学出现了发烧咳嗽的症状，为了保护其他同学不被流感影响，所以我让小宇到校医室取些消毒水放在课室，等放学后组织几个同学消毒。我把消毒的流程和要求都交代清楚后我就回家了，我想放手让小宇去做，这也是对他的一种锻炼。

没想到，第二天我来到，一群学生围上来说"小宇昨天哭了"，我问"为什么"，学生们七嘴八舌地说：

"因为小广和小李追逐打闹。"

"消毒水倒了。"

"这已经是第三次了。"

"他们太闹了。"

"后来小宇就哭了。"

"然后他又去安慰小李他们，因为他们不是故意的。"

"谁说，他们就是故意的。"

…………

经过仔细询问，我才知道事情经过原来是这样的：小宇组织课室消毒经历了很多坎坷，第一次是校医室关门了，没拿到消毒水；第二次是消毒水竟然被淋花的同学拿去浇花了；第三次就是昨天那次，消毒水被同学不慎踢倒了，然后小宇就崩溃了，在班里难过地哭了，他觉得没有完成老师交代的任务，很对不起老师，看着身边的同学们一个个病倒了，他觉得自己有责任，他很愧疚……后来看到不慎踢倒消毒水的两位同学也哭了，他就擦干眼泪，拨开安慰他的同学们，走到两位犯错的同学身边安慰起两位同学来，最后语重心长地说，"你们不要再追逐打闹了，明天陪我消毒"，两位同学郑重地点了点头。

自此之后，小宇当"月班长"的呼声就越来越高，我顺应民意，安排小宇担任 12 月的月班长。有了"月班长"这个平台，小宇的班级管理能力越来越强，人也越来越自信。

《孙子兵法》中把为将者的五个素质概括为"智、信、严、勇、仁"，小宇占了三个——"智""信""仁"，但还缺乏"严"和"勇"，而"严""勇"我班都有两个典型代表，分别是小蓄和小华，我问小宇，他俩有哪些地方值得你学习？又有哪些地方做得不好需要改进？怎样才是正确的"严"和"勇"？这些问题，我没有让小宇当场就回答我，而是让他仔细观察后再回答我。此为理论培训。

几天之后，小宇来找我，他说："小蔷和小华他们做事都很认真负责，但是同学们不怎么喜欢他们，可能是因为他们的"官瘾"有点大，对同学们要求很严格，甚至很凶，动不动就打人，可是他们对自己的要求却不高，有时候上课也会讲话。我觉得真正的'严'应该首先对自己要求要严格，要做出榜样，真正的"勇"也不是大吼大叫，而是做事要有原则，处事要果断……，听到小宇的回答，我很满意，我给他总结了一下：严于律己、宽以待人、恩威并重、刚柔并济。

他听懂了我说的话，比如他要求同学们做到的事，他自己会首先做到；自习课管纪律他会在课前和同学们约法三章，有礼有理有据；晚自习老师离开课室有人在小声讲话，他会点名，讲话同学就自动站起来，但无论是谁来向他求助，他总会第一时间给予力所能及的帮助，不在背后说同学坏话，不会偏袒自己小组，公正公平……慢慢地，同学们都喜欢上了这个班长。

至此，一个优秀的班长诞生了！他知道一分为二地看待别人，不被表象迷惑，善观察、知进退、有分寸。所谓用力只能称职，用心才能优秀。小宇的用心，大家都看在眼里，"仁者无敌"也许说的就是这类人。

在班干部的选拔和任用上，方法的途径还有很多，但是"智、信、严、勇、仁"应为基本素质，没有人天生就是将帅之才，班主任只要善于观察，善于搭建平台，在理论和实践方面多给予指导，多给机会，允许犯错，孩子才能逐渐成长和成熟，才能成为优秀的班干部。

一面有温度的墙

浙江省杭州市富阳区东洲中学　王倩倩

面对七年级下学期学生们普遍遇到的学习困难、缺乏目标等问题，班主任在工作过程中，如何给予学生积极的心理支持，途径当然有很多。我希望能够采用一种温和的潜移默化的途径，而不是直接指向学习。

教室是学生在校学习最主要的场所，墙面的布置会潜移默化地影响学生，哪怕只是一小块墙面。

一、吸引注意力 ——讨论起来

墙面布置给予学生积极的心理支持，不仅仅着眼于布置的结果，更在于布置的过程，该过程本身就是一个很好的教育资源。而第一步要做的就是要吸引学生的注意力。这是因为他们已经对学习不怎么感兴趣了，如果再一味地直接地谈学习，他们会反感。班主任需要大力"造势"，在班级里要动员宣传，让这样的氛围去唤醒和吸引学生的注意力，通过活动让他们参与讨论。

（一）营造讨论氛围

这面墙具体用来做什么呢？虽然这时我在心中已有了打算，但是我还是先认真地听了向我提议的这几位女生的建议。然后，又让她们在班里进行建议征集。最后，大家一致决定要用这面墙来表明自己的目标与决心。

这样"兴师动众"地征集建议、商讨。首先，学生在平淡的学习生活中"有事可做"了，同时他们还感受到了作为主人翁的地位，氛围带动，哪怕一开始不情愿，至少也动起来了，而动起来是产生影响的前提条件。

（二）重视栏目名称

学生们畅所欲言，最终大家将注意力集中在"越努力，越幸运"这个提议上。它强调了努力的力量，努力是班里的每一位同学都可以去践行的，无关乎智力与基础。

同时，这个名称将每一个学生都可以践行的"努力"与无人能操控的"幸运"联结在一起，告诉我们可以通过自己的努力去靠近幸运。换言之，努力的孩子，连老天都会眷顾我们。

二、讲究细节，注重仪式

在班级墙面布置的整个过程中，同样也要讲究细节。或许正是某一个细节，让墙面布置变得与众不同，让人印象深刻，从而让学生感受到温暖与美好。

（一）选择合适的底色，搭配美观的字体

墙纸底色的选择是十分重要的，不同的颜色会给人不同的心理感受，最终大家选择了淡淡的粉色——温暖的底色。

学生还委托我，让我在网上帮他们买粉色卡纸，为此，我特意估摸了一下墙面的大小。大家提议让班里写大字最好看的小熊同学来写标题，她很乐意。最后，漂亮的"越努力，越幸运"六个大字就跃然墙上了。

（二）放慢上墙的步骤，强化内心的声音

一张背景纸上墙，在班主任的诸多工作事务中，这真的可以是几秒钟就能搞定的事情，还不用学生动手。然而，倘若这样就没有仪式感了，在学生的心目中就不那么深刻了。

为了让学生留下深刻印象，我特意选出两位男生。他们先将双面胶贴好，然后"郑重其事"地将这张背景纸抬着，在所有人的目光检阅下，小心翼翼地将背景纸贴好，全班不约而同地响起了雷鸣般的掌声。趁着学生这么高涨的热情，我提议大家一起喊"越努力，越幸运"这个标题。我们连着喊了三遍。

仪式感的一种体现方式就是让每一个步骤都放慢，显得郑重其事，让学生静静地感受整个过程。同时，我觉得让学生喊出"越努力，越幸运"也是十分重要的，听自己的声音，喊着喊着，这声音便会与内心产生反应，相互作用。

三、定一个目标——写起来

利用一节班队课的时间，学生们在我下发的爱心便利贴上写下自己的目标。我没有规定学生只能写关于学习的，而是鼓励他们发挥个性。当一个学生愿意开始写自己的一个小目标的时候，无论是学习还是生活，只要积极向上，都应该表扬鼓励他们。

四、实践中探索，多方面借力

墙面布置给予学生积极的心理支持，是一个长期的坚持不懈的过程，需要在实践中不断地探索，需要多方借力，通过活动来强化支持，不断注入新的能量，使学生努力向上。

（一）向学生自身潜能借力

因为贴便利贴的这面墙在门口，风较大，所以粘得不牢的几张便利贴被风吹下来了。为了解决这个问题，我特意从超市买来了一支固体胶。我询问有没有哪一位同学能够经常关注便利贴，不让他们被风吹掉，小何同学说她愿意。

小何同学是一位后进生，平时学习上不够积极，比较懒散，交作业时总是拖拖拉拉的。但是，我还是邀请她上台，把固体胶用双手隆重地递给了她，并鼓励她好好加油。

在接下来的日子里，无论风怎么吹，每次我走进教室，都看到这些便利贴紧紧地贴着墙面，没有看到过一张便利贴掉下来。我深深地明白一个小小的固体胶，在小何同学看来，是一份大大的信任。

小何同学也因为此事做得好，有了很大的信心，学习上也勤快了很多。而我则坚信学生对学习的信心可以在实践中培养，这种信心是可以迁移的。

（二）发挥榜样的力量

看到学生们写在"越努力，越幸运"上的个人目标，个个都让人感动。而我深知，光有目标是不够的，还得有行动。

初中生非常在乎自己在同伴心中的形象，同伴对他们的影响是很大的。根据这一点。我参考了学校教师师徒结对的模式。一则可以发挥优秀学生的优势，起到榜样示范的作用，在帮助同伴的同时，也在不断地提升自我；二则让后进生们在心理上有了进一步的归属感，也感受到老师和同学对他们的帮助。

我们举行隆重的"师徒结对"仪式。当每一位徒弟郑重地喊出那一声"师父"的时候，我看到了洋溢在他们脸上的幸福。

师徒结对，需落实到日常的各项工作中，首先是在"越努力，越幸运"的墙上公示了师徒榜。其次，日常行为规范考核，学习进步捆绑奖励，师徒帮助记录本的填写等工作都不折不扣地进行，每周定期进行一次全班反馈，每两周评选最佳师徒。同时，改变了以往课堂讨论的模式，徒弟可以到师父那去请教问题。

（三）借助同伴的肯定

除了发挥榜样的示范作用和帮带作用，我们还应该充分借助同伴客观的评价，尤其是对学习困难的学生进步的肯定与鼓励。

在班会课上，我们邀请同学说一说自从"越努力，越幸运"墙面布置以来，哪些同学的努力特别让我们感动。一开始，大家都不太好意思说，就由班干部带头发言。

班会课片段：

学习委员站起来说道："之前，自修课的时候，总有一些同学无所事事，作业抄袭。这段时间以来，我发现这些同学有了很大的进步，他们开始独立完成作业，而且课间还会主动去向他们各自的师父请教。"学习委员的发言，给予了后进生鼓励与肯定。

课堂氛围渐渐活跃起来了，在热烈的掌声中，大家纷纷发言。有同学夸我们班的小刘同学晨跑口号喊得响，语文课朗读读得响；也有同学表扬我们班的小余同学，每次总是把黑板擦得干干净净，把讲台整理得井井有条……

在这节课上，每一位同学都站起来夸夸别人，也成为他人心目中那个努力的人。

（四）获得家长的支持

由于疫情的管控，家长不得进入学校，现场家长会无法开展。然而，家庭教育对孩子的影响是至关重要的。

为了能够让家长也给予孩子积极的心理支持，我先把"越努力，越幸运"栏目里的大爱心（全班一起拼成的）拍在群里。然后，我把每一位学生写的目标单独拍给家长。家长感触很深，随之，我发起了"为你加油，做你坚实的后盾"的倡议，希望每一位学生家长都能亲自手写一段鼓励的话单独发给我，然后我去打印出来。家长也十分配合，基本上的家长都发来了鼓励的文字。有些家长担心自己的字写得难看，还工工整整地练了好几遍字；也有个别家长给我发来了语音。当我在班会课上把这个惊喜呈现给孩子们的时候，他们的眼眶是湿润的。

事后，在孩子们的周记本上，我看到了这样的文字："我没有想到，妈妈居然为了我，练了这么多遍字。我感觉十分对不起我的妈妈。她周末经常加班，还不忘督促我完成作业，我真是太不懂事了……"

以上便是一面有温度的墙带来的连锁反应。

小学班主任的"勤"归何时

浙江省杭州市钱塘区云帆小学　黄希宾

"勤",在这里仅仅指的是勤快,它是我们小学班主任管理好一个班级,领着整个班的孩子们健康快乐成长的法宝之一。那"勤"归何时会更有利于我们的班级管理呢?结合平时的实践经验,我认为可以把"勤"安放于一天中的这些时间段。

"勤"归早读前。新一天的太阳已经从东方升起了。在孩子们进校之前,或者说在绝大多数孩子进校之前,我们班主任应该已经进到了教室,开灯、开门、开窗,给教室通通风,打开电教设备。如果是冬天极冷天气,或者是夏天极热天气,就要把空调开好,迎接孩子们的到来。孩子们一进教室,看到老师正在等着他们,互相送上一句热情的问候"早上好!",一丝温暖顷刻间注入彼此心灵,让孩子们瞬间感觉自己是刚从爸爸妈妈的"小家"出来,一下子又来到了班级这个"大家"了,从此开启美好的一天。等孩子们到了 10 个,就提醒一位同学领着大家一起朗读或者背诵学过的经典。所以,有些到校比较早的孩子,在早读前并没有浪费时间,而是要读到比较多的书,收获也是挺大的。

"勤"归早读时。每天早读的时间是 8∶00 至 8∶20,时间虽然短,但非常宝贵,可谓孩子们读书的黄金时间!这是需要我们老师做好规划、勤于引领的。优美的中华古诗词、《千字文》、《声律启蒙》、《论语》、《道德经》等中华优秀传统文化资源,都是孩子们提升语文素养必不可少的营养,教师要引领孩子们花时间去读去背去积累,而小学阶段就是孩子们练童子功的好时候。规划好每个阶段的早读时间要积累的内容,就要做到由易到难、逐级提升。比如,一年级积累中华优美的古诗词,到了二年级可以积累《千字文》《声律启蒙》,三年级开始积累《论语》,四年级开始积累《道德经》……在这个过程中,我们的"勤"发挥的作用特别重要。又如,低年级的孩子因为识字量特别少,刚开始的时候,我们老师必须要勤,带着孩子们一首一首地读,读得字正腔圆,打好基础。再者,对于这些古诗词的意思,我们要勤花时间和精力去分析和讲解,让孩子们在理解诗意词意的基础上去积累,这样效率就更高,记得也更牢了。剩下的时间就是勤提醒、勤激励孩子们珍惜并利用好早读时间。

"勤"归午餐时间。在孩子们中午用餐的时候,班主任的角色应该是一位勤快的陪伴者。引导孩子们饭前洗手,文明排队取餐,取餐时对值日生表示感谢。与孩子们坐在一起共进午餐时，给他们拍一些文明用餐时的照片并给予表扬，要及时提醒一些有挑食行为的孩子不偏食，才能均衡营养；也要提醒一些坐不住、管不住嘴的孩子安静用餐，做一个用餐行为优雅、受人欢迎的人；还要提醒一些孩子不浪费粮食，做一个勤俭节约的人，提醒他们用完餐及时清理自己的桌面。当然，班主任这时坐在孩子们中间，就成了他们学习的榜样，只有我们做出了好的表率，孩子们才能通过一顿又一顿的午餐受到良好的熏陶。

"勤"归午休时间。午饭结束后，班主任又要勤快起来。这里的勤快不是指给孩子们讲作业，不是给孩子们做辅导，而是引导孩子们用最快的速度安静下来，静静地午休。夏令作息时间段，天气热的时候组织他们躺睡；冬令作息时间段，天气冷的时候组织他们在自己的座位上闭目静坐。午休的时候，有班主任在场，孩子们休息得会更加踏实而有效。有了班主任辛在午休时的辛勤陪伴，孩子们也会慢慢建立起"会休息的人才会学习"的意识，并逐渐形成良好的午休习惯。

"勤"归阳光课间。上午和下午各一次的阳光课间，时间比较长，是孩子们锻炼身体的好时光。班主任这时候的"勤"就是加入孩子们体育锻炼的队伍，不管是在盛夏骄阳似火的时候，还是在严冬天寒地冻的时候，我们都要勤做孩子们的陪伴者，与他们一起做操、跳跃、深蹲，与他们一起跑操、跳绳、踢球。有了老师的加入，孩子们的体育锻炼会更加积极，更加投入，更加不怕苦。当然，阳光大课间对于班主任来说，也是锻炼身体、释放工作压力的好时光。每次活动过后，我们和孩子们剩下的只有一身的轻松和快乐。

"勤"归放学后。在放学后利用家长接孩子的时间勤与家长沟通交流，这也是班主任一个不错的习惯。有计划地分批主动与部分家长们聊聊孩子近期在学校的表现，及时表扬一些孩子的进步和闪光点，同时中肯地提出一些有利于孩子成长的建设性意见。这样当着孩子的面表扬孩子，家长和孩子受到的激励作用比其他途径都会更明显，促进家长与孩子间的亲子关系，也能让家校关系更和谐。当然，我们在放学后的"勤"，不要把触角伸得太长，要多给家长自主教育孩子的空间自由，多给孩子个性成长的空间自由。

班主任的"勤"，用对了时间，用对了地方，那我们的班级工作肯定会更顺畅，孩子们的成长也会快乐相伴、幸福相随。把我们的"勤"好好安放，和孩子们一起向未来。

牛耕冬将尽　虎威春可期

——写给 2022 届高三日新班全体同学的一封信

广东省惠州仲恺中学　曾瑞奇

亲爱的日新学子：

大家晚上好。

临近年终，趁着"惠三调"即将来到之际，为我们 2022 届高三日新班复盘一下即将过去的一年。牛耕冬将尽，虎威春可期。我们一起总结充实的 2021 年，展望美好的 2022 年。好吗？

一、相识 8 月

曾记否？一封信开启了我们师生间的首次沟通，信笺传情，《未来一年　携手同行——写给 2022 届高三（3）班全体同学的一封信》虽素昧平生，但依然饱含真情。高考人生必须赢，（3）班子弟精神新，加大步伐奋追梦，油足冲天全力拼。一首藏名为"高三加油"的小诗寄托了我对你们的祝福。我说："未来的一年，肯定会很辛苦，但也一定会很充实。不管以前如何，成绩如何，我们行动起来，好好地拼一把，不负青春。"

"携手同行，共写传奇"这是我在我们未见面时在黑板上的字。虽然已被擦去，但依然铭记在心里。虽然我们的学习基础较差，但师生同心，其利断金。第一天，你们听得很认真，我燃起了对（3）班，2022 届高三日新班的希望之火。接着，我们精心搞好卫生，用心布置课室，赋予班级爱的温度。第一张合影，我们定格了师生未来一年的美好。那一刻，青春真美，（3）班真好。

与（1）班的第一场篮球赛，你们为（3）班大声呐喊，虽然我们输了 1 分，但我们赢得了团结和师生的情谊，无篮球，不兄弟；第一次主题班会"弘扬奥运精神　拼搏高考圆梦"，你们激情澎湃，力拼无憾，在这次班会上，我们选出了我们的班歌《三班的骄傲》，未来一年，班会的第一个仪式就是唱班歌，我们还设计了班徽，那时，我们有了班魂。铿锵有力的宣誓，我们发起了冲锋的号角。

在"生涯规划　高考圆梦"的主题班会上，我们邀请了 2018 届的郭超师兄和 2020

届的谭豫粤师兄为我们精准把脉高三的那些事，你们的眼神里满是对未来的美好憧憬。8月的天，让人充满希望。

二、感恩 9 月

曾记否？9 月 9 日星期一的班会上，教师节前夕，恩师带我远航"最美"日新绽放——2022 届高三日新班"最美教师"颁奖典礼在我们班隆重举行。你们用心组织，精心设计，仪式感满满，给（3）班的科任老师们带来了心的感动。专业的主持，感谢你们，用红毯铺就了老师们的幸福大道；《感恩的心》手语操，动作虽不太熟练，特别是一些男生还略显笨拙，但我却深深地被触动，甚至把我们所有老师的心都融化了。走红毯，宣读颁奖词，为老师们佩戴绶带，崇拜的眼神中满是爱。现场采访，让老师们感受到明星级的待遇。看着老师们幸福的眼神和你们祝福老师的用心举动，为你们感到骄傲和自豪。感恩最美！谢谢你们，给了老师们一个幸福快乐的教师节。9 月，感恩花香在日新班的天空中飞扬！

三、感动 10 月

曾记否？10 月 11 日，在十月的同学生日会上，我们同唱生日歌，为同学们表达祝福。每个月的这个时候，我们尽情地表达祝福，也尽情地放松我们的身心，我们明白，高三除了眼前的琐事，还有诗和远方。虽然我一直没有告诉你们我的生日，但你们还是偷偷地知道了。当你们不经意地为我戴上生日帽的时候，当我和六个同学一起站在讲台上接受你们祝福的时候，我瞬间被感动了。因为那天正好是我的生日。何其有幸，和青春同过生日；何其有福，和青春同台高唱；何其有幸，在大家的共同见证下，许下了"不负青春，圆梦高考"的愿望。那一刻，我感觉自己变年轻了；那一刻，我感觉到师生间的情感力量；那一刻，我更加坚定了未来的责任。而这一天，我刚刚在学校的日新班主任论坛上分享了我们班的日新变化，同事们的充分肯定让我对我们这个班更有信心，更有动力。在之后的惠二调考试中，你们也用实际行动向我证明了班级的日新进步。10月，充满感动，充满力量！

四、健康 11 月

曾记否？大考过后压力放，趣味投篮快乐扬，明星赛上师生连，情绪管理一弛张。惠二调考试之后，我们进行了趣味投篮比赛。在这场活动中，我欣喜地看到了所有同学都参与到活动中。特别高兴的是，我们班的女生积极参与，虽然力气不太够，但也用力投篮，让篮球在天空中划出一道优美的弧线，我不禁感叹：青春真美，运动真好！

我有幸和你们一起参加"文明其精神　野蛮其体魄——2022 届高三日新班国家标准体能测试"，以近 40 岁的年龄和你们同跑 1000 米。赛前定下了超越一半男生的目标（前 16 名），在很久没跑、昨晚休息不太好的情况下，获得了第 13 名的成绩，成绩为 3 分 48 秒，因为我的参与，把你们的速度带了起来。你们以超越我为目标，奋力向前冲，整体成绩有很大提升。我通过参加体测，告诉你们高考过程也是身体和体能比拼的过程。特别感谢你们，让我有机会与青春同跑，我也在几个班同学的助威下坚持到底，取得了近三年的最好成绩。一个人的潜能是无限的，立下目标，奋力前行就没有遗憾。因为这场运动，我们彼此超越，师生同场竞技，成为运动场上一道亮丽的风景。健康不止，运动不止。加油！我希望你们毕业之后，依然对运动保持激情，重视健康，为祖国健康工作。11 月，我们健康地追逐梦想。

五、温暖 12 月

曾记否？12 月的冬天，即使在广东也带着寒意。但因为汤圆，温暖了我们彼此的心。

家校合作煮汤圆，知是今日冬至天。平安包皮健康馅，冷风虽吹日新暖。12 月的天突然变冷了，恰逢今日又是广东人喜欢过的冬至日，在学校不能放假的情况下，在紧张的高三中，度过了一个温暖的冬至。我带着几个家委，在我家狭小的厨房中，亲手煮汤圆、饺子、鸡蛋，从晚上 8 点，一直到 10 点，整整煮了 2 个小时，冰冻的汤圆和饺子，把爱之火的点燃之下逐渐融化。你们派了 10 位同学来到了我家，在等待煮汤圆的过程上，你们参观书房，畅谈生活，其乐融融，家校融融。而之后在课室里为你们舀汤圆，让我深深地感受到爱人的力量，爱人者，人恒爱之。看到你们吃完后的满足与幸福，我笑了。两大锅的汤圆、饺子，还有每人两个鸡蛋，你们全吃光了。而一位同学也为我舀了一碗，快乐地品尝自己亲手煮的，那味道真的特别甜。12 月的天冷，但滚热的汤圆温暖了我们彼此的心。汤圆的味道，不就是家的味道吗？希望这温暖的家的味道，能增加了我们梦想的食欲。冬日阳生春又来，至温至和胸似海。快意生活多诗意，乐赢高考真情在。12 月的天，冷但温暖着。

当然，幸福、快乐、温暖只是日新班的调味剂，高三是特殊的时期，更多的是身心忙得疲惫不堪，你们要学会告别喜欢的篮球场，离开诱人的电视机，等待你们的是成沓的试卷，成摞的草稿纸，使你们整天背朝天棚、脸朝书桌。高三，真的很苦，但我希望你们能把日新班体会的幸福、快乐和温暖去调味，其实，我们高三的生活会有点甜。

在即将过去的一年，我们思考着、摸索着，拨开了迷雾，渐渐的，眼前展开了一个开阔的天地，我们豁然开朗。胸中绘无限景致，心头挂欢声笑语。还有什么比这更令人激动、快乐和幸福的？只不过如今我们拥有的是与以往不同的深层次的快乐和幸福。

看到你们奋斗的身影，挺得笔直的背影，内心有多高兴；看到你们在一点点地进步，虽然爬得像蜗牛，但总有一天你们一定有属于你们的天；看到你们的日新变化，虽然偶尔也有松懈，但奋斗依然是主旋律，内心对你们仍然充满期待。

在即将过去的一年，我们携手，师生同心，彼此鼓舞，相互温暖。现在冬将尽，相信春可期。愿不久的将来，我们都能以更加饱满的姿态与冬别离，在阳光正好的日新班教室里与春相拥。新的一年，希望请你们用自律，在努力中证明自己；请你抛开迷茫，谨记：你们的高三，步伐坚定；你们的未来，注定精彩！

爱你们的奇哥

2021 年 12 月 27 日凌晨

第四章 治班妙招

游戏力在班主任工作中的应用

广东省佛山市南海区南海中学　彭吴桃

说到"游戏力"，很多读者只会看到其中的两个字"游戏"，会不自觉地认为"游戏"就是玩儿，游戏是小朋友做的事情，青春期的孩子不用，大人也不用。我以前也是这样理解的，但当我遇到荣获美国国家亲子出版奖金奖、被很多人誉为亲子沟通的"双向翻译机"——《游戏力》（Playful Parenting）这本书时，才豁然开朗。美国临床心理学家、亲子关系专家劳伦斯·科恩博士，结合几十年临床儿童心理治疗经验和亲身养育孩子的体会，告诉我们：游戏力，让孩子在玩中学知识，在玩中更懂道理，在玩中更自信。这本书本来是用在亲子关系上，而在中学生身上挖掘游戏力也会让学生与老师、学生与社会连接得更加紧密，从中获取强大的知识能量、信念的力量，促使学生更好地了解自己、接纳对方、积极成长。那在班主任管理中如何应用呢？接下来，就本人在担任班主任期间研究的游戏力做一个分类总结。

一、自然中的游戏力

大自然是人类的好朋友，学校会举行每年一度的徒步西樵山研学行活动，西樵山是泉的山、花的山，也是岭南文明的灯塔。那里有跳跃的瀑花、粼粼的湖光，那里有叮咚的泉响、磅礴的松涛，那里有层峦叠翠、高崖深谷，那里有花开花落、云聚云散，那里有喷涌的泉眼和涓涓溪流。西樵山的葱葱绿意和文化渊源为践行"绿色教育"理念奠定了扎实的基础。在以"视学生为鲜活的生命"的教育原则指导下，我校尊重生命鲜活的个性，保护生命向上的本能，依托独特的地域资源积极开展"西樵山历史文化考察"课程，已历六届，深受南中师生的欢迎。伴随着知了鸣叫和鸟儿吟唱，队伍蜿蜒在山间小径，头顶是参天大树和蔚蓝天空，学生就像放飞的小鸟，来到了南海观音坐落的平台上，疲惫的学生们开始瘫坐在台阶上不想动弹。为了更好地激励学生，我在出发之前就给学生布置了一个课外作业：数阶梯！数从南海观音坐落的平台一直到南海观音莲花台的阶梯数量。在一个学生完成"作业"后就调动了其他学生的积极性，于是最后几乎全部学生都登上了顶峰，当他们回头望的时候，他们明白了这个游戏的意义。

2021 年 5 月 26 日晚上，月全食天象在夜空上演。这次月全食发生时恰逢超级月亮出现，月全食与超级月亮同时亮相夜空是一次难得的赏月良机，在晚修下课前 15 分钟，我便召集全班同学前往大操场一个最佳观月点一起赏月，地理科代表开始提问有关天文地理的知识点，语文科代表开始玩有关于"月"的飞花令，大家在月亮下操场边谈笑风生，半个小时后大家返回课室，比平时更加积极、更加安静。

二、假期中的游戏力

2020 年国庆节与中秋节正好完美重叠，我就给学生布置了一项额外的家庭作业"圆圆与方方"，"圆圆"是团圆，"方方"是国旗的形状，让学生把这两个元素放在同一张图片中，发到班群。学生们充分发挥自己的想象力，用眼睛去生活中寻找素材，他们发来的图片让我大开眼界。后续学生反馈这项作业让他们觉得生活很有意思，只要留心观察，就会发现很多美好的事物。

以后只要遇到假期，我都会让学生完成类似的假期作业。学生以玩游戏的心态完成作业，激发了自己对生活的热爱，增强了自信心。

三、表彰中的游戏力

赞美是一种态度，对美好事物欣赏的一种表达，赞美是一种正能量的传递。每次考试后，班级都会对表现良好的学生进行奖励，一般的评价标准很大机会是成绩优异的，进步较大的，后来发现总有些学生不在这个表扬范围内。大家都知道，一个孩子的优秀绝对不仅仅是学习这一方面，一个孩子有很多个面，有的助人为乐，有的坚韧不拔，有的幽默风趣，有的低调内涵。于是，我在班会课就来个游戏"赞美大爆炸"，班主任起头对一个学生进行赞美，然后用接龙的方式把全班每位同学都进行一次赞美。每个人都需要被夸奖和认可，卡耐基曾说："与人相处的最大诀窍是给予真诚的赞赏。"适当的赞美可能会让一个郁闷的人开心一整天，会让一个深处绝望的人看到生活的希望，甚至会让一个自卑的人找回自信。

四、学习中的游戏力

大家都知道学习是一项枯燥而又漫长的过程，不要追求即时反馈，短暂的感官刺激，不要让一场实质性行动变成表面仪式，如果在学习中加入适当的润滑剂，那么学习起来并没有那么无趣。于是，我在班级门口制作了"someone's day"小黑板接龙，每一天都是某个学生的一天，该学生可以在小黑板上用最美的字写上自己觉得特别棒的话，也可以画一幅表达自己心情的画。很多学生都借助最近的时事或者班级发生的故事来设计语言和画面，这样可以提高学生的自我设计感，大家在欣赏的时候，可以提高学生的自信感。

对于数学的学习，很多学生感觉到很困难。这时，游戏力又出现了，我会让同桌之间互相出题。比如，为同桌出一道裂项相消的题目，为同桌出一道求平面法向量的题目，等等。学生必须对知识做到知其然并知其所以然，才可以出一道很棒的题，学生之间形成友好的互助局面，知识的理解增强了，学习的氛围增强了，同学关系也融洽了。你看，游戏力不仅拉近了学科知识的距离，而且拉近了人与人之间的距离。

五、情绪中的游戏力

人都会有些情绪，青春期的孩子更容易有情绪。而这种情绪就像洪水，不能"堵"，只能"导"。班会课上我设计"倾听三分钟"的游戏，一位同学讲三分钟，另一位同学不能打断，但是全程要用眼睛注视对方，认真地听完，适当的时候用"嗯"回应，开始讲的同学还有点不好意思，后来看到真诚倾听的同学就忍不住滔滔不绝了，很多同学都超过了原定的时间。有学生反馈，有人倾听真好，不被人教训真不错。很多时候孩子们真的只是需要有个倾听者，他们自己平静的时候都知道正确的解决办法是什么，但是情绪会阻拦他们的认知，所以这个游戏让很多学生知道，学会倾诉很重要，学会倾听同样重要。

高三后期，学生的压力也很大，我会在晚修结束后陪着个别同学去到操场的主席台对着天空朝着黑夜大声喊出自己的心里话，也会组织全班同学把自己的不如意、负面情绪全部写在膨胀的气球上，然后全班同学手拉手围个圆圈，把所有写满字的气球放在圆圈里面，喊"一二三"，一起把所有气球踩爆。在大家用劲踩、大声吼的过程中，情绪得到了释放，然后回到课室就会一身轻松的投入高考备考中。

游戏力仅仅是游戏吗？实际上，游戏力的核心是构建情感联结，完整的游戏力包含游戏和理解情绪，安全感是孩子成长中所有的基础。很多人以为，游戏力是和孩子玩的技巧，实际上，事实要深奥得多。正如科恩博士所说，游戏力是用游戏和理解情绪的方式与孩子联结。它不仅是一些技巧，而且是一种人生哲学，一种真正看到孩子的方式。在游戏中，孩子感觉安全放松，而安全感是孩子一切发展的基础。人类对于世界和自身的主动探索，绝大部分都在游戏中发生。游戏中隐藏着强烈的情绪暗流，游戏能锻炼孩子的抗挫力，帮他们重拾信心。希望大人们也不要忘了曾经治愈的童年游戏，能把这种游戏力适当地用在自己的工作学习和生活中，这样会让你生活得更加有能量。

别让"猴子"跳回背上

——班干部管理的责任意识

广东省佛山市南海中学　彭吴桃

责任意识是道德情感中一个重要的内容，责任意识是个人对自己的工作，所属的群体、生活的环境所承担的责任，应尽的义务的自觉态度，是处理个人与他人、个人与社会、个人与自然等关系的基本要求，是做人做事的根本。学生如果缺乏责意识，必然会影响集体交给的任务的完成，必然会对个人的品德的健康发展造成严重障碍，影响其全面发展。苏联教育家马卡连柯说："培养一种认真的责任意识，是解决许多问题的教育手段。""没有责任意识就不会有真正的工作。"可见，培养学生的责任意识是十分重要，也是十分必要的。

一个集体中，如果大多数学生有较强的责任意识，那么这个集体一定是一个团结向上的集体；反之，则会变成一盘散沙，很难形成良好的班风。该如何在班级管理中培养班干部的责任意识呢？读了威廉·安肯三世《别让"猴子"跳回背上》这本书，我感慨良多。以下我把一个人需要负责任的事情叫作这个人背上的"猴子"，结合班级管理来说说在那样才能让班干部认识并管理好自己的"猴子"，形成良好的班级形态，让整个班级积极发展。

一、什么是背上的"猴子"

在一个班级组成之后，班主任会组建班干部团体、科代表、学习小组，形成小团队。在确定人选的时候，我们一般以学生意愿为主，明确各项职责和管理范围，这样明确谁才是自己的"猴子"，每一只"猴子"归谁饲养，也就是明确岗位职责，班级中就要明确每一个班干部职责以及每一个小组长和团队成员的岗位职责。

在学生中一般有五个层级的个体：第一层级的学生是等待指示，等着老师让我做什么我再做什么；第二层级的学生为请示要做什么，比第一层要主动一些；第三层级学生能提出自己建议，有自己的思想在即将开展的工作里面；第四层级的学生有自己的行动有请示，这一层已经从有思想发展到有行动了，但不一定向老师汇报；第五层级的学生在第四层的基础上，一边执行、行动一边请示。这种量化表很清晰地看出"猴子"的制造者，主要来源于行动能力属于第一层级和第二层级的那部分学生，这些学生会用各种问题大量占用你的时间，让你投入精力来做他们本该做的工作，从而导致班主任的背上跳上来很多"猴子"，第三、第四、第五层级是能很好地管理好自己的"猴子"的人选。行动能力越高的学生有更多独立行动的自由能力，因而也更少地占用班主任的时间。所以在确定班干部人选的时候不妨先安排一些活动进行考验，可以快速地检测出五个层级的个体，当然如果面对的是全体学生的发展，我们依然要照顾第一、第二层级的学生还有没有主动报名的学生。这样每个学生个体才有机会发展。

二、怎样让"猴子"回到主人的背上

班集体的进步是班级最重要的目标，如果各个环节的"猴子"都积压到班主任的身上，那很大可能会造成班级进度的延误，影响目标的达成。所以，管理好整个班级就是先组织里各个班干部各司其职，各自喂养好自己的"猴子"。

首先要明确"猴子"归属。比如，今天课室垃圾没有倒导致班级扣分，这个"猴子"是谁负责？扣分条发到劳动委员手上，劳动委员去找今天值日的小组长，小组长找到对应的负责人，找到"猴子"的主人了，就让主人解决这个本质的问题。所以，其实每个人都有自己的"猴子"。这样就不会让别人的"猴子"跑到其他人的背上，每一只"猴子"都有它的归属，不让"猴子"跳到你的背上的最好方法，就是在"猴子"跳跃之前，就让它老实地挂在主人的身上。明确每一只"猴子"的归属，就是明确每一个岗位的职责，明确每一个人的义务。班干部可以指导小组长完成工作，培养他们处理问题的能力，但不能把"猴子"拉到自己身上，直接替代小组长做事。

其次，每个学生都要让自己的"猴子"牢牢地跟着自己，不然，别人的"猴子"很容易就跑到另一个人身上了。还是拿上面的例子，如果小组长找到负责人，负责人说，我不知道今天倒垃圾呀，请问这个"猴子"归谁？如果是小组长没交代清楚，这个"猴子"就是小组长的；如果小组长交代好了，这"猴子"就是负责人的。如果有纠纷，就要他们共同喂养，如果要共同喂养也要做好协议，划分好明确的界线。锁定责任，将"猴子"永远锁定在学生干部的身上，不仅是对学生自己的成长负责，让他们获得独立能力，不断提升解决问题的能力，而且是对班级的持续发展负责。

三、如何进行正确的喂养

作为班主任，在向班干部派发出任务的同时，也要关心这些任务的发展或者结果。否则，你不关心的问题，班干部也就会觉得不重要，这些积压在底层的"猴子"，没有人"照顾"和"喂养"就会被"饿死"。所以，我们要注意：一是不要向学生派发过量的"猴子"，如果派给学生很多个任务，你肯定没有时间真正跟踪每一个，而且很大可能，有很多任务连你自己都不会记得。二是要明确哪些"猴子"值得被"喂养"，哪些"猴子"不需要，不需要的一定要及时撤掉。三是在让班干部承担"喂养"责任的同时，也要赋予"喂养"的自由，监督是班主任的职责，但过度的监督就会变成学生干部的困扰，他们会感觉自己每天被班主任紧盯，而班主任也会被误认为是焦虑症患者。四是教会学生按"PDCA"方式"喂养"自己的"猴子"：第一步工作计划，P 即 PLAN，正确做好自己的工作的第一步；第二步完成计划，D 即 DO，在一个时间段内有条不紊地去完美地完成它们；第三步确认完成，C 即 CHECK，做完一件事后，再例行必要的检查；第四步闭环思考，A 即 ACTION，将完成的结果整理保存，以待持续改进。

综上所述，当我们要好好管理好一个班级，就得好好管理好班干部。班干部除了本身的发展，还需要班主任的专业培养：首先得确定各自的责任范围，并把这种责任落实到位，而且给他们责任范围内的自由。在这个意义上，"猴子"管理法的前提是班主任的战略选择，要从班主任的能人体系转变成以班干部为核心的组织能力，而支撑这一转变的是班主任真正地把班级的成长建立在学生成长的基础上。学生能否获得成长，能否变得独立，以及能否承担责任，这才是让学生照顾好自己的"猴子"的意义所在！

尊重自主选择，激发成长内驱力

广东省江门市新会第一中学　吴俣

一、初识

高二新学期开学第一周，我走进课室，学生们都在安静地看书、写作业，而小旭的座位却空荡荡的，人也不见踪影。我不禁皱起眉头，询问值日班干："小旭去哪儿了？"值日班干回答："他应该在学校的画室。"

我想起刚接手新班级时，年级主任特意提到小旭：高一时，他经常缺席自修课，曾因纪律问题顶撞班主任，还与同学发生口角、肢体冲突，受到学校记过处分……我心里嘀咕着：真的是个"刺头"？他究竟在画室干什么呢？

于是，我决定到学校画室一探究竟。画室就在教学楼旁的小院子里，我走进那个小院子，周围静悄悄的，只有画室还亮着灯。我走过去，透过窗户，看见小旭正站在画板前，手里握着画笔，笔尖在纸上涂抹着，纸上的素描头像惟妙惟肖……小旭抬起头，看我出现在窗外，脸上露出愕然的神色。

我走进画室，看着画板上的素描，夸赞道："哇，画得真不错！"

小旭脸红了，羞涩地笑着说："还行吧。"

接着，我坐下跟小旭聊了起来，从绘画到学习、生活，小旭慢慢打开了话匣子，说了很多自己的心里话。他说："整个高一学年，自己都是在压抑和憋屈中度过：我想学画画、参加艺考，家人却更希望我走传统的高考之路，双方因意见不合而僵持；在学校里也诸多不顺，与班主任争吵、跟舍友打架，被学校记过……我有些厌倦学校的生活，曾经产生过离家出走的念头。唯一能带给我慰藉的，是躲在学校的画室里，静静地画一会儿画。"

二、点燃

经过这一次谈心，我更加深入了解了小旭的内心世界，也弄清了问题的症结所在。

小旭对参加艺考有着强烈的意愿，但得不到家人的认同和支持，导致亲子关系紧张；因学习基础薄弱，学习成绩明显落后于人，在学业上得不到价值感，只能躲到画室里，在绘画中获得满足感；因经常缺席自修课，且不懂得主动与原班主任沟通，引发师生间的矛盾冲突……

随后几天，我主动与小旭的父母沟通，说明了小旭的情况；小旭的父母经过深思熟虑，同意全力支持小旭参加艺考。从那以后，小旭似乎变了一个人，在学校的状态不再消极颓废，而是积极向上：上课时，他眼里有了光芒，即便有时听不懂，他也会及时记下笔记，等到下课以后再去请教老师、同学；课后，他争分夺秒完成作业，等到有了闲暇时间，他会拿起画板和画笔，观察着课室周围的同学，然后随手画上一张人物素描……

高二学年结束的暑假，小旭只身前往北京参加艺考培训，在北京度过了半年多住地下室的生活。回忆起那段经历，小旭说："虽然自己吃了很多苦，但一点儿都不后悔，反而庆幸自己能够坚持下来。"小旭在当年的美术校考表现优异，顺利拿到某知名艺术院校的预录取通知书。艺考结束回到学校后，距离普通高考只剩下不到五个月的时间。因为有更加明确的奋斗目标，小旭更加勤奋，每天都在拼命学习、刷题，努力提升自己的学业成绩。最终，皇天不负有心人，小旭的各学科成绩在高考中大幅提升，通过了高考录取的达标线，成功考取了心仪的学校。

小旭到了大学以后，依然在自己热爱的领域里努力地学习。他选定了专业精进的方向——版画系，加入了学校的书画协会，经常跟着导师外出写生……我偶尔还会在微信的朋友圈里，看到他的作品出现在一些艺术展览上。

三、启示

《动机心理学》一书中提到，推动人们行为转变的核心动机有三个，分别是"自主感""能力感"和"归属感"。小旭的成长经历，展现出"自主感"的强大力量。当他的自主控制感未能得到满足时，他选择用"逃学"的方式进行反抗；当他的自主选择权受到尊重，得到来自家庭、学校的支持时，他会拼尽全力地在目标方向上努力，即使前进路上有很多困难，他也不会轻易屈服，而是咬紧牙关，坚持再坚持，直至目标实现。

小旭是幸运的，他有着自己天赋，能够将天赋与目标结合起来，而且得到家人的全力支持，成功将自己的天赋兑现出来。对于更多的孩子来说，他们未必会有小旭这样的禀赋，也没有明确的目标，我们更需要借助生涯规划的力量，让他们更好地认识自我，发现自己的兴趣和优势，激发出自己的潜能。培养孩子的生涯规划意识，帮助孩子打开自我觉察、自我觉醒的窗口，这是生涯规划教育的价值之所在。

变"输不起"为"赢得了"

广东省深圳实验学校坂田校区小学部　杨琴

小学阶段的学生正处于身心发展的关键期，若学生遭遇挫折未得到正确引导，便容易陷入诸多误区。我认为，提高学生的逆商，为他们的心灵筑起一道"防火墙"和教授知识有着同样重要的地位。

"407班获得三等奖……"一次吟诵比赛中，主持人播报着我班成绩。"三"字一出，不少学生立马拉长小脸，低垂着头。有的愤愤不平，有的神情忧伤，有的一言不发，还有的哭丧着脸抱作一团。学生七嘴八舌地议论着——"别班吟诵错了，居然还能得一等奖，不公平！""我们班一直很优秀，各类比赛均名列前茅，这次运气怎么这么差！""我不甘心！"大家怨声一片。

见势不妙，我迅速组织学生回教室。路上，我陷入思考：面对不理想的比赛结果，如果简单归因为"别人运气好""自己倒霉"等，不理想的结果便会像放大镜，持续放大学生的消极情绪和不良行为；而如果教师及时干预，引导学生进行正确的归因训练，则有利于学生良好人格的养成。这次意料之外的失败，或许将是一次良好的教育契机。

一、安抚学生情绪

控制情绪是学生成长路上的必修课，为了让学生尽快摆脱坏情绪带来的负面影响，我将情绪安抚排在首要位置。比赛结果不理想，部分学生早已像泄了气的皮球，无精打采地趴在课桌上。见此情形，我认为第一要务是提振士气，肯定他们的努力。于是，我语气轻松而愉悦地鼓励道："三等奖也不是那么容易获得的，这代表学校对我们的肯定，也代表大家在这段时间的努力没有白费，老师为你们感到骄傲。"听到这话，原本颓丧的学生试探性地抬起头，小心观察着周围同学的反应。大家你看看我，我看看你，紧皱的眉头都微微舒展了。坏情绪在孩子们心中形成的阴影似乎渐渐变淡。这时，我示意学生安静下来，倾听内心的声音，思考自己为何会如此失落，并尝试当众表达自己的想法。

几分钟后，我邀请刚才情绪较为激动的几个同学谈谈感受，并运用焦点解决技术中的刻度尺提问和正常化技术与他们沟通。"你刚刚如此激动，其实很正常，很多人处于此种情形时，也会和你有同样的感受。"我再次安抚，并请他们以 10 分为满分，评价自己表现。小珊（化名）不好意思地回答："得知结果后，我非常失望，我认为自己的赛后表现只值 3 分。"我轻轻抚摸她的头，再请她为一周后的自己预打分。她抿了抿唇，信心更足了些，说下周争取为自己打 8 分。"从 3 分到 8 分，这 5 分的差距，要如何填补呢？"我试着用引人深思的提问，激活学生思维。引导他们端正态度，推动向好转变。

随着提问的深入，孩子们慢慢抛却了浮躁陷入思考。他们的回答各不相同，中心意思却高度统一。小珊总结道："面对失败，我们首先要冷静下来，做情绪的主人，而非情绪的奴隶。如此，才能避免坏情绪进一步影响生活。"

二、引领学生复盘

有时，学生缺乏的并非解决问题的能力，而是正确思考的角度与路径。当学生遭遇挫折时，教师应引导学生强化责任意识，不推卸、不逃避，并进行正确的自我归因，在仔细分析问题的基础上，积极探索解决之道。如此，学生才能从失败的经历中吸取教训、积累经验。

我依然采用提问的方式，启发学生思考自身问题所在。学生在"对事不对人"的原则下，围绕"获得三等奖，真的是因为运气不好吗？""获得三等奖，仅仅是因为运气不好吗？"两个问题畅所欲言。其中，有学生认为，我们的节目编排缺乏新意，创新度不高；有学生回忆说，站在前排的几位同学，演出时心不在焉，较为敷衍；还有学生懊悔，我们的排练频次不如别班多，动作不够整齐……

"发现了这么多的问题，大家还觉得不服气吗？"我顺势抛出问题，引导学生关注归因过程中自我心态的变化。不出所料，许多学生反映，他们气消了，心态端正了，看待此事的视野更开阔了。班长小豆子（化名）还适时补充道："别班得一等奖，确实有和等奖相匹配的水平。例如，他们精神饱满、咬字清晰且节目设计富有趣味。"

我欣慰地点点头，也深刻意识到，不恰当的归因将导致学生产生消极情绪；而恰当的归因，则能让学生遇事先向内审视，从而更高效、更有针对性地提升自我。

三、激活奋进动力

德国教育家第斯多惠指出，教育的艺术在唤醒、激励和鼓舞。学生在成长路上难免遭遇不顺，身为教师应及时鼓励跌倒的学生爬起来，总结经验，为下一次的奔跑蓄力。

校运会即将来临，我启发学生开动脑筋、踊跃发言，想想如何在校运会上有上乘表现。此时，壮志雄酬的学生一听这话，立马两眼放光。头脑风暴中，大家达成如下约定：凭实力竞争，选拔出参赛选手；每位同学坚持每天运动打卡，相互监督与鼓励；放学后，分小组开展体育训练，有针对性地准备比赛。

知之愈明，行之愈笃。学生还需要在实践中不断训练和强化。我利用班会课开展一系列小组团建活动，如"不倒森林""珠行万里""十人齐生立"等，引导学生重视团队的力量，借用集体之力提升水平。针对上次的不足，我提议组建"鲶鱼小队"，四人一组，由班级运动达人带领组员进行针对性训练。此外，对后勤保障不足的问题，这次我们也根据实际情况认真改避，如号召未参赛的学生树立主人翁意识，积极做好后勤陪练、策划班级入场式、组建啦啦队、制作海报等工作。

令人欣喜的是，上次不尽如人意的比赛结果并未打击学生的自信心和积极性。相反，在恰如其分的教育引导下，学生们愈发重视此后的每一次比赛，愈发关注备赛过程中的每一处细节，对待集体活动的态度更为严肃和认真。

朗诵比赛的结果，就像一盘炒苦瓜，只要细细咀嚼与消化，学生们仍能获得益处。新一轮的比赛中，经过坚持不懈的鼓励和训练，我班也如愿获得了"大满贯"：入场式一等奖、精神文明奖、团队总分一等奖。

奥斯特洛夫斯基曾说，人的生命似洪水奔流，不遇着岛屿和暗峨，难以激起美丽的浪花。挫折是成长的"磨刀石"。而成长就发生在这些带着"痛"的故事里。"输不起"，我们就会畏首畏尾；怕失败，我们就会疑虑重重。唯有"输得起"，我们才会不断超越自己，才能"赢得了"，自信而坚定地迈向未来。

助燃内驱力，优化学习潜能

——浅谈激发毕业班学生内驱力的几点做法

广东省佛山市顺德区乐从中学　何淑而

学生的学习内驱力主要包括认知内驱力、自我提高内驱力及附属内驱力。在教育中，我们可以充分利用认知内驱力和附属内驱力，重点强化毕业班学生的自我提高内驱力，让学生通过我们的"助燃"，逐渐内化为自身的学习特质。学生从高二升至高三，学习压力变大，下面本人将浅谈一下我班如何激发毕业班学生内驱力的几点粗浅做法。

一、进一步培养认识内驱力，提高自我学习评价策略

认知内驱力即是一种要求了解和理解的需要，要求掌握知识的需要，以及系统地弄清问题并解决问题的需要。根据高三的学习和复习特点，本人目前采取以下措施培养学生的认知内驱力。

（一）组织教学活动，努力唤醒学生求知方面的好奇心，对学生提出的问题，耐心细致解释，增强学生学习的信心

为了高效科学备考，激发毕业班学生学习的兴趣，在学科教学复习中，结合学校的"1+3"学习模式，努力创造条件，重视"学"的过程，让学生自学，并充分地交流，相互启发，激发学生的求知欲。在这个过程中要发挥各学习小组的作用，小组成员可以各抒己见，互教互学。多鼓励学生积极思维，多引导学生发表一点新看法，谈一些新见解。同时，学生在展示自己活动成果的过程中，得到别人的肯定，尝到了成功的喜悦，从而不断开发自己的个性，唤醒自身的好奇心，提高了学习效率，增加了自信心。同时，指导学生对知识进行"获取—反思—内化—实践"，如写日记反思，小结一天的学习效果和心理状态，进而提高自我的认识驱动力。

（二）关注实用且高效的学习评价策略

引导毕业班学生学习如何监控和调节自己的学习，如为学生提供认识较为清晰易懂

的学习目标愿景。如果学习目标具有评价量规，向学生介绍质量要求，提醒学生明白课堂关注的学习目标是什么。引导学生观察思考老师用好作业和差作业为样板和示范时的区别，认识什么才是良好的知识或表现。注意各科任老师给自己在学习过程中提供的描述性的反馈，了解自己该知识"我什么地方做得好"，思考"我如何填补差距"及"什么地方还需继续努力"。鼓励学生多找科任老师沟通，及时了解自身学习的反馈情况，根据课堂练习、平时练习、周周清、考试等，反思自己的学习，如把错题变成有用的学习资源，学生加深理解。让进步的学生分享经验，多肯定学生，学生追求进步之心会更明显。

（三）推荐阅读各省市各科尖优生学习方法

"磨刀不误砍柴工"，毕业班优秀学生的学习方式与其他学生和自己以前的方式是不同的，如果及时调整自身的学习方式或学习方法就可以达到更好的效果。让学生了解各省市各科尖优生的学习方法，结合自身的学习情况，调整学习方式，如引导学生加强探究学习，包括高考的考试要求、高考的命题规律、解题的策略与方法等，制订增分计划，激发学生的认知内驱力，全力以赴追赶。

二、进一步培养自我提高内驱力，增强自我有效感

自我提高的内驱力，是学生个体的那种要求自己圆满完成学业而赢得相应地位的需要。我们在高二时渗透生涯规划教育等基础上进一步深化推动，目前采取以下六项措施培养毕业班学生的自我提高内驱力。

（一）继续渗透生涯规划教育，联系自身的长远目标，指导学会分解目标

面对新高考，让毕业班学生对生涯规划进一步了解。通过认识生涯规划的重要性，树立生涯规划意识，同时对将来就读的大学和相关专业有所了解，未雨绸缪，会促进自身学习的动力。因此，我将在平时通过五大主题渗透生涯规划认知，并指导他们把目标细化，"步步为营"，分解目标，定下短期的期末目标，继而每天的计划。学生对大学梦充满期待，良好的精神状态会被激发，为内驱力的激发埋下种子。

（二）继续营造积极的班级文化，优化班级学风

研究表明，优美的教室环境能给学生增添生活和学习的乐趣，从而消除紧张学习后的疲劳。因此，除了认真清洁，整理班容班貌，争取获得卫生流动红旗班外，即便到了高三，我们还需用心布置教室。

一是建设课桌文化。首先桌面整洁干净，书本摆放整齐。每位学生桌上有自己的姓

名牌，正面是名字，另一面是学生自己结合实际情况制定或选择一句话作为自己近段时间的座右铭，并以此约束自己的学习和生活，激励自己。

二是让励志文化激励学生成长。倒计时让他们感受到时间紧迫，激励语让他们备受鼓舞。同时，我认为让学生多读一些具有启发意义的文章比对学生进行说教要有用一些。于是，我利用周末发一些励志的美文，让学生找一则自己喜欢的励志故事分享，让文娱委员找励志的歌曲或视频，每周一首励志的歌曲，一则5分钟励志故事的分享，一节阅读课，推荐经典书籍做阅读报告，如《曾国藩传》《富兰克林自传》《王阳明传》等，让学生从这些故事中明白做人的道理，使一些学生的内心深处得到某种触动，潜移默化地受其影响。学生的人文内涵不断得到了积淀，这些活动不一定能把全体学生内驱力激发出来，但学生的教育效果得到了一定的提高。

全力冲刺，让教室充满文化气息，无形中影响学生的审美观，陶冶学生的情操，更重要的是有助于潜移默化地培养班级精神，有利于优化班级的学风，从而推动毕业班学生的自我提高内驱力。

（三）小组合作竞争制，营造学习竞争氛围，表彰优秀小组

小组的竞争与合作使学生的思维、志向、视野朝更广阔的空间发展显得尤为重要。为此，我采用小组联盟方式，使毕业班学生不拘泥于自己所在的组，形成班级整体的目标和合力，大家拧成一股绳，向前冲，营造学习竞争氛围，从而促进自我提高内驱力。

（四）利用班会课，激发孩子的潜能

高三学生的学习时间紧，需要我更要细心观察，深入了解学生的思想动态，找出共性的问题或现象。要做到这一点，班会课要深入学生的生活，平时有意识地积累素材，挖掘每节班会的积极心理品质发展的重点，寻找不同的点。借助班会课，以游戏、小组竞赛、案例、视频、分享等方式激发他们的自我提高内驱力，如考试分析、学习经验交流分享、"除旧迎新"等班会活动，使班会课切实能收到激发学生潜能的实效。

（五）利用周记，通过了解孩子的喜怒哀乐，帮助他们解决成长中的问题，激发其上进心

有些学生比较内向，但在周记中会真实地表达情感。如学生刘某在周记写到与母亲有严重矛盾，不想回家，心情低落。于是，我与她及她的母亲了解情况，了解到她曾在初中有自杀倾向，与心理老师联系，引导她，后来她与母亲关系得到缓解，成绩也在稳步上升。又如，吴某在周记反映内心苦闷，她在我了解情况的过程中也忍不住哭泣。我安抚她的情绪，长期观察，有时不经意间给些建议。在周记上，我会写上一些激励语，甚至还会有学生专门跑过来问我："你看了我的周记了吗？"周记是我们沟通的一个良好

平台，帮助学生解决成长中的问题，不断激发其上进心。

（六）加强家校沟通，100%到家访或视频家访，了解家庭情况，家校共育，寻找激发内驱力的点

学生的可塑性强，模仿性也强，家长的一言一行直接影响着每一个孩子。了解学生的家庭生活、家庭教育情况，设身处地为家长着想，从感情上与家长相溶在一起，可以赢得家长的理解、支持、信赖和赞许，同时，还可以让家长知道我对孩子的关心，家长协助我对小孩进行思想教育，督促小孩努力学习，合力寻找激发内驱力的点。

三、进一步培养附属内驱力，增加赏识认可度

附属内驱力是指学生为了保持长者（家长或教师等）的赞许或认可而表现出来的把学习搞好的一种需要。目前，我们可以采取以下三种措施培养毕业班学生的附属内驱力。

（一）建立"一生一档"

进行情感教育，关爱毕业班学生，关注学生的情感世界。选择合适的时间和地点，每天与一位学生深入交流，帮助其制订生活和学习计划，并跟踪监督。考完试后，要与每一位学生进行试卷分析及考试分析反馈，合理归因，鼓励为主。

整理毕业班学生高一、高二每次考试的情况，每一学科上线的情况，了解每一位学生的学情、基础、优势科目与相对薄弱的科目。在高三开学时，要逐个谈话，以数据事实，给予鼓励与建议。对于学生的考试成绩，教他们通过预测上线法、e网通、高考e志愿等，预估自己目前可以上的大学，再确定更高一层的大学，让自己的高考目标是可以通过努力实现的，而不是好高骛远，徒增紧张情绪，考试达不到便心情低落很久，难以及时恢复。

充分地给予每一位学生应有的称赞和鼓励，让学生认识到我在真正地帮助他，而不是在批评他。根据无论哪个人的外在表现怎样，他的内心深处都渴求被认同，被需要的理论，对不同的学生采取不同的方式，有的在批改作业给予其激励性的评语，有的在课堂上表扬，有的在周末与之电话、微信沟通，使学生感受到老师的关爱，产生学习内驱力。

（二）继续榜样引路，内化学习目标

向榜样看齐，促使自身进行自省、自律、自励。除了"顺一模""省一模""佛一模""顺三模"等考试表扬表现优秀的同学外，重视毕业班学生每一次周周清成绩的分析，除了口头上表扬外，在后黑板处写上周周清前五名的同学名单，实时跟踪，向榜样

学习。有时周周清前五名的同学也会获得相应的物质奖励，如奖励书籍《高考满分状元的阅读笔记》《从拖延到自律》《居里夫人自传》，特色书签（著名大学、唐诗宋词、励志语）、笔、草稿本等。

（三）活动育人，坚持立德树人，鼓励学生劳逸结合

毕业班学生学习压力大，学生休息不好会影响学习效率。《高效的休息法》一书中曾说，哪怕没有在思考，大脑还是会消耗能量。如果学生学习疲劳，而又不注意休息，疲劳不断积累，大脑各方面的表现将会变差。我参照一位医学博士所说的，告诉学生消除大脑疲劳的七种休息法，如"感觉脑袋昏昏沉沉时，用正念呼吸法"等，让学生舒缓疲劳，提高学习效率。

重视学校举办的每个活动，如成人礼。由于疫情原因，家长不能到校，我们更精心准备，力争学生在活动中感悟成长。如每人发一个红包，红包上设计上校徽与激励语——"十八而至，愿你的青春，以梦为马，不负韶华"；每人发一个福袋，装上苹果、橘子等，并附上祝福语"大吉大利，平平安安"。以刮刮乐的形式送上老师的祝福（随机抽科任老师的祝福语）。每人领一份印有"十八而至，青春万岁"的纪念品。家长写家书，学生回家书——借此活动，让学生增强使命感、责任感，在感恩中强化内驱力，砥砺前行。

除以上活动外，我还学习心理学、教育学相关知识，掌握更多的说话技巧，逐步引导学生从中受到鼓舞，以便和学生谈话更有针对性，更能达到激发学生内驱力的教育的效果。

充分激发毕业班学生内驱力，并不能一蹴而就，我将且思且行，记录得失，助燃学生内驱力，优化学生学习潜能，让毕业班学生更有归属感、自主感和胜利感，让更多的毕业班学生考上理想的大学。

"用强""用弱"与"用巧"

广东省东莞市常平中学初中部　邓春燕

H生长在单亲家庭，爸爸长期不在家，从小跟爷爷奶奶一起生活。他在学校时违纪、不交作业的情况每天上演，离家出走、逃课上网是家常便饭。我们今天讲的就是这样一个男生的故事。

一开始，我对他"用强"。所谓"用强"，就是用老师的身份压迫学生，使学生在老师的威严下就范。比如，他不交作业，我把他请到办公室，打算让他在老师的监督下完成作业，但是H在我转身的一瞬间就逃走了。事后我很严肃地批评他，却收效甚微。后来我就在思考"用强"失败的原因，于是我向前任班主任打听H的家庭情况，原来这个孩子从小就是被爸爸打大的，只要有一点错就挨打。长大了，当爸爸要打他时他就逃走，所以才会出现刚刚说的那一幕。从心理学上分析，这个孩子长期生活在爸爸的简单粗暴的教育之中，对"强势人物"已经形成了天然的叛逆和反抗心理，再"用强"也不会有效果，达不到育人的目的。

接着，我尝试联系他远在外地的妈妈，得知这个孩子曾多次打电话给她说想坐飞机去看妈妈，说着说着，电话的那头就出现了哭泣的声音。一个问题学生的背后就肯定有一个问题家庭。长期缺乏母爱，使H不懂得如何与人相处，没有规则意识，没有安全感。鉴于此，我转变育人策略，打算"用弱"。所谓"用弱"，不是真正的懦弱，而是与学生一起散步一起聊天，学生有困难时能及时帮他一把，给予他必要的关怀和爱护；学生情绪低落时，能及时聆听，让他倾诉；学生兴高采烈时，能和他一起分享，让快乐加倍。知道H是个有着侠义心肠的男生，所以我也会偶尔请他帮忙，也告诉他老师的苦恼，请他提建议，让他体会到他处于高位帮助我这个"弱势群体"的感觉。慢慢地，在这个过程中，师生关系更近了，他的违纪行为在逐渐减少，学习更加积极主动，一切似乎都在朝好的方向发展。

H喜欢上了一个女生，在遭到女生的拒绝之后，又开始恢复"流氓"本色，上课睡觉、不交作业、顶撞老师、无心向学，最后再上演了一出"移形换影"，趁门卫不留意之际，偷溜出去通宵上网。

他离校出走的这两天里，我总是在反思，处理这样的问题学生，除了"用强""用弱"之外，还有没有别的办法呢？我翻看一些书籍，如《班主任兵法》《问题学生诊疗手册》《班主任的心理学智慧》等，有一个词慢慢在我心里浮现——"用巧"。所谓"用巧"指的是使用一些让学生觉得很好玩但又有点难堪的"绿色无公害"的方法对学生进行轻度刺激，使学生感到既害怕又期待。有点类似太极八卦中的"四两拨千斤"，用一点点巧力，借力打力，实现育人的大目标。这点我也是借鉴我们年级最有意思的班主任戴岱玉老师的做法之后才总结出来的。

当我还在想怎样让 H 回校的时候，戴老师一通电话就让 H 在 5 分钟内赶到了办公室，是什么办法有如此奇效？戴老师通过询问其他学生得知 H 写了一封情书给他喜欢的女生，而戴老师找到了这封情书并在电话里念了开头几个字，H 马上求饶然后飞奔而至，让人惊讶不已。第二步用情书做"威胁"，用"坐在那个女生附近"做诱惑进一步规范 H 的行为，果然，在这之后，H 的行为表现都有了很大好转。于是我配合戴老师"用巧"，戴老师思维敏捷、巧舌如簧，我没有，怎么办呢？笨人有笨办法，我有学生初一入学时的证件照，照片中的学生青涩可爱，但是在学生眼中那就是"其丑无比"，不愿意任何人看见，更不愿意让自己喜欢的人看见。于是每当 H 又想"作怪"的时候，我就拿这张照片出来说，"照片在我手上"，他马上就像泄了气的气球一样，无法再"横行霸道"，但是这种办法可一不可再，必须结合"用强""用弱"交替进行，有时还要"用冷"，即冷静、冷处理，待学生恢复正常情绪后再处理。结合思想教育、集体活动、心理按摩、合理发泄等方法，多管齐下，帮助学生成为最好的自己。

育人是一项庞大而负责的系统工程，"用强""用弱"与"用巧"应因时因人因情况而异，交替使用。当学生"弱"时，我们用"强"，当学生"热"时，我们用"冷"，当学生"冷"时，我们用"巧"（刺激学生产生反应，通过反应进行判断再进行下一步处理）。总之，多研读有关心理学、管理学和学生行为习惯的书籍，多参加班主任的交流沙龙，多反思多行动，相信我们都会有所收获，并不断成长。

师生冲突要不得

浙江省杭州市钱塘区云帆小学　黄希宾

师生冲突要不得，因为它只有负面影响，特别是发生在课堂上的师生冲突，会引起师生双方的情绪紧张和注意力不集中，以致双方无法以平静的良好的情绪对待教与学，从而对课堂教学产生极不利的影响，还会对师生双方的心理健康产生不良影响。

我们应尽量避免师生冲突，因为它不是什么好事。就像一个成年人与一个孩子在大街上起冲突闹了起来，受到指责的通常总是成年人：你怎么和一个孩子一般见识呢？如果与学生起冲突了，应该反省的首先是老师，是不是自己的思想出了问题，是不是自己的态度出了问题，是不是自己的语言出了问题，然后为自己在发生冲突时的言行举止负责。如果你是一个成熟的老师，就不会让师生冲突发生在自己身上的。当有孩子出现可能要与自己发生冲突的苗头时，作为一名成熟的老师，一定会先控制自己的情绪，冷静下来，去花时间真正理解孩子的一言一行、一举一动，然后静静地倾听孩子对刚才的言行有什么说法，而且一定是真诚用心地倾听，只有这样，他才会乐意以同样的方式倾听你当时的一些想法和意见。我想，在冷静的状态下，你的理智肯定会告诉你：不与孩子起冲突，他毕竟还是个孩子。

如果你是一位受学生欢迎和爱戴的老师，学生又怎么会与你发生冲突呢？于永正老师就是一位受学生欢迎和爱戴的老师，他常常用微笑面对每一位学生，讲课时，"眼观六路"，用亲切的目光看着每个学生；学生回答问题时，以专注、期待、鼓励的目光看着发言的人；学生的红领巾歪到一边去了，帮他把红领巾扶正；课外活动时，加入学生跳绳的行列；课间，找调皮男生掰手腕，并让他用两只手！当我们像于老师那样尊重每一位学生，微笑着面对每一位学生的时候，你还会担心学生不会亲近你？还会担心学生会与你发生冲突？除非你面对的这位学生既无知又无畏，但即使这样，这不正是一个小孩子才会有的表现吗？那就用你的尊重去包容孩子的无知，用你的微笑去化解孩子的无畏。

学生敢于与老师发生冲突，大多数时候是在其不冷静的状态下发生的。面对学生的不冷静，成熟的老师一定会先冷静下来，从学生的切身利益出发来处理，他或许会笑着告诉学生"冲动是魔鬼！在冲动的情况下做出的决定往往是错误的"，给自己也给学生留出冷静下来的时间。这时候如果学生还有一点点理智的话，应该会考虑到事情发展下去的后果，继而停止自己的冲动行为；成熟的老师也或许会冷静地告诉学生，"解决事情的方法有一百种，其中只有一种是最正确的，再考虑考虑，选一个比这种做法更好的方法"。把皮球踢给学生，让他通过思考冷静下来，然后再跟他心平气和地交流，解除他心中的疑虑，解开他心中的"结"。另外，学生敢于与老师发生冲突，可能他自认为当时所处的环境对自己比较安全。这种情况下，一个成熟的老师会温柔地把这个学生请到办公室或者一个比较安静的地方，冷静地问清来龙去脉，然后给他摆事实、讲道理。因为，没有了围观的同学，一方面可以顾全其面子；另一方面他缺少了支持者，心理、行为一定会趋于心平气和，这样便于双方的沟通与交流，起到事半功倍的效果。

敢于与老师发生正面冲突的还有可能是班里那极个别平时行事霸道、以自我为中心的"小霸王"。如果孩子小的时候所有的要求都能被无条件地接受，家长事事处处以孩子为先，向孩子妥协，那么孩子自然就会形成唯我独尊的性格。面对学生在自己面前的蛮横霸道，一个成熟的老师是不会与其短兵相接的，因为他知道那样必然两败俱伤。《老子》告诉我们，"天下莫柔弱于水，而攻坚强者莫之能胜，以其无以易之"。所以，一个成熟的老师，为了减少"小霸王"在班级里横行霸道，也避免与老师发生冲突，在日常的接触中，常常会给予他真诚的关心，言语中透露出处处为他着想，用温和的语气慢慢抚平他的棱角，让他更随和、易于亲近。另外，在"小霸王"只认定一种选择而不考虑其他人甚至不考虑老师的时候，一个成熟的老师一般不会对此一刀切，态度也不会强硬，不会让矛盾激化成冲突，而会像大禹治水那样进行疏导，心平气和地多给他几种选择，引导他认识到每个选择都各有各的优劣，选择越多，为人处事也会越来越开通灵活，再在新的选择中感受共赢带来的快乐。

少年真识"愁滋味"

——青少年有抑郁情绪怎么办？

广东省深圳市光明区光明中学　胡洁敏

很多家长疑惑，上了初中以后，自己的孩子变化很大，情绪变化无常，甚至出现了让人担心的情况：以往开朗的性格变得不爱说话，喜欢的事情变得无动于衷，出现失眠的状况，对任何事情都提不起劲，在家容易暴怒，经常和家长起冲突。

常言道"少年不识愁滋味"。但事实上，很多青少年正在遭受"愁滋味"的困扰。

这个"愁滋味"可能是出现了抑郁情绪，又称作抑郁障碍，主要指以心境低落为主的一系列情绪问题，其中包括轻微的消极情绪到严重的情绪障碍。这样的情绪主导下，孩子会变得做什么事情都了无趣味，对原来很喜欢的东西也会觉得厌恶；他们会不断地否定自己，陷入深深的自责而无法自拔；他们经常控制不住的胡思乱想，还会感觉到自己身体不舒服，但去医院又查不出什么问题。

青少年本该快乐无忧，为什么会产生焦虑、抑郁等不良情绪，严重的甚至患上抑郁症呢？

信息化时代到来，社会竞争激烈，网络上负面的内容，如色情、暴力、游戏、饭圈文化等影响着千千万万的青少年，此外，孩子们还承受着来自家庭的压力、父母的期待等。比如，中考激烈的竞争给我们的青少年带来的压力便是大家熟知的其中一面。青少年自我意识在逐渐增强，但周遭的巨大压力与自己形成拉扯，外界的帮助不能及时有效。

所以，"心病"还需"心药"治，我们可以这样做。

一、摆正心态，坦然面对

我们要告诉孩子，情绪没有好坏，如果出现焦虑、抑郁的状态，不管是否已确诊，都要正视自己，接受自己。抑郁并不可怕，在现代的医学条件下，抑郁症治愈的成功率相当高的。

不管是本人还是家长，都要坦然地面对它，而不要选择逃避。要明白，心理疾病和身体疾病同样重要，逃避不但不能解决问题，反而会加重问题。和孩子一同从容冷静面对，才能给孩子一个坚强积极的榜样。

当孩子处于抑郁状态的时候，会时刻感觉自己很失败，大家都不喜欢自己，做什么事情都不尽如人意。这时，我们要帮助他建立信心，重新找到自己的价值所在。

二、加强亲子沟通，创造温馨氛围

孩子出现心理问题，与自身的家庭有一定关系。父母多和孩子进行沟通有利于孩子的抑郁情绪的释放。青少年尚处于大脑发育未完全成熟的阶段，情绪易波动，遇事应对方式还相对幼稚，面对心理障碍时如果没有家长的支持和引导，很容易失去应对的勇气和信心。良好的家庭教育是预防精神心理障碍的最佳方式。因此，父母和孩子之间关系越是密切，当孩子遇到心理难关时，父母就越能成为孩子倾诉的对象。

作为家长，我们一定要给孩子这样的信号："就算全世界都不要我，我还有我的爸爸妈妈爱我。"当他们遇到困难时，我们要让他们知道至少还有父母能和他们一起共同面对。要切记，当孩子出现情绪问题时，家长质疑、批评或贬低孩子的办法都是不可取的。家庭是孩子的避风港。我们要告诉孩子，人无完人，没有一个人天生是完美的，每个人都有缺点。更要告诉孩子，爸爸妈妈爱你，是无条件的爱，不管你有无缺点，都爱你。

作为孩子的港湾，要学会接纳孩子一切，不管是优点还是缺点。接受孩子是一个平凡的人，哪怕是一个后进生。一点点地帮助孩子学会悦纳自己。帮助孩子在生活寻找生活中的闪光点，不断地发现自己的优点。在点滴的生活中指出孩子的优秀之处，学会客观地看待自己。家长要努力让家里有和煦的春风吹进心房，让自己孩子在温馨、和谐、乐观的家庭氛围中成长。

三、科学地安排作息时间

人的精力和时间都是有限的，要有规律的作息时间。上网课期间，家长工作繁忙，无法陪伴和监督，容易导致孩子终日在家没日没夜玩手机，破坏作息规律，各种心理问题也就随之产生了。

我们要帮助孩子制定上学期间和周末放假的作息时间表，并应适时打电话给孩子以确认其执行的情况，目标是在 21 天内养成良好的生活习惯。

四、和朋辈一同参加课外活动

我们要鼓励青少年多参加朋辈间的健康户外活动，不要总是一个人待着，多出去和朋友聊聊天。遇上心理难题，青少年内心是难过而又无助的。这时，朋辈的力量就显现出来了。他们需要和值得信任的积极上进的朋友说出自己的烦恼。因此，老师和家长可以试着引导他们在朋友间表达内心的想法，聆听他们的心声。

另外，青春期的孩子精力旺盛，应该鼓励青少年在做好防护的情况下，多参加户外活动，亲近大自然，如打篮球、踢足球、爬山，或者参加一些生活营，都能帮助青春期孩子走出焦虑抑郁情绪，调整好自己的心态和状态。

五、主动寻求专业人士帮助

在青少年出现问题之后，家长尤其不要过早地给孩子下论断，而应该尝试去理解孩子并寻找问题的根源。当发现孩子出现情绪波动时，家长首先要理解孩子的痛苦，肯定孩子为摆脱不良情绪所做的努力，帮助孩子寻找情绪背后的原因，主动寻求专业心理医生的帮助。

如果孩子不幸患上忧郁症，家长千万不要认为孩子得了精神方面的疾病是一件羞耻的事情，作为孩子的坚强后盾，要更加积极主动地面对和解决，不能讳疾忌医，而需要及时给予其系统、有效的抗抑郁药物治疗和心理治疗，避免病情进一步恶化。

我们要温柔而坚定地告诉孩子：成长的路上，总是有困难和坎坷。要记住，阳光总在风雨后。别怕！你的背后有好朋友、有老师、有爸爸妈妈，我们一起成长！

师生冲突，也可以是成长的关键事件

广东省深圳市龙华区第二外国语学校 吴清宇

作为一名小学教师，我的学生年龄一般都在 12 岁以下。刚走出中师校门，走上工作岗位的时候，我把学生当作自己的弟弟妹妹。现在，学生的年龄就跟我的孩子差不多，我把他们都看成自己的孩子。遇到问题的时候，我也能够及时转换角色，真诚地帮助学生。所以，真正的师生冲突，其实是很少的。

一、当冲突快要发生的时候，我们要做自己情绪的"消防员"

及时把火灭了，才可能最大限度地减少损失，才可以更客观更理智地处理问题。也就是说，教师要先学会先处理自己的心情，再处理事情。还记得我刚走上工作岗位的时候，学校一下子来了十几个年轻人，临退休的老校长语重心长地告诉大家：哪怕气得脖子拧成了灯芯那么小，也不要动手打学生。我牢牢地记住了这句话，时时记住教育就是宽容，是帮助，是夸奖，是激励。师生之间没有冲突，师生双向的成长会更快，也会更愉快。

二、降低评价标准，有效避免师生冲突

师生冲突，多是因为孩子没有达到老师的要求引起的。从老师的角度去想，出发点肯定是为了孩子好，责任感强烈的老师才会对学生有要求；从孩子的角度想，可能是老师的要求过高，也可能是某些自身的原因耽搁了，一下子没有完成。当孩子没达到老师的期望值时，老师应该适当降低评价标准，用欣赏的眼光发现孩子的优点，让孩子有信心去做好该做的事。开始一篇新课的学习，发现大多数学生都没有按要求预习，原来的教学计划根本无法实施，该怎么办呢？是在班上大发脾气，把学生骂一通吗？那是没有任何作用的。有经验的老师，会马上调整教学目标和教学手段，让课堂柳暗花明。如果一个孩子不交作业，肯定是要补做的。下课后，如果学生还有自由支配时间，那么老师可以在学校找时间让学生补好作业。如果一个孩子的时间完全被排满，而这个孩子学习

效率又比较低的话，那么孩子可能根本没有时间的去查漏补缺。

三、如果冲突已经发生了，及时向学生道歉，可以化解冲突

退一步海阔天空。师生冲突，让我想起令自己非常惭愧的一件事。那是我参加工作的第三年。有一天，有学生急匆匆地跑来告诉我："老师，老师，叶同学脱了××的裤子！××同学正在哭呢！"我一听，火气噌噌地就上来了。叶同学是咱们班个子最高大的男生，他平时就不守纪律。今天竟然闹到脱别人裤子的程度了，太恶劣了！连最基本的礼貌都不懂！我三步并作两步地跑到教室，××同学正趴在桌子上哭，周围有一拨安慰的同学。见到我来了，同学们七嘴八舌地帮着告叶同学的状。叶同学也不服气，还在说一些挑衅的话。我气呼呼地走到叶同学面前，还没说话就给了他一巴掌。他立刻蔫了，回到自己的座位就哭起来了。估计他没料到平时很温柔的班主任竟然会打他。我呢，不仅完全没有意识到自己的错误，还接着又骂了他一顿，讲了一通道理，才回办公室。又过了一节课，我隐隐感觉自己做得不对。于是，我来到班上，细细地了解事情的来龙去脉。知道叶同学的确做错了之后，我还是很诚恳地向他道了歉，请求他的原谅。他很大方地说，没关系，自己确实是做错。从那以后，我更加注意自己的言行，不在学生面前随意发脾气。作为老师，赢了学生，那又如何？帮助学生就是帮助自己，成就学生才有可能成就自己。

四、教育技巧多了，师生冲突自然就少

"最受欢迎的老师"永远少不了幽默的特质，当下不来台时，幽默一句，或许会有意想不到的收获。

上周的某个课间，我班4个男生又在教室奔跑，他们的"特快列车"又开动了！我把其中一个孩子叫停了，搂住肩膀问他们在玩什么，那3个男生也立刻就过来了，眉飞色舞地向我介绍。我说："课间在教室奔跑，很容易碰到别人，你们的脑袋瓜子很灵活，能不能设计一个桌面版的这种游戏？"学生听后觉得挺有意思，立刻回去研究，一下子就4人围着一张桌子，兴致勃勃地玩起来了。

五、师生冲突发生后，家长的态度很关键

师生冲突，多数都是学生没达到教师要求，从言语不合开始引发的。老师不会专门针对某个学生，初心都是为了学生好。冲突发生之后，如果教师觉得有必要，就会找家长说明情况。如果教师不找家长，学生回家后，也极有可能会告诉家长。那家长问清楚

情况之后，是什么态度呢？这是非常关键的。可能会有三种情况。一是全力支持自家孩子，直接气冲冲地找老师问罪，把怨气都撒在老师身上；二是全力支持老师，认为老师一定是对的，对孩子一顿骂；三是问清楚情况后，既维护老师的尊严，又巧妙地教育自己的孩子。家长不同的态度，会给孩子带来不同的影响。

直面师生冲突，促进专业成长

广东省江门市新会第一中学　吴俣

　　H班是一个理科班，班上的一些男生很调皮，行为习惯不太好，经常在宿舍内务、课室卫生等方面"捅篓子"，我在处理类似事务时，有些不胜其烦，因为消磨掉了自己很多耐心，甚至会出现大动肝火的情况。

　　临近放暑假前的一个早上，我照常巡查早读。一走进课室，我便闻到了一股浓重的食物的味道，我有点绷不住了。我之前曾经三令五申，要求学生在早上上课前吃完早餐，不得将食物带进课室里。我不动声色地沿着座位慢慢巡下去，看到男生小波面前放了一袋肠粉，我顺手拎起来，放在讲台上。小波在下面嘀咕着："刚才我没在吃，还给我！"我生气地说："早读后再上来拿！"课室里顿时安静下来，大家都默默地看着我……

　　忽然，另外一位男生小奇站起来，大声说："把早餐还给他！真是受够了！"听到小奇这句话，我一下子暴怒了！小奇是班上的尖子生，平时成绩不错，没想到他竟然顶撞我……震怒之下，我忍不住大声吼道："你说什么？出去！"小奇站在那里，一动不动，我们足足僵持了2分钟，整个课室鸦雀无声……

　　我不记得当时自己是怎样离开课室的，只记得在那一整天里，我的耳朵都在嗡嗡地响，心里也是五味杂陈：愤怒、委屈、悲伤、失落、不甘……我想，接手班级一年来，为了管理好班级，我劳心劳力，经常与学生同步到位，付出那么多的努力，没想到得到这样的反馈，我的心真的很受伤。

　　这次亲身经历的师生冲突事件，给我很大的触动，促使我去反省、觉察，让我意识到自己在班级管理上的不足。针对上述事件，我的思考如下。

一、建好情绪"防火墙"

　　上述事件源于师生之间的情绪对抗：当教师带着愤怒的情绪去处理班级事务，往往会出现不当的言行，从而招致学生的不满情绪；一些有个性的学生，在面对教师的指责、呵斥时，也容易出现过激的言行。在这种情况下，师生双方的情绪一旦激化，便会出现"剑拔弩张"的局面。因此，教师应注重情绪管理，建好情绪的"防火墙"。在忙碌的工作之余，教师要提升情绪觉察力，及时关注个人情绪的变化，学会接纳、消解个人的负面情绪；当愤怒、紧张等强烈情绪袭来时，要学会转移注意力，用腹式呼吸法、倒数数字法等技巧，把自己拉回理性的轨道；要懂得恰当地表达自己的情绪，如明确告诉违纪的学生，"某件事令我很生气"，而不是用过激的言语去指责对方；另外，要给自己留出特定的时间，养成坚持运动、阅读、听音乐等个人爱好，从而更好地保持积极乐观的情绪状态。

二、按下关系"修复键"

师生冲突严重破坏了师生关系，双方在冲突过程中都会遭受心灵的伤害，出现"两败俱伤"的局面。冲突之后，教师面对顶撞自己的学生，感觉有损尊严，难免心生芥蒂；学生在冷静下来以后，也会懊悔不已，感受到难堪。作为教育工作者，教师要展现自己的胸怀和气度，主动承担起修复关系的责任。教师在"冷处理"一段时间后，可以选择适宜的时机，诚恳地与冲突学生沟通，表明自己的态度和立场，坦承自己做得不到位的地方，以获得对方的谅解。当教师放低姿态、平心静气地与学生沟通时，学生也会主动承认自己的错误，由此达成双方关系的缓解。总之，教师要把握住修复关系的主动权，充分显示出自己的诚意，展现出作为教育者的担当和勇气。

三、重启管理"新系统"

上述冲突事件促使我去反思个人在班级管理上的问题：我过分重视年级的考核排名等外部评价，而忽略学生的内在成长、班级文化的建设。面对违纪的学生，我经常采取严厉的方式进行批评，表面上是勇猛刚直，实际上是教育智慧不足，方法简单粗暴，容易激起一些学生的叛逆之心，因而效果适得其反，非但无法获得学生的认同，反而导致师生关系的紧张。因此，我重新调整了班级管理的方法，采取活动育人的方式，构建积极进取的班级文化，培养学生发展的内驱力，营造良好的班风学风；在处理学生违纪时，按照严慈相济的原则，既强调班级纪律的严明，又注意方式方法的灵活性，力求让学生信服，引导他们反思、纠正错误。管理思路的转变取得了很好的成效，班级的气氛也变得更加和谐。

教师在教学生涯中难免会遭遇师生冲突。有时候，冲突事件是一次"警报"，提醒我们在教育教学中出现的问题。冲突事件也是专业成长的契机，如果我们敢于自我剖析，思考冲突背后的问题根源，及时调整工作方式方法，必定能够在处理冲突事件的过程中提升能力，增长智慧，成为一名更优秀的教育工作者。

那一年，我接了一个"烂班"

广东省佛山市三水区实验中学　陈惠珍

2018年，我新接手了一个班。这个班在年级中相当"有名气"，每个说起它的人都直摇头：上课没人听，课间从窗外望进去，10个学生中有8个在玩手机。连学生自己都说："想让我起床？让阿姨在宿舍门口打两圈麻将回来再说。"年级本想把这个班拆散，但是不知什么原因没有拆，却将这个班交到了我手上。

说实话，我当时内心是不太情愿的。但是我又转念一想，带什么班不是带！既然这个班的名声这么响，我倒想看看到底烂到什么程度，在实验中学这么严这么细的管理下，竟然还能这么"潇洒"，我倒真想见识见识。

一、初次见面

开学第一天，我照旧满面春风向教室走去。一进门，好家伙！全班五十几人，一堆一堆的，正聊得热火朝天。看见我进来，个个不是马上归位，而是笑着盯着我看，看得我心里直发毛。后来，我干脆也盯着他们一个一个地看。他们这才慢慢地回到自己的位置。我看见，有的男生半躺在椅子上，个个都面带"微笑"盯着我看。

"你们应该在学校里见过我吧？"我问。鸦雀无声。我只好请一个同学起来。"不好意思，我脸盲。"他说。教室里马上哄笑起来，掌声从各个角落响起。我这么强大的内心，感觉都快要撑不下去了。最后，我说，你们今后对我要多多用心，我在2018年春季开学典礼暨2018届高考100天誓师大会上讲过话，现在在高三楼我们教室旁边还有我当时的照片，穿红衣服的那张。他们说："哦……"

这就是我们的初次见面。后来有同学跟我说，我们这个班主任有点特别，接手我们这样的班级，脸上一直带着笑容，好像还挺开心！

二、校运会，点燃彼此的爱

整个高三学年，我们会开展不少的活动，有年级的"高考百日誓师大会""成年礼活动""感恩母校植树活动",有学校的"校运会""文化艺术节"等。其中,最能凝聚人心的当然是学校一年一度的校运会。虽然校运会是一场竞技活动,但是每个班级的竞技水平不一定相当,可以说,有些时候比赛还未开始,输赢几乎已经定局。所以,作为班主任,在组织这场活动的时候,出发点一定不能是输赢,而应该是参与精神、合作精神和服务精神,把校运会当作一次班级精神风貌的建设和展示,那么这个活动对班集体的建设将会产生深远的意义。

首先,我把运动员捧到很高的地位。我宣布:运动员只负责参赛和休息,其他所有的事务由没有赛事的班级成员承担。所以在运动员报名的时候,每个比赛项目都是满员的,运动员的积极性被充分调动起来。

我的主要精力是放在后勤服务组织这一块。先成立后勤小组,请一个没有任何参赛任务的组织能力较强的班干来担任后勤组长,然后把小组成员(所有无赛事的同学)围绕运动员保护、班服设计和购买、大本营设计和布置、啦啦队组建、饮用水的购买和搬运、摄影、撰写广播稿七大任务进行分工。一下子,全班同学没有一个在校运会上是空闲的,大家都觉得重任在肩,参与度和积极性一下子调动起来,人心迅速凝聚。

虽然这个班之前是一个全年级公认的"烂班",成绩总平均分被倒数第二的班级拉开了几十分,班主任指挥不灵,课上课下手机横行。但是,这一次校运会,大家各司其职,各项工作进行得有条不紊。入场式取得全级 18 个班中名列第三的好成绩,比赛总分也名列第七,成绩相当喜人。

后来,我在总结该次校运会的时候,大力表扬了我们班校运会运动员的拼搏精神和后勤小组的服务精神,他们完全靠自己的表现刷新了班级的形象,非常了不起!

一个习惯了接受负面评价的班级,突然变成了一个处处受追捧的耀眼的星星,幸福来得太突然。

我深情地说:"从班服、班旗设计到大本营布置,从选手出赛到归来,每一个细节都凝结了同学们对集体的爱!与成绩相比,我更愿意在乎我们相伴一起走过的每一个日子,我们互相勉励、互相支持、互相给力!愿我们彼此珍惜!"

台下掌声雷动。

三、把花栽到心里去

这个班级里的"刺头"真的不少。有物理老师说的"教了两年睡了两年"的"睡神",有头顶扎个辫子、耳垂挂个黑耳钉的体育生"武状元"有满手刺青的"黑社会"……乍一看,你会觉得来者不善,杀气腾腾。

但是,他们为什么要这样?也许并没有很多人去关心。

我第一个关注到的是"睡神"。他长得很帅很黑,就是那个老是半躺在椅子上的家伙。我夸他长得特别黑特别帅连坐姿都最特别，一看就是个人才，不能浪费。然后我交给他特殊任务，让他帮班级买书架并安装好，负责管理好班级图书。他说："老师你不要管我，我就想安安静静地颓废。"我说："你就帮我管理好图书，你继续安安静静地颓废，我不打扰你。"他做事干净利落，非常负责任，每个毛孔都散发着"好孩子"的光芒。我看他对我还比较信任，就找个机会跟他长谈了一次。他说从小学到初中，他都是老师用来杀鸡儆猴的那只"鸡"。能够对他这么包容的，我是第一个。

高三一年，我所能改变的东西很有限，但是我能改变的是对他进行重新评价，让他做回真正的自己。而他说，高三这一年他是努力在读书的，这就够了。

我第二关注到的是"刺青黑社会"。有一天，宿管阿姨突然火急火燎地来找我，说我班的这个同学，在宿舍里的柜子里私拉电线，有很多充电宝在充电。我脑袋当时"嗡"的一下，心里冒出来一句话：果然不是一盏省油的灯！但是，当我去到宿舍，看到这个同学低眉顺眼，手脚在微微发抖。我想，事情没有我想的那么糟。我让他把所有的违规物品收拾好，装在箱子里，用胶带封好。然后对宿管说："不好意思，阿姨，我没教育好他。"然后拎起箱子就离开了宿舍。这个同学追出来，抱过我手上的箱子，一路送我回到宿舍，彼此一言不发。

后来，他小心翼翼地问我怎么处理这件事，会不会影响他的高考。他含着眼泪说，他想参加高考。我看着他，意味深长地说，这件事可大可小，学校要是知道这件事，你不停学也得退宿。但是考虑到你马上要高考了，事情一旦放大，影响你的前途，也影响宿管阿姨的"饭碗"。

后来，我了解到他给同学充电是收费的，我们就这件事讨论"价值观"问题，讨论"校园与社会"问题。他毕业后给我发信息说，老师，我这一年成长了很多，这里面有很多是你的功劳。

我现在回想他们，常常也是很感动。面对他们，我也在成长。学会冷静、学会宽容、学会欣赏，这是这一年中收获的一笔宝贵的财富。

每个孩子都是玫瑰花苞

——特别的爱给特别的你

广东省佛山市三水区启智学校　吴燕飞

杨瑞清校长提出的"花苞心态"教学理念，让我记忆犹新：花苞心态，才是真爱；花苞心态，缺点可爱；花苞心态，耐心等待；花苞心态，和谐时代。这是多么有深度的观点啊！

我们班有个别学生存在比较明显的行为情绪问题，包括暴走行为、攻击行为、歇斯底里哭闹行为、自伤行为、摔物行为等。这类型的学生，尽管让人不省心，但我们还是不能轻易放弃，因为他们每一个都是玫瑰花苞，尽管花期不同，但最后开的花和最早开的花一样美丽，需要老师用"花苞心态"来看待他们，学会耐心与坚持，学会宽容与等待，等待花苞的徐徐开放。我希望能够陪伴每个孩子逐渐走出孤独和自卑，尽情去展示自己的才华，重拾自信，体验成功的幸福感！在这里，我想跟大家分享两个故事。

一、四维助成长，奋力追梦想

小雯总是喜欢大声吵闹，就算正在写作业、做操、上课等也无法停止大喊大叫的行为，而且会突发性地离开座位去手舞足蹈，一边跳一边唱，经过老师的提醒也只能维持不到 2 分钟的静坐或静站，一转眼又跑又跳。

有专家说过："孩子天生就有做事的潜质和需求。"所以，当我们坚持把孩子们的"缺点""问题行为"向正面积极的方向去引导，久而久之，时间会送给我们意外的教育收获！

于是我通过一段时间的观察和试验，结合塑造法和转移法，充分利用小雯超旺盛的精力和体力特点，制定了"四维成长"计划，分别是：一个才艺展示（如跳舞），一个劳动提升（如拖地），一个运动训练（如跳绳），一个服务培养（如捶背）等。每天都坚持把四个项目训练一遍。刚开始，我并不知道到底这个成长计划对小雯是否奏效，但我相信"时间知道答案"。

经过一两个月的努力，小雯带给我们一个又一个的惊喜。

（1）论才艺，小雯每次排练节目时都非常积极主动，如专门为她设计的"猴子"角色在诗词朗诵比赛中增添了不少色彩；校运会跳舞节目，小雯每天都主动提醒我们"老师……跳舞！"老师要开始排练时，她总是第一个冲出去拿表演道具，每次排练都是最兴奋的那个。校运会真正表演的那天，小雯喜庆的表情和动感十足的动作，在整个节目中表现都很活跃。

（2）论劳动，每天下午小雯都要完成一个劳动任务，即把教室外面的走廊拖干净，从一开始她用几秒钟敷衍了事然后就自己玩去了，到现在不用提示，她每天主动去拿拖把将三楼教室和三楼宿舍全部走廊位置都拖干净，动作熟练，心情愉悦，享受劳动的快乐。

（3）论运动，小雯是无规律地手舞足蹈，手脚并不是很协调，所以，跳绳项目一开始对她来说是难度很大的。于是我从基础分解动作教起到手脚协调连贯动作训练，小雯进步明显，在运动会上还获得女子组跳绳项目第一名。

（4）论服务，由于小雯的多动与吵闹带给同学们诸多的干扰和矛盾，朋辈关系紧张，所以，我给她设置了一个服务技能的培养计划，每天第三节课课间 10 分钟为全部同学们捶捶背，然后随机抽签选其中一个同学帮小雯捶背作为回报。现在，一到时间小雯都兴冲冲地去为同学们"贴心捶背服务"，这过程中小雯学会了良好的服务态度和积极的工作热情，还增进了与同学们的感情，同学们不会老是说"小雯太吵了"，而是会说"小雯帮我捶背好舒服啊"。

二、自控有三招，成功自然到

小恩经常会毫无预兆地从座位上蹦起来，像被安装了发动机一样，不停地拍手，快速弹跳十几二十下，在这个动作的同时，他可能还会暴走几米远，在教室里就围着教室暴走两三圈，中途无法停下来，他也说控制不了自己，必须跳到一定次数或跑到一定路程才能让自己停止。一节课 30 分钟会出现近 10 次，另外还会有几次是有意识地走出来溜达的甚至与同学打架，其余时间就是不断地说话、敲击物品制造噪音。我给小恩支了"自我调控三大招"。

（一）计数缓冲法

小恩自控能力非常薄弱，有几次放学的时候小恩像脱缰野马冲出校门口，几位老师都无法拦下来，甚至其中一次与门外一辆车擦身而过，让全场人都为他的安全捏了一把冷汗。除了在教室里对其做好思想工作，我还采用了计数法来帮助他缓解想要暴走的冲动。家长来接的时候，我带他下去要求他从校医室到教务室，把所有防盗网的竖杆都一边摸一边数，没有数就不能向前走，从而他带着计数的任务下意识地控制自己的步速，这才没有飞奔去校门口。在教室高频蹦跳的时候，我就大声计算他的次数，当他听到自己跳的次数会逐渐回过神，然后就尝试控制自己不再继续跳，后来让他自己计数有意识去控制，以前二十几下，现在跳十下左右就能停下来了，取得了阶段性成果。

（二）责任约束法

当一个人有了任务就有了责任，当有了责任就会不自觉地约束自己。我给小恩布置了几个任务：表演的时候，小恩要提示小铭做动作和正确站位；语文课上，小恩要带读古诗；劳动的时候，让他担任小组长去带领几个同学浇花；等等。当他在执行任务的时候，他的蹦跳行为明显减少了。

（三）延迟满足法

小恩的跑跳行为在课堂上是违纪的，但在运动场上却有一定的优势。可是小恩平时都不怎么喜欢运动。为了调动他的积极性，我就利用校运会的奖状和奖品来吸引他的兴趣，还告诉他可以为班争光，他答应去参加跑步和跳绳项目。在平时晨运和体育课时，我们有意识地加强他的跑步和跳绳能力，跑步不成问题，校运会荣获跑步第二名；但跳绳却是手脚不协调，经过训练后，小恩可以一分钟跳十几二十下，最终校运会上获得了第三名，成功挑战自己。当他上台领奖时，开心得不得了！

以上是我和学生们的一些小故事，中途的曲折多么难忘，可喜的结果多么甜蜜。当然，孩子们的问题行为不是完全消失了，我们必须接受它有时还会出现，但我认为，每个孩子都像带刺的玫瑰花苞，作为特教老师，我们不是把玫瑰花的"刺"拔掉来遏制问题行为的出现，而是正如心理学家鲁道夫·德雷克斯说过"孩子都有想有好行为的愿望"，要陪伴孩子们带着这些"刺"去美丽绽放，一路成长，一路美好！

也许教育就是这么简单，和孩子们融在一起，感受他们成长中的点点滴滴，用平和的心态去迎接这些花开的声音。我相信，每个孩子的人生之花一定会绽放别样的美丽！

让我们一起来当班干部吧

广东省佛山市三水区华侨中学　胡碧华

每学期的开始，尤其是接手一个新班级，班主任们往往需要绞尽脑汁想如何选班干的事，班级事务谁会愿意干？谁又能干得好？怎么选举出我们需要的得力干将？班级大大小小的事务都需要有学生来干，班主任最担心的是，如果选出来的学生能力不足，执行力不强，做事不到位，到头来吃苦的还是班主任。反过来，如果能有几个得力干将，班主任的工作负担就可以大大减轻，班级管理也会轻松很多。

但是，这只是常规思路，常规思路往往强调需要挑选出办事能力强的学生来担任重要职位。在我的班级管理中，新学期开学，不管是新接手还是已经熟悉的学生，我都不操心哪个学生办事能力强，也不着急需要哪个学生来担任所谓重要的班干部的职位。因为在我的班级里，就没有一个人不是班干部。我的班级里有多少个学生，我就设置多少个具体职位，每个职位都需要有人去做，每个职位都很重要，都在锻炼学生的做事能力，都在提升他们的核心素养。因为我的班级管理的核心理念是：学生没有所谓的优秀和不优秀的区分，每个人都要锻炼能力，人人都有机会，人人都必须参与，人人都要在自己原有的基础上通过做事成长为更优秀的自己。

而这里，也蕴含了重要的集体主义精神：只有我为人人，人人才能为我。一个健康的班集体，应该是一艘迎风破浪奋勇前进的大船，在这艘船上，每一个人都不应该坐享其成，人人都要为了船的前进贡献自己的一分力量。

心理学也认为，应该提供更多锻炼实践的机会给孩子们，让他们在实践中，在做事的过程中，克服困难，提高抗挫折能力，学会坚持，学会协调合作，体验成功的喜悦，收获成长的自信。

还有重要的一点，很多学生眼高手低，对别人做的事评头论足，诸多不满，说起来头头是道，班干部在他们眼里一文不值，总觉得如果是自己来做，会比人家做得好多了。这些学生对人苛刻，对己宽容，是最需要磨炼的。事非经过不知难，对自己评价过高，他们需要在做事中学会谦虚，学会踏实。同样，即使是能力高强的学生，在我的班级里也并不因此得到更多的优待，因为他们需要克服骄傲，保持空杯心态，才能有更大的进步。

因此，在开学初，在我的班级里，需要做几件事来开启学生的能力提升之路。

第一，教育。认知决定行为。开启学生能力提升的第一件事是班主任要和学生好好说道说道。班主任要将自己的培养理念分享给学生，让学生明白，班主任着力于全班学生的能力提升，着力于学生的终身发展。在这个社会，需要的不是那些只会夸夸其谈、阴阳怪气、评头论足、没有责任心、执行力差、什么也不干，或者什么也干不好的人，那样的人不是人才，那样的人就是我们所说的"猪队友"。"同学们，你想做"猪队友"吗？如果不想，在校在班级中就要努力抓住所有机会，锻炼自己的能力，培养自己的责任心，提高自己的执行力。"总之，班主任要运用自己的人格魅力，将上面所阐述的理由用各种办法让学生明白：班主任这样做是为了班级所有同学的发展，让学生体会到班主任的无私而公平的爱，让学生懂得珍惜机会，好好锻炼自己。只要学生心动起来了，行动自然就会开始。

第二，商量。与学生一起商量讨论职位设置，根据班级学生人数，根据班级运转需要，有多少人就设置多少个工作职位，班长、团支书、各种委员、班级活动策划员、微信班群管理员、课桌管理员、环保委员、保洁委员、各科科代表、各房房长……总之，事无巨细，都可设置岗位，重要的岗位还可以设置多个。根据学生人数和班级需要灵活取舍。原则只有一个：人人都要做事，人人都能为班级服务。岗位设置成功后，学生就自由认领职位，职位没有高低贵贱之分，也没有谁能做、谁不能做的限制，机会就在眼前，靠你自己去争取，学生根据自己的兴趣和想要锻炼的方向选择职位。在这个环节中，班主任不需要担心哪个职位没有人认领，因为学生已经充分了解了班主任的理念，也知道没有一个人可以"逃脱"，既然如此，早认领好过晚认领，学生一哄而上，三下五除二就将这些职位填满了。

第三，放心。与学生讨论，怎样才能做到"我办事，你放心！"。在这里，我们可以跟学生分享一个叫《差别》的小故事，故事讲的是两个年轻人同时在一个老板那里打工，名叫布鲁诺的年轻人，不服气另一个员工阿诺德很快超越了他、待遇比他好很多。为此，老板设置了一个同样的任务让他们俩分别去完成，两个人完成任务的效果完全不同。布鲁诺毫无主动性，老板吩咐一点就只做一点；阿诺德却不一样，主动积极，不但出色地完成了任务，还很有建设性地为老板创造了更大的利润。

班主任可以借这个故事引导学生思考讨论：做事需要做到什么程度，才能让班主任和同学放心？才能让班级变得优秀？引导学生思考，要想班级优秀，要想做好一件事，需要很强的责任心、需要坚韧的毅力、需要吃苦耐劳的精神，需要精益求精的追求、需要主动积极的心态、需要追求完美的劲头。在这里，可以将"我办事，你放心！"作为一种口号，给学生一个目标，激励学生严要求，高规格，学会做事。

第四，指导和巩固。大家不要觉得做到上面三步就成功了，还不行呢！上面三部曲充其量只是认知层面的引导，是动员鼓励，是大厦的基础，但是，在具体执行过程中，班主任们要有足够的心理准备：真正干起活来，很多学生要么不知道怎么干，要么能力不足干不好，要么不够细心，要么责任心不够……不过，所有这些都不要紧，都在我们的预估范围之内。既然决定了要做一个促进全班学生共同成长的、提高学生能力的班主任，我们就要有这样博大的胸怀来容纳学生，给所有学生机会，给他们犯错的机会，给他们改过的机会。我们需要做的就是在起步阶段，多肯定，多表扬，多指导，从手把手到慢慢放手，这不是一件困难的事，第一次做不好，指导改进后，每天进步一点点，给学生几周时间摸索实践，只要你相信，一直给学生肯定的眼神，大力表扬每一个做得好的瞬间，99%的学生都是能够做好的。班干被任命后的那个月，我定义它为表扬月，我天天抓住机会表扬做事做得好的学生，做得不好的，就单独私下指导鼓励，学生一有改进我便及时表扬。对能力较强的学生，我在表扬的基础上鼓励他们发扬更多的积极性和创意，为班级做更多的贡献。

指导环节的关键是什么呢？这里需要班主任有一颗柔软的悦纳的心。一开始，班级管理日常运作可能未能一步到位，因为我们的学生还在摸索，但请不要着急，到了第二个月，你就会惊喜地发现，学生要让你操心的事越来越少，班级日常管理已经建立，井然有序，学生的精神风貌也大不相同。不以成绩论学生，不戴有色眼镜看学生，人人都有机会，学生在这样的班级中是安全感十足的，他们变得自信自强，班级这艘大船就能扬帆远航。在这艘船上，每个人都知道自己是那么的重要，被需要的感觉促使他们一直在努力做好自己分内的事。这和大部分班主任一起步就选几个能力强的学生做班干，靠几个班干来管理班级的情况是有很多不同的，因为人人都是班干，所以人人都能生发出一种主人翁的精神；又因为班主任的宽容大度，长远眼光、均衡爱心，所以学生有一种被爱的自信。学生在做班干的过程中，遇到困难和挫折，因为班主任的私下指导和鼓励，得以有勇气去克服，体验到了成功的快乐。

经历了以上四步，班干能力培养篇可以说基本成功完成。老师平时只需要时不时地肯定、表扬、鼓励一下就可以了。

最后，在学期结尾，班主任所需要做的就是给每一个在这个做班干的过程中成长起来的学生们一张优秀班干的奖状吧！

第五章　家　校　共　育

聚焦家校沟通协作，共育孩子美好未来

广东省深圳市松岗中学　黄亚妹

提升学生的综合素养，构建教育良好生态，是"双减"政策的初衷。"双减"是一项系统工程，其中学校和家庭是与学生联系最紧密的两个主体，起着举足轻重的作用。然而，由于学校、每个家庭都是独立的个体，都有其自主的思考和想法，因此，在我们开展家校沟通合作时，总会遇到形形色色的问题以及各种不可避免的阻力，造成效率低下、事倍功半的现象，难以达到我们想要的家校沟通效果。那么，该如何提升家校沟通效率以形成有效的教育合力呢？

一、树立教师威信，打破沟通屏障

信任是沟通的前提。年轻班主任因资历尚浅，往往难以取得学生家长的信任；而家长对班主任的微词，又会给其带来很大的工作和心理压力，使得家校沟通工作面临较大的障碍，工作难以开展。那么，班主任到底该如何取得学生家长的信任？我会从学科教学水平和班级管理能力两个方面着手提升教师的威信。

（一）持续学习，提升学科教学水平

精湛的学科教学能力是班主任的工作底色，是"锦上添花"的"锦"。只有把"锦"织就，才有和谐的家校沟通。

我坚持大量阅读学科内外的书籍、期刊和报纸，在书籍的熏陶下，我的职业认同感和幸福里越来越强，同时又时刻关注教育最新动态，与时俱进。我专注学科教研教学，研读课标和教材，虚心向有经验的优秀教师请教，再结合自己的教育理念、教学经验及学情进行分析、探索和提炼，形成自己的教学系统。

我坚持精心准备每一节课，自己先根据教材和英语学科素养进行备课、听课，再完善教学设计、课件和导学案。进入课堂时，我会在教室后面架起手机支架录像。课后，我会反复看自己的录像课，分析、推敲，把所思所悟及时记录下来，养成坚持写教学反思的好习惯。叶澜教授曾说："一个教师写一辈子的教案不可能成为名师，写三年教学反

思，就有可能成为名师。"日积月累的努力让我站稳了自己的讲台，在自己的课堂里和学生的心灵相遇，很快蜕变成有经验的学科老师。正如帕克·帕尔默在《教学勇气》一书中提到，好的教学不能降低到技术层面，好的教学来自教师的自我认同与自我完善。经过一段时间的沉淀，我慢慢走出自己的教学恐惧，不断自我认同和自我完善，拥有了自己的教学勇气，找到了教学中的"真我"。学科教学上的"光环"是班主任工作的润滑剂，可以大大提升家校沟通效率。家长和学生投来信任的眼光，面对偶尔的质疑眼光，我也有足够的底气和信心坦然面对。

（二）加强管理，营造班级良好氛围

有序的班级管理能力是班主任的工作亮点，是"锦上添花"的"花"。家长最关注的是自己孩子的学习情况，如果家长得到的答案是肯定的，那么家长和班主任沟通时语气自然更真诚谦逊。所以，班主任要想营造班级良好氛围可以从扎实做好班级管理工作入手。

张万祥老师在《一辈子只做班主任》一书中提到，要把做班主任当作自己一生的坚守和承托。我深知班主任管理班级的主要任务是管理、教育和引领学生。我在刚开始接班时和学生进行破冰游戏，让学生在活动中感受集体的力量，拉近师生和生生之间的心理距离，同时也让我初步了解了不同学生的性格及其处事的方法。接着，我会通过自荐、他荐和班主任任命三种方式相结合确定班干部后并培训班委；我会和学生共创班规，协同班委共抓班规，培养学生的"国有国法，班有班规"的意识，引领学生做纪律严明的好孩子。有一次，小南趁我外出学习多次上学迟到又经常逃避值日，甚至欺负同学，班长便拿出班规和他沟通，三言两语就劝服了小南。

在班规约束下的学生做事有尺度，在书香浸润下的学生做人有温度，会让班级氛围更融洽。苏霍姆林斯基说过："无限相信书籍的力量，是我教育信仰的真谛之一。"读书可增强班级凝聚力，提升班级管理。我带着学生一起布置班级图书角，组织家委购买书籍，也鼓励学生将喜欢的书籍带进班级，分门别类放置在图书角，组织师生每月共读一本书。每天上午大课间，我们师生大声朗读《论语》3～5句，然后各小组进行解读，分享感悟。学生们通过阅读和交流，提升了自己的表达及团队协作能力，增进了同学间的情感联结，班级氛围更加融洽，班级管理更有序。

一个有严明纪律和书香熏陶的班级肯定会有强大的班级凝聚力。班级凝聚力越来越强，孩子越来越离不开大家庭，学习蒸蒸日上，这正是家长所热切盼望的。

二、统一教育理念，形成有效合力

受原生家庭和居住生活大环境影响的家长们，有着不同的教育、生活和工作阅历，

他们的学识、兴趣、性情、智力和情商不尽相同，和教师在教育理念上存在出入，难以形成有效合力，这是很正常的。这时，我会从以下两个方面着力统一教育理念。

（一）权衡利弊，适当妥协

我会约家长们坐下来，开诚布公地将家校双方的教育方式摆到桌面上来，好好讨论，找出对孩子有利的教育方法，剔除对孩子们不利的教育方法，制定出一套家校双方都满意的教育方案，并认真执行下去。当双方的教育方法出现不一致，但不是原则性的问题时，我会适当让步。家校合作要做到有礼，礼者，人道之极也。尤其是在孩子面前，我会给学生树立榜样，以礼感召，尊重家长的教育方法。只有家校双方的立场一致，孩子才会朝着家校共育的正确方向出发。

小东是班里学习基础较薄弱的孩子，经常熬夜写作业，父母为此焦虑不已并要求我给孩子减轻作业量。考虑到"双减"政策的"睡眠管理"明确要求初中生睡眠时间不得少于9小时和小东的学习能力，我在作业量和作业难度上进行了微调整，和家长携手共育孩子。每当看到孩子嘴角扬起的笑，我都觉得很欣慰。

（二）深度参与，增强认同

荀子曾说："不登高山，不知天之高也；不临深溪，不知地之厚也。"我引领家长们积极参与学校组织的各项学习及交流活动，深刻体会学习氛围和学习环境，从而赢得家长们的认同，达到统一教育理念的效果。

我带领家长们走进学校的实验室、机器人教室、创客教室、青少年模拟法庭，参加校运会和班级共读共跑活动，让家长在活动中增强对学校的认同感，以达成"一切为了孩子"的共识，实现共育孩子未来的家校奋斗目标。另外，我邀请家长们走进校园，走进教室，参加学校举办的家庭教育专家讲座，让家长们学习专家们的先进的教育理念，增强家长们对学校教育理念的认同感，最终成功渗透家校合作的理念，从而形成有效合力。

三、巧用沟通策略，搭建合作桥梁

随着信息时代的高速发展，沟通方式日新月异，且形态万千，而不同的沟通方式各有利弊。这时，如果不结合班情采用合适的沟通渠道，规范家校沟通规矩，就容易产生家校沟通不顺畅的情况。于是，我和家长坦诚相待，顾全彼此，共同策划家校沟通策略就显得无比重要。我主要从以下两个方面来保障家校的沟通合作。

（一）制定规矩，促进沟通

家校沟通时不少老师抱怨自己精力有限，无法及时回应每位家长的要求，而家长们也找不准该何时联系老师而不至于打扰老师。我也遇到同样的问题。为了解决这问题，我给家校沟通一个浓浓的仪式感：每天晚上8：00—8：30是我和家长们"约会"的时间。家长白天和孩子遇到什么问题，提前准备好，等到晚上这个时候与我取得沟通和协助。

首先，我要求家校沟通时文案要语言简练，逻辑清晰。这样家长们在白天酝酿文案时会留心语言的组织。我也常常接收到不仅语言干练、逻辑清晰还情感充沛的文案。其次，我对家长们的需求"延迟满足"。一般情况下，家长们都要等待晚上8点才可以向我发出"求助"的信号，当然，特别紧急的事情除外。约定晚上8点，留给家长们更多和孩子共同商讨解决问题的时间，有助于亲子关系的和谐发展，更有助于培养一个个解决问题的"专家"。所以，很多时候晚上8点成了家长们向我报喜的美好时光。这种仪式感既解决了家长们不知何时联系老师的困扰，也间接促进了家长们对家校沟通的重视程度。

（二）多管齐下，提质增效

家校沟通的渠道有很多，如家访、电访、信访和面谈等。依据学生自身的问题和家长性格，选择多样化的沟通工具并巧妙组合使用，可使家校沟通提质增效。

2022年年初因疫情防控，学生开启居家网课学习生活，网课进行到第二周，学生的学习情况不容乐观。那天我批改完作业，发现很严重的问题：近1/3的同学未提交作业，而交上来的作业也存在偷工减料现象。看到这种情况，我首先反思作业量、作业难度和批改反馈情况。经过确认，作业布置未超量且难度适中，那么问题出在哪里呢？我想我应该及时进行家校沟通，了解孩子居家学习情况并给予帮助。

首先，我让家长先与孩子进行沟通交流，了解孩子出现这种学习状况的原因，共同探讨接下来的整改方案。接着，我根据家长们的反馈进行总结归类，并分类分批次地联系家长。同一个问题同时间处理，这样效率会高不少。

其次，我同时使用多种渠道开展家校沟通。对于初犯的同学，我会直接短信提醒其家长，情节相对严重的则电话联系，对屡教不改的几个学生组织其家长开小型腾讯会议进行沟通和强调。此外，我还打算等疫情结束后来次全员家访，家访是最费时费力的传统家校沟通方式，却是最高效又温馨的方式。

最后，我及时反馈家校沟通情况。通过电访等方式的交流后，我总结存在的共性问题和家长们做得好的地方，并在微信班级群里进行及时反馈，以便其他家长有则改之无则加勉。

在"双减"大背景下，为了使家校沟通更加畅通，合作更加高效，我从威信、理念、策略三大方向着力。其一，过硬的学科专业水平和较强的班级管理能力让我更加踏实自在，不声张，不喧哗，不争辩，自有不动声色的力量。其二，求同存异，制定出一套家校双方都满意的教育方案，并让家长们深度参与，统一教育理念，形成家校合力。

其三，制定沟通规矩，并巧妙搭配不同的沟通工具，使家校沟通提质增效。以上三驾马车齐驱并进，有效提升了家校沟通效率，从而形成家校教育合力，共育孩子美好未来。

沟通有门，管理有术

——如何与有负面情绪的家长进行良好沟通

广东省东莞市常平中学初中部　邓春燕

问大家一个问题，你最害怕接到哪类家长的电话？是那些嗓门大，劈头盖脸就是一顿臭骂的家长的电话？还是那些唯唯诺诺、不断抽泣的家长的电话？不管是哪一种，我们可以肯定的是，对方在带着负面情绪和你沟通，这个时候，你一定要冷静，不能被对方的情绪带偏，要处理好这通电话，否则后续收尾工作可能会很多，或者你会耗费很长时间在这通电话上，导致你其他工作无法完成。

首先要明确的一点的是，不良情绪表面上看起来非常糟糕，沟通关系岌岌可危，可实际上，不良情绪也有助于暴露深层次问题，帮助双方进一步了解对方，从而促使问题的解决。所以，我们要正确看待家长的不良情绪，用专业知识和方法缓解家长的不良情绪，从而助推问题的解决，这样一来，学习沟通就变得非常重要了。那具体该怎么做呢？

一、转变场景，邀请他打开话匣子

我在这里借用知名班主任钟杰老师在讲座里讲的一个案例。有一天她接到一位女家长的电话，电话里家长不断哭泣，诉说着自己丈夫出轨，孩子不听话还动手打她的一幕幕，越说越伤心，越说越难过。这时，钟杰老师先是采用转移场景与注意力的方式，约该名家长出来，认真聆听，待她完全发泄完之后才慢慢引导她看到问题所在，并给出中肯的解决办法。这位家长因其丈夫出轨，她的世界里就只剩下儿子，她会自然而然地想要控制儿子，而这种控制会直接引起青春期少年的逆反心理，孩子的逆反会引发她内心的崩盘，如果处理不好，轻则引发抑郁症，重则引发轻生，无论哪种结果都会让孩子以后的路更难走。所以，钟杰老师当机立断约家长到甜点店，一来甜点店里人头涌动，打破了孤独感，避免极端想法的出现；二来甜的东西可以让人心情愉悦，帮助这位妈妈尽快走出糟糕的情绪。转变场景后，钟杰老师没有一上来就给出专业意见，而是邀请这位妈妈打开话匣子，让她内心的委屈倾泻而出。只有将内心的情绪垃圾全部倾倒完之后，我们才可能引导家长正视自己的问题。

二、转变主语，从 I 型沟通转为 U 型沟通

待家长发泄完情绪后，接下来就进入到引导环节了。怎样引导家长才能更好地解决问题呢？这里我们就需要从 I 型沟通转为 U 型沟通了。I 就是我，U 就是你，也就是我们根据沟通的过程中到底以谁为中心的问题划分的不同沟通类型。比如，"我觉得你应该……""我就是这么过来的""我认为这件事可能……"这些都是比较典型的 I 型沟通，I 型沟通表面上看起来是为了对方好，但实际上是为了让自己看起来很厉害很善解人意，I 型沟通在对方看来就是"我很没用"，"这点我都没想到"，这样沟通的结果要么让对方更加没有信心，要么激活对方的辩论模式，说自己已经都做过了，都没有用。所以，我们要切换到 U 型沟通，是真正的换位思考，也就是钟杰老师所说的：用同理心代替同情心。U 型沟通比较常用的句型是"你看起来……""你是不是……""你在……对吗？"，U 型沟通与 I 型沟通的区别并不仅仅是换了个主语，这两者真正的区别在于聆听者是否真的在共情，是真共情而不是假共情，而及时反馈和确认有助于我们进入真共情。

三、转变策略，学会用提问"助产"

那我们该怎样帮助家长解决现实的问题呢？情绪也宣泄了，主语也转变了，但是问题不解决也没用啊。个体心理学家阿德勒曾经说过，人的一切烦恼的根源就是人际关系。之所以烦恼，就是想获得别人的认可。想要改变这一点，阿德勒给出了一个具体的办法——课题分离。所谓的课题分离，就是能够分清楚别人的事和我的事，别人的情感和我的情感。阿德勒指出，每个人都有能力解决他的问题，谁困扰谁负责。苏格拉底很早就明白这个道理，他认为我们只能帮助孕妇生产，而不能代替她生产。苏格拉底经常采用不带立场与预设，不含任何评价的提问帮助人们明白道理，而不是直接告诉人们怎么做，这种苏格拉底式的提问也被称为精神上的助产术。我们可以采用提问链，由浅入深，由表及里，由具体到抽象地让对方意识到问题的根源所在，用选择与对比法让对方在不同情境中进行对比和选择，从而明白具体的做法。

沟通是一门很深的学问，方法和技巧很多，但无论是什么方法和技巧，万变不离其宗的是背后的心法：沟通是为了确认一些感受。确认我存在，确认被看见，确认被关爱。沟通有时就是为了能让我们在信任的人那里得到一点确认。有时候，班主任就是那些值得信任的人，应当珍惜这份情感。

孩子，你慢慢来

——家访叙事

广东省深圳市光明区光明中学　胡洁敏

教学生涯就像一条河流，川流不息，顷刻间，竟然发现自己已经走到了另一个起点。正是因为这种变化来得如此悄无声息，因此需要回顾，才能走得更清醒。

这学期，我再次接手当班主任，原班主任十分认真负责，在家长的心目中有很高的地位，而我刚接手这个班，让许多家长心里都有不同程度的疑问和好奇。随后，学校进行了德育会议，我接到家访的活动通知。懵懂的我好奇的是，已经开过家长会和打过电话了，家访还有必要吗？可是，当我真正踏入本次家访之路时，我才体会到了电访所不能达到的效果。

一、发现孩子

家访，最直接的人与人、人与家庭环境的交流，让我感受到了那份电话、网络甚至在学校和家长们谈话所无法体会到的人情味。你看到的、听到的、感受到的是孩子的、家长的自然表现，家庭环境中的隐性语言都挟裹着浓浓的人情味，这一切都深深打动着我。作为一位新班主任，我庆幸自己看到孩子在学校以外更为生动、更为可爱的另外一面。

二、孩子，原来你如此可爱

平常在学校常常迟到、上课发呆、不认真听课，做事情拖拉的小 X，家访的时候，让我看到不为人知的另一面。他在班上属于个普通的孩子，普通到不容易让老师注意到他。他有一段时间旷课不来学校，班上的同学都把他忽略了，甚至没有人注意到他没有来。家访的时候，还没进他的家门，他一听到门铃响，鞋子都没来得及穿，裹着一对白袜子兴冲冲地开门迎接我，彬彬有礼地问好。在他妈妈和我聊天的时候，他就在一旁照顾 1 岁多的妹妹。我感兴趣地瞥了一眼，他成熟得不像平时的他，不时扶着妹妹，拉着妹妹不让她玩危险的道具，多好的孩子呀！他还主动邀请我吃桌子上的水果，并让妹妹也拿着葡萄给我吃，我表扬小 X 是个好哥哥。孩子懂事地笑了，妈妈开心地笑了，我也幸福地笑了。

那以后，我在学校特别注意去发现了他的过人之处，他很有爱心，也很宽容待人，但因为他学习基础弱，上课没兴趣听讲，还爱走神，所以，他的优点一直被老师和同学忽略了。是家访，给了我和这么好的机会与孩子充分接触。后来，我上课常常点他回答问题，下课也经常和他谈心，他逐渐能听课，也能按时到校。是家访，让我发现了他！

三、孩子，其实你很优秀

我发现了一个很奇怪的现象，大家都说我执教的另外一个班上的小 Y 很调皮。甚至有时候上课，他在不举手的情况下也会插嘴回答问题。我逐渐发现这个孩子在班上不受欢迎：他淘气，爱恶作剧、作弄同学，喜欢说谎，开小差影响同学上课。但每当老师批评他的时候，他总会说自己没有犯错误，要是多次询问他，他总会蜷缩起来，然后一脸无辜的样子。有时候他甚至会掉眼泪，告诉你他错了，经过教育以后，他总是答应你会改正的，可常常是一个转身，就忘得一干二净。

我一直在思考，他为什么会这样，在一番观察和了解后，我们决定去了解孩子在家情况并寻找解决方法。

当天放学的时候，我和科任老师一起出发，跟着小 Y 妈妈、小 Y 一起回家。一路上，我甚少说话，认真听科任老师和小 Y 妈妈谈话沟通，我在一旁观察小 Y 妈妈和小 Y 的一举一动。我发现小 Y 的父母在他小学的时候，已经因孩子闯祸被多次请到学校协商。到了初中，孩子脾气更加倔强，因此小 Y 的父母对其十分严格，甚至打骂，可孩子仍然难以改正缺点。

到家后我惊喜地发现小 Y 彬彬有礼，写得一手好字，他爱玩、好动，家长对孩子的管理松散，一有不对的地方就是棍棒伺候。我们对他家长的教育态度表示否定，指出这样的教育方式不但得不到效果，反而会令孩子产生逆反心理。要求家庭多给孩子温暖，父母在教育孩子的问题上要达成一致意见，共同做好转化工作。同时，我们还指导家长如何做，如定期检查孩子的作业；指导学习，帮助孩子解决学习中的困难，多抽时间与孩子交流，对孩子的进步给予及时的鼓励。

接下来，我常常通过短信平台、电话联系家长，告诉家长孩子在学校的进步，哪怕是一点小事，也让家长多表扬多鼓励，少批评打骂。

此外，我在课间、课外活动时，也时常抽时间，以平等的姿态跟他谈心，从而知道他心里正在想些什么，他最担心的是什么。我尽量避免直接批评，不与他发生正面冲突，注意保护他的自尊心，采取以柔克刚的教育方式。当他犯错误时，不当着全班同学的面批评他，而是在与他个别交谈时，动之以情，晓之以理，耐心帮助他分清是非，意识到自己的错误，并愿意主动地去改正。

我明白，任何事情都不可能一蹴而就，对他的关注和教导必须长期坚持，反复抓，留意他的情绪变化，经常与他交流、沟通，深入了解他的内心世界，帮助他解决心理上的问题。同学们也逐渐发现他的优点，不再一味指责他，让他在轻松愉快的班级环境下成长。

四、孩子，你并不孤单

家访中，我还了解到：有相当一部分家长整个忙于生计，极少照看、督促孩子。这使得我们肩上的责任更重了。因此，我们应该选择不同的教育方式来对待这些更需要我们关心的孩子。很多家长都反映：老师说的，孩子会听进去的。作为孩子们的老师，也特感动于这句话。高兴之余，需要我们付出更多了，也让我更深地认识到不同的家庭教育方式对孩子成长的不同影响。

我班上有个女生，她妈妈常常在外地工作，爸爸工作也很忙碌，平时由爷爷奶奶带。这孩子非常乖巧聪明，惹人喜爱。上课非常认真，做事很仔细，但她有些内向，说话声音轻柔，课余也不愿意和同学交流，常常表现得很低落。为此，我决定找家长沟通。家访过程中，她的妈妈坦言，他们夫妻已经离婚了，平时工作很忙，没办法给孩子更多的关注。其实妈妈心里也觉得对女儿亏欠很多，孩子常常问她："你们是不是离婚了？如果你们离婚了，我谁都不跟，我就跟着爷爷奶奶好了，不造成你们的负担。"当孩子的妈妈说出这句话的时候，我看到一个妈妈的无奈和忧伤。而作为班主任的我，听到后更多的是震惊，对于青春期的孩子来说，她是多么的懂事！要她接受来自成人世界给她带来的伤害，而她却无法拒绝。

经历了父母离婚之痛的孩子，比一般的孩子对爱的渴望来得更强烈，他们更在意父母对自己的态度，他们害怕成为没人管没人爱的孩子。所以，我要让孩子明白：离婚只是父母双方夫妻关系的终止，但绝不是（永远也不会是）父子、母子关系的结束。他/她永远不会被父母抛弃，父母还会像以前那样爱他/她，给孩子足够的安全感和面对困难的信心和勇气。

五、孩子，你慢慢来

通过这次家访活动，我体会到，教师要积极做好离异家长的工作，帮助他们正确处理特殊的人际关系，调动家长的积极性，通力合作，这样才能使孩子健康成长。

还记得那天放学，我收到来自孩子妈妈的短信，说最近孩子上学很积极，在家心情也很好。我走出大门，阳光明媚，春色正好。我的心情也如沐春风一般，异常轻松。我想，孩子一定不会孤单的，因为我们都在关注她、爱着她！

家访，也让我深深体会到家长的期盼，每一个学生是班上的一分子，也许很普通，甚至很不起眼；而在家里，却是家长的百分之百，寄托了厚厚的期望。

虽然在走访的过程中，我们花了大量的时间和精力，但我觉得家访是一件很有意义的事情，每当看到家长和孩子高兴迎接老师的样子，我都会涌起阵阵的幸福感……家访是一门学问，是一门永无止境的艺术。我愿虚心请教，在"三尺门外"，倾心奉献，把家访工作作为我教书育人的必修课，持之以恒地做下去。

给予与需求 不能同频共振

——对当下有心理问题的孩子教育的一点思考

广东省东莞市北辰高级中学 石岩

随着教育的不断发展和新课程改革的大力推进、社会日新月异地变化发展，中小学生的心理健康教育已越来越受到学校、家庭的重视。作为一名从教多年的班主任，我认为中小学生心理健康问题日益凸显。当然，造成中小学生心理健康问题的原因是多方面的，不同孩子有不同的成长历程。在此，我想从马斯洛需求的角度分析一下孩子出现心理问题的原因。

马斯洛理论把需求分成生理需求、安全需求、归属需求、尊重需求和自我实现五类，依次由较低层次到较高层次排列。通俗地理解：假如一个人同时缺乏食物、安全、爱和尊重，通常对食物的需求量是最强烈的，其他需要则显得不那么重要。此时，人的意识几乎全被饥饿所占据，所有能量都被用来获取食物。在这种极端情况下，人生的全部意义就是吃，其他什么都不重要。只有当人从生理需要的控制下解放出来时，才可能出现更高级的、社会化程度更高的需要如安全的需要。

当下的社会相对而言，物质比较充裕，很多孩子一出生就已经跳过了生理需求、安全需求，需要的是归属需求，比如亲情、友情、爱情；比如尊重需求，自我尊重、被人尊重、自信心、成就感……可是家长的观念依然停留在满足孩子的物质需求层面，认为给孩子吃最营养可口美味的饭食、给孩子住宽敞明亮豪华的大房子、给孩子穿名牌昂贵的衣服、提供最好的教育资源就是倾尽全力地爱孩子了。而且，自己还会一脸委屈地抱怨，这个孩子太不懂事，什么都给他最好的，他还总是不开心，不好好学习，一点都不知道体谅父母……会用各种标签化的语言挖苦、讽刺、批评孩子。殊不知，家长倾尽全力创造的物质财富于眼下的孩子而言，并不是他真正需要的，当这种给予与需要不对等的时候，就容易让家长的教育、孩子的成长偏离轨道，从而会出现各种问题孩子。

有时候，我看着那些有心理问题的孩子都心疼他们。跟他们聊天的时候，可以发现造成他们心理问题的原因有很多：有的是父母忙于工作，疏于对孩子的关心与陪伴；有的是用粗暴、强势的方式与孩子交流；有的是用打压的方式与孩子沟通，在父母的眼里孩子一无是处……原生家庭对孩子身心健康起到的作用不容小觑，尤其是孩子在12岁以前的时候。记得心理学教授李玫瑾说过：教育孩子要在 12 岁以前，尤其是 6 岁左右一定要培养好习惯，6 岁到 12 岁养成好习惯，等到 12 岁之后，孩子的行为习惯就很难再改变。而家长通常都是孩子的行为习惯、心理问题外显之后才开始焦头烂额，有些问题很难解决。

作为家长，千万不能再用自己的成长经历来教育当下的孩子，单纯地认为只要满足吃穿住用行，就可以解决全部的问题。有时候物质上的匮乏反倒是可以培养延迟满足的习惯，现在的孩子除了必需的物质生活外，更需要的是精神上的陪伴、鼓励、倾听。无论我们的工作多忙，都应抽出时间陪伴孩子，哪怕就是吃一顿饭的时间。当然有些家长会说孩子都不愿意跟我们讲话，不愿意同我们吃饭。这个时候我们就要反思一下，我们跟孩子的谈话内容是不是会让孩子反感，比如：你考了多少分？最近怎么花这么多钱？上课有没有认真听讲？吃饭的时候怎么总是这么多不好的习惯？……当我们跟孩子聊天的时候，指责多于赞美，说话多于倾听，就会给孩子带来不愉快的感受，那孩子自然不愿意跟家长聊天、吃饭。无论什么时候都要记住：对于孩子，就是无条件地爱！爱自己的孩子与成绩、地位、荣誉都无关。如果家长能够抛开一些功利的目的与孩子真诚地沟通、倾听、聊天，那么孩子也能在这样没有压力的氛围中释放自己、表达自己，消极情绪说出来之后压力就释放了许多，孩子的情绪问题就解决了一半，对于严重的问题家长再想一些有效的办法自然就可以解决了。

每一位父母都爱自己的孩子，只是爱的方式未必是孩子所能接受的。面对繁重的学习压力，家长能给予孩子的不仅仅是必要的物质保障，还要有充足的精神食粮，让孩子在纷繁复杂的社会中有面对各种挫折的勇气，有战胜各种困难的力量，要让孩子知道，无论发生什么事情，背后都有坚强的后盾——爸爸妈妈，能够与他一起面对一切突如其来的意外。在孩子有了强大的内心之后，就会格外珍惜生命、尊重生命。

只有给予的是对方刚好需要的，才会绽放斑斓的色彩；如果给予的并不是对方需要的，只会徒增彼此的烦扰。为人父母，是一辈子都要修行的学问。

好好学习，从现在开始，陪伴孩子一起成长！

家校合作 一起向未来

广东省东莞市北辰高级中学 石岩

"家校合作"是指教育者与家长（和社区）共同承担儿童成长的责任，包括当好家长、相互交流、志愿服务、在家学习、参与决策和与社区合作等六种实践类型，是现代学校制度的组成部分。家和校各司其职，再有机联系在一起，相互配合，才有可能将共同目标——学生的教育利益最大化。

一、尊重是家校合作的前提与保障

从班主任的角度来说，要给予家长充分的尊重。古人云"爱人者人恒爱之，重人者人恒重之"，尊重他人，本就是一件快乐的事。在人与人的交往中，尊重是非常重要的礼仪，尊重他人，代表了我们内心的态度。如果能够尊重家长、理解家长，交流的过程中就会少一些隔阂，多一点融洽。从家长的角度来说，要对老师对学校充分尊重，就要"亲其师，信其道"，既然选择了一所学校，就应该有起码的信任，而不是戴着有色眼镜挑剔，因为对非原则性的问题过分挑剔，就会把一些负面情绪传递给孩子，不利于孩子在学校读书学习。

作为老师，对待班上的同学要一视同仁，尽可能公正公平。遇到问题学生，要单独与其沟通，批评的时候要注意用语，不能辱骂学生，伤害学生的自尊心。采用"非暴力沟通"的方式很有效果。对于班上频繁迟到的同学，我会把他们迟到的具体表现一一记录下来，通常前两次都是警告，因为有些同学的确是有特殊原因而迟到的，若是特殊原因迟到都是可以谅解的，尤其是那些平时不怎么犯错误的同学，一定要问清楚原因之后，再给予安慰或警告。而对于那些屡教不改的同学，可以和学生共同商讨解决迟到问题的办法，如小小的惩罚。记得一个学生频繁迟到，班级里对于其他同学惩罚的方法对他都已经用过了，之后我们约定，如果再次迟到就让家长接回家停课一下午，这名同学也欣然同意。然后，我给家长打电话，跟家长讲明孩子在学校迟到的次数，具体的表现，以及跟学生的约定，家长也欣然接受。没过多久，他再次迟到，那我们必须要说到做到，打通了家长的电话，家长也很配合，开车来学校把孩子接回去了，第二天一早再送回来。

当然，给学生停课并不是惩戒的好办法，但对于那些频繁犯错误的学生还是要有相应的惩戒方式的。在遵守规则的前提下尊重家长、爱护孩子，所有的问题都会迎刃而解。

二、沟通是家校合作的方法与桥梁

沟通是家长与学校之间思想与感情的传递和反馈的过程，以求思想达成一致和感情的通畅。

家校沟通的时候首先要明确沟通的目的是什么，其次要学会换位思考，最后要想解决的办法。从老师的角度来说，我跟家长沟通的时候通常有两种情况，第一，孩子行为有巨大的转变，需要告知家长，让家长在家的时候也给予适当的表扬；第二，孩子在学校出现了一些问题，需要家长来配合教育整改的。无论是出于什么目的的沟通，我的原则都是不给家长出难题，会根据孩子的具体问题告知家长需要做什么具体的事情，然后帮助孩子改变现状。当孩子成为高中生，很多家长在面对孩子的学习时显得会格外焦虑。如果这个时候我们还是给家长出难题，只是一味批评指责孩子并且跟家长告状，结果只会适得其反。因为听到自己的孩子在学校种种不良的表现，暴躁的家长就会拿孩子当出气筒，最不好的结果就是孩子依然我行我素，破罐子破摔！所以，我们跟家长沟通的时候，一定要明确沟通的目的是什么，然后学会换位思考，想想如果是我的孩子会怎么样，如果我是家长我会怎么想，最后，要给出具体可行的操作方法。沟通就会畅通无阻。

家校合作的办法不可胜数，每位老师也都有自己的看家本领，只要我们发自内心地尊重家长，坦诚地与家长沟通，再辅以恰当的表达方式，很多棘手的问题也将会迎刃而解。

家校合作，以尊重为前提，以沟通为纽带，建立良好的关系，一起向未来！

第六章　育　人　故　事

学生恶作剧背后

广东省佛山市顺德区伦教周君令初级中学　严结敏

早上第一节课上课铃响了。我正在埋头备课，突然小卓怯怯地走到办公室找我。"怎么了？有什么事吗？""物理老师让我来找您""哦？"看着小卓紧张的神色，我猜想事情可能一时半会解决不了。于是我示意他，我们走出办公室找到一个安静的地方坐下来。我的头脑里浮现出上几周那一幕："严老师你现在方便吗？请你来一下班级，小卓在数学课上不知怎么就情绪崩溃了。"当时数学老师让我到班上关注一下小卓的情绪。今天又发生什么事了？

"小卓发生什么事了吗？"

"我把课室的前门关了。"

"什么时候？把事情说得具体一点。"小卓支支吾吾地面露难色。我看着他的眼睛，语气温柔且坚定地说："我需要了解发生什么事情？你真实坦诚地说出事实即可。"

"我，我在打了上课铃后，把课室的前门反锁了。"

"然后呢？"

"然后本哥进不来，他敲门，其他同学去开。本哥生气了，他让我上来找你。"

"嗯，你去反锁前门之前动了什么念头？或者说那一刻你想到了什么？什么想法让你做出这些行为？"

"我那时候就想让本哥从后门进来。"

"老师上课都是从前门进的，你怎么想到要本哥从后门进来。"

"本哥平时都是从后门进的。"

"那时他刚从（2）班上完了，顺路就从后门进来了，而且那时候是课间进来吧？"

"嗯。"

"那今天呢？"

"本哥先上我们班的课，他从办公室5楼下3楼直接到我们班顺路要走前门。"

"我想这应该不是第一次吧？告诉我还有哪些课的课前你反锁过前门？"

"语文、道德与法治、历史都试过，物理课这是第一次"

"这些老师对这个什么态度？"

"她们也没说什么？她们敲门了，其他同学去开门了。"

"是不是在课室里看见老师们着急地敲门，你觉得很开心，其他同学都不敢这么做，你做了，你觉得自己很酷？心里很痛快？"

"嗯，是有点。"

"你能告诉我你怎么评价自己的这种行为呢？"

"恶作剧吧，但我也不知道自己为什么会有这种想法与行为？有时候心里特别不好受，我就想做些出格的事情。"

"是的。还有吗？"

"我不想上课，初三很压抑，天天除了刷题还是刷题。"

"是的，你觉得心理压力很大，心里也很堵很压抑很难受。于是……"

"我觉得本哥不怎么严厉，平时跟我们也玩得来，我想跟他玩一下。"

"因为在语文、道德与法治、历史的课前反锁过前门，老师们也没有处罚你，所以你觉得这种行为没什么问题是吗？"

"嗯。"

"第一，老师上课是要从前门进来的，如果老师们从后门进来那是应该刚从（2）班上完课顺路而已，没有老师是需要从后门进课室的。第二，语文、道德与法治、历史老师没有因为你这种行为惩罚你，并不代表你这种行为就是被允许和正确的。第三，语文、道法、历史老师不追究你的所做所为，那是她们包容你不跟你计较，并不代表其他老师不介意你这种行为。别人对你的包容不能成为你屡错屡犯的理由。"

"嗯。"

"那你有没有觉察到你是在怎样的情绪状态下会产生这种把门反锁的念头？换句话说，你需要觉察自己这种想法和行为的根源即其背后深层次的心理。"小卓听我这么一说，一下子若有所思地发起呆来。

"我好像知道，但我说不出来。"

"是不是当你觉得学习压力大，上课很压抑的时候，特别是临近全科考试的时候，你就会产生这种不管不顾的念头。"

"好像真的是这样的。"

"包括在家上网课那一周，你在直播课堂上异常兴奋说很多与课堂无关的话一样，你都是想引起老师们的关注，你想老师们注意到你，是这样吗？"小卓听我这么一说，眼睛鼻子就红了，眼泪在眼眶里打转，身体不禁抽动起来。我接着说："我看见你已经很刻苦很努力了，但是成绩还是上不去，你很着急很焦虑，不知如何是好？我知道你现在心里特别难受。"听到我说那句"我知道你现在心里特别难受"，小卓一下子控制不住眼泪稀里哗啦地哭得一塌糊涂。我静静地坐在他身边陪着，用手轻轻扶着他的后背。等他情绪稍稍平静以后。"现在感觉怎么样？好些了吗？""嗯，好很多了。"

"你现在知道了自己恶作剧背后的心理原因了？"

"我情绪压抑了，心里堵住难受了。"

"是的。我和你一样，我也有压力大，情绪压抑，心里堵住难受的时候，你想听一下我是怎么排解或宣泄这些情绪吗？"

"好。"

"我通常会找个空旷的地方对着天空或树木花草用尽全力大声地喊'我很压抑，我很难受'一般喊10次左右，当我没有力气了我的心也就平静了。有时我会去跑步一边跑一边叫，跑到满身满头大汗。有时也会躲在房间打枕头。当然如果我要在房间打枕头，我会先跟家人打招呼告诉他们，我心里很不舒服很压抑需要宣泄一下情绪，他们不用担心。我会关上房门在里面打枕头也会发出叫喊声。这种宣泄我也只是偶尔用一下，因为在家里多多少少会影响到家人。但是你是孩子，如果能将你的情绪感受向父母表达出来，让他们知道，在他们面前哭出来是最好的排解方式。我也是母亲，让父母不担心并不是我们在他们面前装着有多坚强过得多好，而是在他们面前真实地呈现自己。知道吗？"

"知道了。"

"那下次再有这种恶作剧的念头时，你就要照顾好自己的情绪了。"

"好。"

"那对于物理老师那边，你认识到问题在哪里了吗？"

"我没有尊重老师，老师生气了。"

"是的，那你可以做些什么弥补？"

"我向本哥道歉，请求他原谅。"

"好的。需要我帮忙吗？"

"不需要了，我自己可以的，谢谢老师。"

"是的，我相信你可以。"

看着刚才还哭得稀里哗啦的小卓慢慢放松下来，我拍了拍他的肩膀说："经过初三的身心历练，我相信你除了收获成绩更收获成长，你慢慢学会与自己的消极情绪相处，慢慢学会宣泄自己的负面情绪，把自己的情绪照顾好。我相信你能做到。"

小卓脸上终于露出笑容来，说："老师，我会的。"

遭遇学生恶作剧，老师应耐心地多问几句："孩子，你还好吗？究竟发生什么事情，我想听听你的真实想法。哦，我听到了，还有吗？你可以怎么做？需要老师帮忙吗？是的，我相信你可以……"也许，每一个孩子恶作剧背后都藏着一双需要我们拉一把的手，一颗渴望被我们温暖的心，一双寻找光明的眼睛。请宽容、善待每一个搞恶作剧的孩子。

别样的 "2 · 14" 之夜

广东省佛山市北外附校三水外国语学校 龚金秀

2 月 14 日，新学期开学第一天，恰好是情人节。

开学第一天自然是忙碌的，等我想起今天是个特殊的日子时，已经是晚上 10 点多了，那就把早点回宿舍休息当作给自己的节日礼物吧。

当我收拾好东西准备离开办公室的时候，手机铃声响起来了。悠扬的轻音乐旋律却瞬间让我刚想放松的弦又紧绷起来。听着年轻的班主任阿敏的陈述，我仿佛看到刚才幻想的"节日礼物"一点一点化为乌有……

初一学生 W 因为太黏父母，昨天在学校住了一个晚上就想回去，而今天白天父母还来学校看过他。下晚自习后，他"赖"在教师办公室不肯回宿舍。班主任、级长轮番上阵劝导他回宿舍，他始终一言不发，真正是个"闷葫芦"；强行拉吧，他双手抓住桌子边缘，双脚"钉"在地面，一副战斗到底的架势，大家对此束手无策。

我想起这个 W 了。上学期开学初也发生过与今天类似的情节。后来家长失去耐心，直接退学，但放任 W 在家里待了一个学期没有上学。现在看来又要重复"昨天的故事"了。

挂了电话，我迅速赶到 W 所在的年级办公室。跟班主任阿敏简单交谈后，我让她先回家——毕竟是特殊的日子，不能扫了年轻人的兴啊。我坐到 W 的旁边，先逗他说话，慢慢打破他只是摇头和点头的局面；再借他要上厕所之机，哄着他转移到我的办公室，因为那里有沙发可以躺下来。接着，我让生活老师到 W 的宿舍拿了被子送到我的办公室，我自己也回宿舍拿了被子到办公室。这是给他传达信息：你今天只能呆学校，不回宿舍睡就在我办公室睡。这些都做好后，我就完全把他当成自己家的孩子，有一句没一句地和他聊天。

没想到的是，我们聊得很愉快。他不时控制不住地笑出声来。主动说自己一到天黑了就想家，晚上也睡不好。我问他想怎样解决这个问题，他很快提了两个方案。凌晨 2 点，我根据他的想法指导他写了一个承诺书。主要是表达希望父母接送他走读一周过渡一下，一周之后他就不要父母再接他回家了。

写承诺书的时候，他可以说是兴致勃勃，不停地问下一句怎么写、哪个字怎么写，我趁机笑话他："这个字不会写啊？我送你去小学部读书吧。"他也笑得前仰后翻。写好承诺书后，我让他读了一遍，还说服他录了视频。这件事完成之后，我们接着天南地北地聊天。我一直以温和甚至和他开玩笑的语气与他对话，没有让他感到任何压力，所以，这个被大家称为"闷葫芦"的孩子，在我的面前连说带笑，甚至还玩起了快板来。

凌晨 3 点的时候，我在办公室沙发上给他铺好被子，他也就躺下来睡了，我在外面的沙发上躺下陪护。半个小时后，我起来看，他已经睡得很香了。

早上 6：45 左右，我叫他起来，送他回宿舍洗漱，交接给生活老师。8 点后，我跟他家长联系，说服家长满足孩子的希望，家长表示全力支持。

从教多年来，我第一次这样处理学生的此类问题。对于不适应校园生活的学生，以往我的做法，可能就是让家长接回家去调整，过一段时间再送回来。这次，我主动把责任揽在肩上，承担了家庭教育的任务，在校园里为 W 搭建了一个充满着浓郁家庭氛围的场所，让孩子间接适应校园生活，促进他的成长。这是真正急家长之所急，尽学校的最大努力为家长解决难题，效果很好。回想起来，对于 W 这样的孩子，完全不必使用上纲上线的说教之辞，也不必刻意说明自己的身份，在 W 的眼里，我可能就是一个宽厚、耐心的邻家婶婶吧。

毫无疑问，这个特殊的"2·14"之夜，对于学生 W，家长，班主任、级长和我，都是一段难忘的成长历程。

教室里的《三国杀》

湖南省长沙市天心区湘府英才小学　段小华

"段老师，不好了！不好了！小张和小凯两个人因为玩《三国杀》吵起来了。"

"段老师，小罗在数学课上玩《三国杀》，他的卡片被老师没收了。"

……………

这段时间，《三国杀》的游戏成为班上男生的最爱。学生迷上《三国杀》后，不能控制自己，课间、午休甚至上课的时候都在玩。由于我也没有在班级里说过不能带《三国杀》卡片过来玩，学校也没有规定不能玩这个游戏，因此，我特别苦恼，不知道该怎么解决这个问题。

突然间，语文书上口语交际辩论的这项内容进入了我的视线。对呀，这个问题不就可以成为学生辩论的话题吗？这样一来，不仅可以让学生了解辩论的方法，还能够解决这个难题，一举两得，我不禁为自己想到的办法得意。

课堂上，我先跟学生交流了辩论的方法及注意事项，接下来就布置了教室里能否玩《三国杀》这个辩题。喜欢玩《三国杀》的小张听到这个消息，扬起了眉毛，立马组织同学成为正方，聚在一起思考如何辩论。平日里冷静的小赵也不甘示弱，立刻找到了喜欢安静的同学组成了反方，围坐在一起商讨如何辩驳正方。我们约好周五进行辩论赛。

周五很快就到了，学生们都很激动。中队长组织学生把桌椅分成两组，宣传委员布置好黑板。一切准备就绪，辩论赛就开始了。

正方小张一开口就阐述了自己的观点，他分点介绍玩《三国杀》可以调整紧张的学习状态、可以与同学交流感情、玩《三国杀》还可以提前了解三国的历史，锻炼思维能力等好处。小张话刚说完，喜欢玩《三国杀》的同学就鼓起掌来。反方代表小赵不紧不慢，拿出笔记本一一跟同学分享教室里不适合玩《三国杀》的理由。小赵虽然是女孩，可是她神情镇定，强大的气场将正方震慑住了。

接下来就是自由辩论时间，教室里掀起了一股热浪。小张说："课间休息时间，就是放松的时候，不能玩《三国杀》游戏，难不成只能发呆吗？"

小赵马上听出了小张的破绽，反驳道："课间不玩《三国杀》游戏，还可以玩其他益智游戏呀！段老师前段时间给我们买了很多孔明锁呢！"

"我们在教室里玩《三国杀》游戏，就不用去教室外追跑，也可以减少安全事故的发生!"小黄说道。

"你们在教室里玩游戏，大声喊叫，严重地影响了我们课间休息的心情，这样也不合适呀!"小李说。

......

一来二去，黑板上出现了很多在教室里玩《三国杀》游戏的好处和坏处。我知道，我达到了想要的效果。

"同学们，任何事情不是非此即彼，也并不是绝对的，教室里能否玩《三国杀》游戏这个问题我们可以商量，大家觉得可以如何权衡呢?"我把问题抛给学生。

"老师，我觉得我们可以制定规则，然后想要玩《三国杀》游戏的同学签订协议，如果违反了规则，那么就按规则来处理。"小张站起身来，跟大家分享他想到的办法。

小张的想法跟我不谋而合，我立马同意了小张的建议。正好，下课铃声响了，小张也就跟着小伙伴一起商讨规则去了。

小张的行动力超强，一个上午就和小伙伴们把在教室玩《三国杀》游戏的规则制定好了。随后，我又让小张在讲台上宣读规则，其他同学再次商量规则以进行调整，以达到最优化。最后，我再让想在教室里玩《三国杀》的学生签订协议。

最近，我在课后观察了在教室里玩《三国杀》的同学，没想到他们都一致遵守着规则。教室里也再没有因为《三国杀》这个游戏发生争吵，我的烦恼就这样解决了。其实，我们的生活中总会那么各种各样的问题，只要我们换个角度，给予学生足够的信任，我相信问题总会迎刃而解的。

彼此"看见"

浙江省杭州市富阳区东洲中学　王倩倩

一年一度的校"孝老爱亲"之星评选活动即将开始，那天周五放学前我向学生讲解了校"孝老爱亲"活动开展的历史与意义。

我边讲边请班长把推荐表下发给每一位同学，我看到几位学生有点面露难色。小 A 在座位上嘀咕道："有什么好写的啊，我爸妈一天到晚就知道念念念，我都烦死了。"周围的好几位同学纷纷附和："我爸妈也是!"

我微笑着说道："看来，这个话题大家还是挺感兴趣的嘛，那么我们就都来写写你和 TA 之间的故事吧，TA 可以是爸爸、妈妈、爷爷、奶奶……给大家讲讲我的故事吧。我很小的时候就跟着奶奶，奶奶是我的天。现在，她年纪大了，耳朵不好使，每次都会问我很多问题，我都要大声重复回答好多遍。有些时候我就会不耐烦。现在想想真是不应该的，她曾经给了我那么多的耐心，而我却……"

听完，好几位女生当时眼眶红红的。

这时，女生小 B 向我举手示意，她站起来激动地说道："我觉得我们也并不是真的讨厌我们的父母，我们更多的是不喜欢他们说话时的语气，感觉不懂我们。"

"你说出了很多同学的心声，看来说出自己的内心想法是很有必要的，很多时候我们就是缺少了这样的机会。"

下一个周一早上，副班长将一沓收齐的推荐表整整齐齐地交给我。我迫不及待地一张张快速总览过去，有几位写得密密麻麻，甚至把背面都写满了；也有个别写得比较少。

批完当天的作业之后，我便静下心来读他们的文字。一些孩子想念在老家生活的爷爷奶奶、外公外婆；一些孩子，谈到了自己与父母相处过程中发生的矛盾，但也难能可贵地听到了他们内心的声音；也有五六篇是家长写的，从密密麻麻的字里行间，我可以体会到他们满满的幸福感。

班会课的前一天，我先组织班委召开了一个简单的会议，商量班会如何开展。班长说："我们先去征求大家的建议。"最后班委告诉我大家决定全班大声齐读每一位同学故事中的精彩片段，然后还安排了几位同学发言。他们希望我把每一位同学的相关文字做成 PPT，我便立马行动起来。

第二天，由班长主持班会，我则负责拍照，适时点评。当读到小 C 爸爸写的文字时，他们要求读全文。读全文，我思量着可能一人读效果会更好，我把我的想法告诉了大家。这时，咱们班的 D 同学跃跃欲试，大家都不约而同地鼓掌表示赞成，我也会心一笑。D 是个男孩子，比较好动，开学到现在已经闯了不少的"祸"。

D 读得很卖力，也很小心翼翼，此刻的他是如此认真。当然，有些字他也会读错，然后他有点不好意思，大家用掌声鼓励他继续读下去。

同学发言环节，E 同学第一个站起来说道："我觉得小 C 爸爸写得挺感人的，小 C 他们姐弟俩这么孝顺，其实也体现了一种家风的传承。"F 同学迫不及待地站起来对大家说："其实吧，我觉得我们很多时候是心口不一，可能是我们这个年纪的特点，但是我觉得我们可以尝试做出一些改变，比如说一声'我知道了'，而不是假装听不到。"

接着，又有几位同学站起来发表自己的看法。

此时，校德育主任李老师已经静静地等在班级后门口。同学们看到李老师，先是一愣。没等我说明，李老师面带微笑地说道："（3）班的同学们，大家好，应你们王老师的邀请我来讲几句，非常感动，你们能够把这次活动搞得这么走心……"全班爆发出热烈的掌声。

接着，李老师为孩子们颁发我提前准备好的奖状，大家长长地站成两排，我给大家拍照留念。

结束后，我把照片发在家长群与家长们共享，还把照片打印出来，贴在教室的"我们的风采"这个栏目里。

最后经大家民主评议，两位学生进入校级评选，但是大家并没有多少在意这最终的结果，因为在整个活动中，每一位同学都被"看见"，都是主角。

活动结束后，孩子们还写了感悟。小 A 写道："我们有同款妈妈，唠叨是母爱的常用表达方式，虽然我不怎么喜欢，但是我不得不承认她爱我。"小李则在感悟中谈到了她对学习与家务关系的新看法，她写道："之前，妈妈总是不让我做家务，说只要我把精力花在学习上就好，看了小陈同学的故事，我觉得家务和学习并不矛盾，是可以兼顾的，而且有相互促进的作用。"

小吴的妈妈给我发来了孩子主动做家务的照片，说道："老师，这段时间我感受到了久违的母慈子孝。"还有小陆的爸爸给我发来了他的个人反思："王老师，看了他写的文章，我才发现原来我一直把自己的想法强加给他，让他很有压力，我一直把他当小孩子看待。感谢老师，让我突然间明白自己之前有多么独断。"

或许，这一次的活动，并不能立马看到多大的改变。但是，让孩子和家长彼此"看见"对方，这很重要。

我的心路历程：我校是一所农村住宿制中学，班级里有一半学生是"新富阳人"，家长基本是双职工，工作繁忙。很多家长不知道如何有效地与孩子沟通，家长把教育的希望几乎全部寄托在学校教育上。孩子进入青春期，亲子矛盾时有发生，作为班主任的我，总是在思考怎样才能更好地联合并指导家长"看见"我们的孩子；也希望能够在日常的教学过程中，抓住一些契机，通过一些活动，引导我们的孩子正视问题并尝试解决问题。

握 手 言 和

广东省佛山市顺德区伦教周君令初级中学　严结敏

"严老师，不好啦不好啦，小王与东仔打起来了。"值日班长小芳气喘吁吁地跑进办公室。我一听，心想：好家伙，两个大块头居然打起来了。我赶紧随着小芳来到了课室，一看，果然，两个大家伙真的紧紧地扭抱在一起，你不让我，我不让你，两人脸上五官因愤怒"紧急集合"而扭曲变形了。我打趣道："好家伙，你俩兄弟抱得可热乎的哟。"同学们听我这么一调侃都松了一口气似的笑了起来。只见他们俩还死活不肯放松，生怕被对方趁机制服自己。我见状拍着他们粗壮的手臂说："那好吧，你们确定这样抱着能顺利走到办公室吗？"他们看了我一眼，不哼声，也没有放手的意思，我就说："现在你们有两个选择，一是就这样扭抱着慢慢挪到办公室，让老师们都看看你们得有多亲密；二是我说'一二放'，你们同时松手，然后跟我走进办公室。"我看着他们，示意他们走，他们面面相觑没有动。于是，我就说："好咯，你们不愿意抱一起挪到办公室，那现在就听我喊数了哈，一二放。"小王和东仔同时松手。

小王和东仔跟着我来到了办公室。我拉了两张椅子让他们坐下来。然后微笑地看着他们问："打了一架以后，现在我最关心的就是现在你们还好吗？你们还有什么情绪与感受需要表达的？"看着小王还气鼓鼓的，我说："小王，现在你还很生气，很愤怒，是吧？"

"嗯。"

"是东仔做了什么或说了什么让你如此愤怒？"

"我刚才正在和同学说着正事，他跑过来让我交作业，我说了让他等一下，他就在边上一直叫，打断了我说事。我让他滚一边去，他还不走，还在那里说个不停，我就生气了，冲他吼了一句：'我今天就不交作业了，偏偏就不交数学科作业了，你管得着吗。'还没说完，他就动手推我了。是他先动的手。"

听到小王这么说，东仔一下子就哭了。我对东仔说："你觉很委屈，是吗？""嗯。""你是被小王哪句话激怒了？"

"他说偏偏就不交数学作业，说我管不着。我一想到收不齐数学作业，数学老师可能会生气，我就急了，推了他一下，结果他就用拳头打过来了。"

"好，我明白了你们当时的想法。小王的想法是在你跟别人说正事的时候希望不被打扰？东仔的想法是在你履行科代表职责收作业时，同学可以配合及时上交？是吗？"

"嗯，嗯。"

"你俩都只站在自己立场，没有考虑对方的想法而导致冲突。事情既然已经发生了，现在追究谁对谁错，意义不大。我关心的是你们现在还好吗？小王你的愤怒，还有东仔你的委屈，你们觉得采取什么方式可以平衡掉你们现在的情绪呢？比如让对方学猫学狗叫或狠狠地打一下对方的屁股？"

他俩用力摇了摇头。我说："让老师做个'和事佬'，怎么样？"

"'和事佬'，怎么和呀？"他俩异口同声地问。

我微笑着说："你们是因立场不同导致冲突，而你们爆发激烈冲突背后的心理需求是为了证明自己是对的，别人是错的。这种简单粗暴的方式并不能让大家接受，还会破坏彼此的关系和友情。老师有一种更好的处理方式，你们想知道吗？"

"想！"

"好。你们都把手伸出来，握在一起。我说一句你们跟着说一句。小王对东仔说：'你需要收作业，我知道了。但现在我和别人谈着重要的事情，我需要你在边上安静地等一等。'东仔对小王说：'你和别人谈正事需要我在边上安静等一等，我知道了。但我需要你谈完了第一时间把作业交给我。'听到对方这么说话，感觉怎么样？"

"感觉好极了。嘻嘻。"刚才还互不相让的两人，现在握手言和了。

学生是成长中的人，同学之间因立场不同产生矛盾冲突很正常。作为班主任，我们很容易焦急地处理学生之间闹矛盾起冲突这件事，而忽略了学生这个人，如简单粗暴地让学生写说明书、保证书，然后一通说教评判着谁对谁错。长此以往，就会产生一种"法官办案"的模式，师生之间的关系就会越来越疏远，感情也会越来越淡漠。

先处理情绪关注到人，再处理事情。在处理学生间的矛盾冲突时，不妨多一些聆听与接纳，多一些理解与包容，多一些温情与关怀。学生情绪好了，心情舒畅了，问题自然就解决了。

当火烧起来的时候

广东省佛山市南海区南海中学　邓小满

一、缘起

有一天我突然接到了一个家长的电话："老师，我家孩子说在宿舍里跟一个同学闹矛盾了，差点打架，他想调宿舍。"

"啊？怎么回事？他没跟我说过这个事情啊！"我惊讶地说。

学生发生了这样的事情，竟然不跟我说，还直接到家长那里去告状了。我心里不禁涌起了一股气。但理智也告诉我，先要安抚好家长，于是我答应家长，我会认真对待此事，帮孩子去解决困难。

到底发生什么事了？高庄（化名）一直表现很好啊。

我有点疑惑。带着些许的怒气与疑惑，当天晚上，我就把高庄叫了出来。

根据他的描述，我了解到事情的原委。

他跟他下铺的大个子有很深的矛盾。大个子在宿舍经常会因为一些小事跟他有口角。有时他上下床稍不注意，弄出响声，大个子都会对他怒目而视；有时他在洗澡，大个子也会踢门，大声责备他；等等。

这是典型的宿舍人际关系矛盾，因为生活习惯、性格特点、行为方式的不同而使同一屋檐下的人产生的摩擦纠纷。如果处理不当，容易出现肢体矛盾，甚至是发生悲剧。

"我是再也无法忍受了！好几次，我们都差点打架了！"高庄忍不住又大喊了起来。"我想调宿舍，我不可能再跟他在同一间宿舍了！"

听着他痛苦的喊声，感受到他内心的委屈与难受。我心底的怒气慢慢消除，取而代之的是对他的心痛。高庄是一个文静内敛的孩子，也是一个比较能隐忍的孩子。今天他这么生气这么痛苦，想必是忍耐许久了。此时他正处于情绪的激动时刻，需要先安抚他的情绪，我决定采用正面管教的共情法。

"嗯，我能理解你此时的痛苦。"我拍拍他的肩膀。"但你也知道，现在宿舍都没有空位，调宿舍几乎是不现实的。咱们也不能随便去找一个同学要求他跟你换宿舍，这样会强人所难，是吧？那么，除了调宿舍，你还能想到其他解决的办法吗？"我一边借用共情对他表示理解，同时指明现实的困境，鼓励他一起想办法解决。

"我也不能在外面租房。"他又一次痛苦地低下头。

"但我真的很痛苦，我受不了他了！"接着他抬起头来，又一次愤怒地说。

我可以从他重重的语气中感受到他的愤怒与无奈，以及他希望得到帮助的渴望。

"你很生气，但你依然能够克制住，没让自己冲动起来。说明你还是很理性的。那这样吧，我答应你，我会想办法帮忙解决，但不一定今晚就能解决好。在我们解决这个问题之前，你可以在宿舍再忍耐几天，不与大个子产生矛盾吗？"我诚恳地说，希望能先稳定他的情绪。

青春期的孩子，情绪管理能力不强，容易冲动。一旦冲动起来，后果不堪设想。即使是温柔的小猫，在愤怒之下也会变成老虎。这件事虽小，但是处理不当很可能会出现类似马加爵事件的悲剧，我不得不警醒。

"好吧。"他想了一会后，终于点点头。

二、源起

多年的班主任经验告诉我：不可偏听一方。学生的矛盾，一定要多角度了解，才能了解事情的全貌。

于是，我把矛盾的另一方——大个子找了出来。

"听说你跟舍友高庄闹矛盾了。"大个子性格比较直爽、粗狂，所以我开门见山。

"啊，这不算矛盾吧。就是有点点小摩擦。"他惊讶地说。

我有点生气，这个粗心的孩子，在他眼中，这根本不是矛盾。性格不同的孩子，对问题的看法总有着偏差。

"高庄说要转宿舍了，他忍受不了你了。"我直击要害地说。

"不是吧，我也没做什么啊？"他又一次惊讶而略显委屈地说。

"那你想想你平时有哪些行为对他不够友好？"看着他一脸的无辜，我的语气软了一点。

"他中午经常不睡觉在做作业，但我很困，有时会影响到我，于是我会用比较重的语气埋怨他。有时他早上很早起床，我又起得比较迟，他下床会摇晃，有时会踩到我，睡梦中被吵醒，我的心情肯定不好，有时会说他几句。但不是每次都会，有时只是看他一眼。"他一边回想一边说，同时还不忘为自己解释一两句。

从他的描述中，我可以想象当时的场景：性格直爽，带点粗暴的大个子，表达情绪比较直接，有时会口无遮拦。他所说的看一眼，应该是怒目而视；他说的语气重一点，应该是用粗口骂人了。而高庄又是个心思极其细腻敏感的孩子，被大个子怒目而视，被粗口辱骂，他不会直接用言语对骂，但是心里肯定会难受会有怨气。

我意识到事情的根源在大个子，我需要引导大个子发现自身的问题。于是我不断追问："我能理解你睡梦中被吵醒的愤怒，那定然是不好受的。他下床时是不是故意踩你的？"

"我不知道，有可能会是故意，也有可能不是故意。"他不确定地说。

"你有没有问过他是不是故意的？"

"没有问过。"他坦诚道。

"那你觉得他会故意踩你吗？"我继续问。

"他平时比较小心谨慎，我想应该不会。"他似乎慢慢意识到自己的问题了。

我抓住这个契机，打算进一步引导他去关注事情的影响，引导他去思考问题的解决方法。

"如果他不是故意踩你的，但你对他却有怨言。有没有想过，你的'看一眼''说几句'会不会让对方难受？特别是像高庄这种性格比较文静内向的同学。你觉得他听了你的话后会不会心里不好受？"

"他好像有点生气，但没有说出来。"他其实也感受到了对方的情绪。

"是呢，你的性格与习性跟他都不同，对于一些话语，你或许不在乎，但是说者无心，听着有意。你随意的话语，却是伤人至深。如今，他已经对你产生了很大的意见。你觉得该如何解决？"我打算把这个皮球踢给他。一方面指出问题的根源，另一方面让他想办法去解决。

"要不，我去跟他道歉吧？"这个直爽的孩子，只想到这个简单而直接的解决办法。

"道歉之后呢？如果下次继续发生此类事件呢？"我引导他从长远的角度来看问题。

"这个……"他沉默了。

三、握手言和

看到他的为难，我意识到，他还没有足够的能力自行去解决矛盾。我需要创设条件，让他们两人一起面对问题，一起想办法解决。

于是，我提议："根据我对你们的了解，以及刚才你们各自跟我说的情况，我觉得你们两个的矛盾就在于没有把彼此对对方的意见说清楚，你们都产生了误会。这样吧，我把高庄叫出来，让你们两个面对面聊聊，打开心结，一起想办法把问题解决。好吗？"

大个子同意后，我去找了高庄。把大个子对此事的看法简单跟他说了一遍，让他明白矛盾的根源，并提出他们两人一起想办法解决矛盾的希望。

两人见面后，我把两人的症结说了一遍，并让他们当着我的面，把对对方行为的不满意、不理解的点都"吐出来"。

在我不偏不倚的态度中，他们开始互相"怼"起来，把平时对对方的不满一一"吐"出来。在适当的时候，我加上一两句的引导与点拨。

经过一番彼此的沟通，他们慢慢解开了误解，也明白了平时相处中诸多的误会都是因为缺少沟通，缺少共情。

最后，在我的引导下，经过一番协商，大个子承诺会收敛自己的情绪，也会注意自己的言行。而高庄也表明，以后有意见，都会跟对方说出来。至于调宿舍的问题，高庄说再试着跟大个子相处一段时间。到时如果实在不行，再在宿舍内跟其他同学换床位。

四、后续

一个星期后，我再问高庄这件事，他说现在已经没事了，两人相处得挺好的。他也不再提调宿舍的事。

至此，事情告一段落。

我很庆幸，在矛盾刚起时，我克制了自己的愤怒，没有对他们破口大骂，而是采用了倾听与共情的方式引导两人互相倾听、互相共情，使得两人的矛盾在沟通中得到化解。

我也庆幸，能够理智地看出事情端倪，找到问题的根源，避免了不愉快事件的发生。

我更庆幸，能够把握青春期孩子的心理特点，并加以引导，让他们在这件事中得以成长。

当一个地方起火时，一盆水浇下，当下的火自然会灭，然而火苗未必会熄灭。如果能够给予一个机会，让火苗自己慢慢地分解，慢慢地变小，终而熄灭，才是根本。而这机会就是倾听。倾听不同的声音，倾听不同的心跳，倾听不同的想法。在倾听中去理解、去化解、去解决。

而老师，在学生之间产生矛盾的时候，借用倾听之法，讨论共情对方的感受，引导说出对方的感受与需求，一起商讨解决问题的办法，然后去执行，最后再跟踪评价反馈。这样比直接用一盆水去浇灭火，会更有艺术与智慧，也会避免很多悲剧的发生。

我的"冷漠女孩"

陕西省西安市临潼区临潼中学　赵静

2022年6月18日，我偶然看到杨换青老师的"杨杨小语"。"小语"里说，杨杨老师在听了于洁老师讲的三个故事之后，引发了自己的内省。杨杨老师班里也有一个类似于洁老师故事里的"冷漠女孩"，她捂了女孩好久，但有点"捂不热"，她开始怀疑自己功力不够，屡屡受挫，觉得有点委屈，还有点懊恼。本来打算大家"相安无事"地过完高三一年算了。可是，在听了于洁老师的故事之后，她才觉得不是功力够不够的问题，而是自己视角和期待的问题。

杨杨老师写道："我想的是要'捂热'，想的是'要花开'，事实上，'热不热''开不开'并不应该是我追求的，我要做的是'尽职尽责地捂着'就好了。何况，'热''花开'不应该以'一阵子'来衡量，而应该以'一辈子'来等待。"

这一天的"杨杨小语"，让我深受触动。是啊，有时候，我们为学生做了一件事情，做了一点努力，自以为感天动地，迫不及待地想要它能产生立竿见影的效果。而事实上，教育是慢功夫，急不来。

我想到我班里的"冷漠女孩"。她冷若冰霜，一副拒人于千里之外的样子，她上课总是瞌睡，学习成绩不好。我找她谈话，细心说教，我自认为我真的教育过了，但我真的教育不了她。我在心里说，算了吧，我不难为我自己，得过且过，高三一年也就完了。于是，我就真的对她采取了"选择性忽略""睁一只眼闭一只眼"的态度，我把更多的关注给了那些我眼里的好孩子们。

直到毕业前夕，我收到了"冷漠女孩"写给我的信。信的封面写着："吾心安处即故乡，你就是我的故乡。"

信里写道："三年的时光真的很短，现在回想竟像是昨天发生过的一般，似乎我昨天才看见您穿着淡绿色的长裙，向高一（2）班的我们介绍您；似乎我昨天才站在高二（2）班的教室门口，确定班主任还是您时，内心狂喜；似乎昨天您才对我说过什么药对失眠有效，似乎昨天您才开导过我莫名的坏情绪，您教导我要好好学习……"

"我还记得高一时，您读我的作文，我的内心欢呼雀跃，我在想我不是石头，我也是一颗会发光的金子……"

"我是一个孤独的人。但我喜欢和您说话，每次和您说话，我都会觉得很舒服，您懂我的想法，理解我的感受。"

"我虽然表面看起来十分冷漠，但谁对我好，我懂得。谁对我好，我会永远记在心里。您爱了我三年，我会记您一辈子。我心里有您是真的，感谢您是真的，敬您爱您更是真的……我能被您爱，我很感动。被爱是一件令人幸福的事情，就像灰暗的生活中照进了一束光，打在心上，暖在心里。万物皆有裂痕，那是光照进来的地方。静老师，你就是我的光。"

看着这些内容，我忽然明白，这个冷若冰霜、拒人于千里之外的女孩，她原来如此细腻又深情。她记得第一次和我相见时，我穿的裙子的颜色；她表达出高二分班后，看见我还是（2）班班主任时的喜悦。原来，每次我对她的教导、宽慰，她都放在了心里。原来，我读她的作文，带给她的是那样坚定的自信和鼓励，只可惜，我读她的作文次数实在太少了。原来，每次叫她找她谈话，我总以为她会烦，我在尽量减少叫她的次数，没想到她那么爱和我说话。我只是在浅浅地爱她，就像爱班里其他孩子一样，我只是给了她一个班主任应该给学生的关注，我只是偶尔发现她的作文好，才读了那么一两次，我只是在迫不得已的时候才找她谈谈话……而这些，都深深地种进了她的心里。她说，她一辈子都会记得；她说，她心里有我感谢我敬爱我；她说，静老师，你就是我的光。

她爱我太深，而我为她做得太少。很多次，我都在有意逃避与她接触，我是真怕她的"冷若冰霜"，我总认为对于她，我无能为力。渐渐地，我以"逃避"来和不用力的自己妥协，在这场教育面前我以"逃避"来故意拖延。而今天，当看到这些发自内心的充满真情实感的滚烫的话语，我惶恐不安。这场惶恐足令我陷入深深的自责中，自责什么？自责我的望而却步，自责我的轻易放弃，自责我根本就没有深入了解她，不懂她，自责我根本就没有想过怎样跟她好好沟通。

还记得她交给我的每一份语文作业，工整认真地写，还细致用心地配画，她的画作画得那么好，她在信里说，她的语文作业是"情书"，她要把它交给她的"情郎"——我。而我，每次急匆匆地翻看一下，画上一个"优"字和日期，就又急乎乎地翻开了下一本。现在想来，"冷漠女孩"的用心，我哪里读懂过？还记得我叫她出来谈话的时候，她总是很慢很慢地从座位上站起来，面无表情很慢很慢地走出教室，我便以为这就是她的"不情愿"，不情愿和我说话，直到今天我才发现，那只是"我以为"，并非事实，而我就只信了"我以为"。还记得照毕业照的那天，学校允许学生带手机。在照完毕业照之后，同学们三五成群，互相拍照。而她一个人坐在座位上，随意地在一张纸上写写画画。我过去邀请她和我拍照，她一下子就露出了特别开心的表情。她拿着我的手机主动调整自拍模式，和我一起比画爱心，自拍了好几张。说实话，起初邀请她和我拍照，我真怕被拒绝。没想到，我的邀请令她那么开心，我见到了她最甜美的笑容和最可爱的模样。

　　仔细回想这三年，我为她做得太少了。可以说，只做了一点，不能看到她的明显变化，我就不想做了。我也曾想"捂热"她，我发现"捂不热"，我就不想捂了。我也曾想她"开花"，我发现她"开不了"，我就不栽培了。她还在，而我却因看不到我的"教育功劳"，便选择了放弃和逃跑。杨换青老师说："事实上，热不热、开不开，并不应该是我追求的，我要做的是尽职尽责地捂着就好了。"这句话瞬间将我点醒。是啊，"尽职尽责捂着就好"，为什么一定要纠结是否有那些肉眼可见的显著教育效果？而令我惶恐不安的，就是我连"捂着"也没有做好，不曾坚持。

　　信的结尾写道："静老师，等我考上心仪的一本院校，我一定让您见到一个风光满面的我，我们约定好了，未来我一定成为一个足以令您骄傲的我，静老师，您等着我。""真的要说再见了静老师，我还有好多遗憾，我想跟您逛一次街，吃一次饭，过节的时候可以去您家里做客。"

　　看到这里，我潸然泪下。这就是那个被我在心里放弃过很多次的女孩，对她，我想要的只是逃避、凑合、得过且过。三年时光，朝夕相伴，直至这最后的告别时刻，我才真正了解了她。原来她那么需要我的关注和鼓励，原来她在乎每一次和我说话，原来她的理想是考上厦门大学，原来她还想像朋友一样和我逛街、吃饭、去我家做客。我的"冷漠女孩"，原来有着这样丰富的情感，细腻的内心，原来有着这样美好的理想，真挚的期待。我也终于明白，信的封面为什么写着那样一句话："吾心安处即故乡，你就是我的故乡。"

　　师生遇见，是终生相识之缘；一场教育，远没有限定期限。好在我和我的"冷漠女孩"已是微信好友，虽三年已结束，但接下来的日子里，我们一定互相关注、彼此砥砺。唯愿我的"冷漠女孩"坚定志向，奋发有为；唯愿我的"冷漠女孩"所遇之人皆良善，所遇之事都美好。

给您"悄悄"拜个年

河南省濮阳市油田第十中学 尚善报

上午，在七（1）班上完第二节数学课后，径直向办公室走去。感觉身后有一个身影悄悄尾随我而来，原来是数学课代表小刘同学一直远远地跟着我。我停下等小刘同学走来后便微笑着问道："今天的数学课堂上有什么困惑吗？"他摇摇头并冲我笑道："没有没有，今天数学课堂上没有困惑，都懂了。"我看他说话间把手伸进裤兜，却小心翼翼地拿出了100元钱，我忽然明白了。

小刘同学是（1）班的数学课代表，也是我的得力助手。我担任七（2）班班主任，教（1）、（2）两个班的数学课。周三我有（1）班的一节晚修，第一节自习时学生都在写自己的作业，他手里捧着数学书轻轻地来到我身边。看到他没有翻书问我数学问题的意思，而是蹲在我身边亲切地看着我小声说道："老师，跟您商量个事行不？"

"什么事啊小子？说来听听！"

"我悄悄给您拜个年吧？"

还没等我接上话，小刘同学就又急切地说道："我悄悄给您磕一个头，您给我10元压岁钱好不？"

"悄悄？磕头？10元钱？"我重复了一遍。

"对，我给您磕一个头，您给我10元钱！"说完后还把食指放在嘴边，轻轻地发出"嘘"的提示。

我以为孩子给我开玩笑，就轻声打趣道："10元钱太少了，不让磕，男儿膝下有黄金嘛！"

孩子又追问道："那20元行不？"

我微笑着仔细看了看他胖嘟嘟的小脸儿，难道这小子不是开玩笑的？就摇摇头故意撅起嘴巴打趣道："不行，太少了！"

他又瞪大眼睛，坚定地喊出一句："磕个头给50元！"

"男子汉，咱别10元20元地添行不？"

我这一激，那小子反应倒快，立马豪爽地喊道："好，那就100元，说定了啊！"

声音还没有落地，他原来蹲着的身体，迅速地跪在地上，快速地磕了一个头。我拉都没有拉住，就看他又麻溜地起身，冲我嘿嘿一笑，又附在我耳边提醒道："老师，拜过年了，记得100元块！"而后又闪电般地窜回到了自己的座位上。

看着小刘同学在自己的座位上认真地写着数学题，我的心像一下子被幸福浸泡过似的。可爱的小刘，还有眼下这波有趣的学生总能不经意间带给我无限的幸福。

下课后，在教室外我拿出100元钱悄悄交给他。他兴奋地接过钱，放在手心看了一眼，又贴在胸口捂了捂，喃喃自语一句："第一次得到老师给的压岁钱！"后就把钱深深的揣进了衣兜。

今天的数学课后，孩子悄悄跟在我身后来到办公室，我以为今天的数学课有什么疑问呢，孩子说话间却把手伸进裤兜，小心翼翼地拿出了那100元钱，很认真地对我说："老师，我觉得这100元钱暂时还是您拿着吧，我这一次考试成绩不理想，因为假期没有好好学习，所以春节后的开学考试考得不好，等我下次考试考好了您再给我吧！"

"这钱与成绩无关，这可是你磕头应得的压岁钱啊！你值得拥有！"

孩子冲我笑笑："我想还是等我考好了，您再奖励给我！"

孩子执意要给我，并承诺似的说："我一定努力学习，等到两个月后的期中考试考好后您作为奖励给我吧！"

看着孩子坚定的眼神，我拍拍他的肩膀道："老师尊重你的选择，那老师就暂且先替你保存着这100元钱，就当咱俩的约定吧，等你两个月后学习进步了，再拿回属于你的这100元钱。"

就这样100元兜了一圈，又被送回到我的手里，握着孩子送还的100元钱，看着孩子蹦跳着离开的身影，渐渐远去直至在视线中模糊。想象着两个月后这100元钱将在我俩之间再次传递，脑海里却更清晰地浮现起孩子的欢快的身影，那幸福中成长的画面，后又变成一群孩子长大的身影。想象着孩子未来的样子，我有一种莫名的期待。教师职业的幸福感也油然而生，有爱的教育和陪伴让我更欣喜自己是一名老师。

多年以后，与孩子们再相遇，希望孩子们能由衷说一声："老师，成长的路上遇见您真好！"多年以后，再回顾自己一生的教育之路时，我也希望自己能真心地感叹："这一世，我选择教育，做一名老师真好！"

小迪成长，我也成长

广东省中山市神湾中学　黄建勋

在我当班主任的第三年，有一位女生引起我的注意，她就是小迪。小迪在大家眼中很早熟，有一定的号召力，在她的小伙伴中堪称"大姐大"。她常常带着班上几位女生去运动场看男生打篮球，在班上大声讨论运动场上哪个男生比较帅。对班上的男生，她也会评头品足，甚至向某个男生大声表白，给男生写情书。小迪的这些行为严重影响到班级生态，引起了同学们的诸多不满。我多次提醒小迪，让她把关注点放回学习上，不要拉着女生去盯着男生看。但她依旧我行我素，甚至还在班上形成追星小团体，高调谈论哪位男生帅。随着其他同学和老师对她的投诉越来越多，我也展开对小迪的引导。

一、单独谈心，真诚相告

最初我还是想尽量低调处理，动之以情，晓之以理。我跟小迪单独交流，青春期的女生对异性有好感，很正常，但要注意表达方式；同时，了解一个人不仅是看到外表，更重要关注人品；关键是要把这份对异性好感作为自己前进的动力，让自己变得更优秀；还要学会保护自己……我自己都被自己严谨的逻辑、细致的分析、到位的语言所感动。这次交流，小迪一路是点着头，我也觉得进展比较顺利，从小迪脸上的表情来看，她是赞同我的观点的。在这之后，小迪看男生的行为也减少了一些，但没过多久，我又收到有关小迪议论男生的投诉，甚至在课堂上也说男女生交往的话题，影响了老师上课。

后来，我去找小迪身边的伙伴聊，那些女生流露出笑嘻嘻、不以为然的表情。课室里，操场上仍然荡漾着她们的议论声。看来，这件事情并没有我想象中的那么简单。

二、主动家访，了解情况

为了进一步了解小迪的情况，我决定去家访。通过家访，我了解到小迪的家庭情况非常复杂。父母离异，小迪跟着父亲生活，父亲平时工作很忙，没有时间照顾小迪和弟弟。放学后小迪回家就简单做一些饭和弟弟吃，家里连一张像样的书桌都没有。看到四处堆满杂物的破旧的家，我突然有种心痛：小迪是在这样的环境下生活，几乎是与弟弟相依为命，相互照顾！她的晚餐就是简单的热水泡饭加点咸菜，弟弟晚上吃了饭后就出去踢球，陪伴小迪的就是手机。家访那天晚上，我看到小迪的爸爸，一个憨厚结实的男人。小迪的爸爸表示，平时是很晚才下班的，现在工作很难找，钱也难挣，能给孩子饭吃就已经很不错，至于孩子的学习，能考到哪里算哪里。但我还是跟他沟通，希望他能给小迪买一张书桌，也多花点时间陪伴孩子。

三、寻找原因，疏导情结

经过观察和研究分析，小迪之所以有早熟行为，其中一个原因是缺乏父爱。父母离异，父亲又陷入一段新的情感中，疏忽对孩子的关注与陪伴。从外在行为看来，小迪虽不是一个乖乖女，但也称不上坏女孩，她爽朗仗义，她对和她一起玩的女同学非常好。她喜欢我行我素，也很有主见，对别人的看法也很少在乎，也许这也是青春期孩子的自我探索的方式。

我多次跟小迪谈心："青春期的孩子对异性有好感和憧憬也是非常正常，但我们要注意行为的尺度，把一份美好的情感收敛一下，放在心里，升华到精神上。而不是在公开场合高谈阔论，你们的周围还有很多同学在学习，这些不恰当的舆论也会影响他们的学习。更重要的是别人也会对你有一些看法，我们生活在一个社会里，也要注意自己的形象。其实你们也没什么恶意，就是喜欢看男生和议论男生，但不要那么张扬，以免引起不必要的误会和麻烦。"

小迪听了我的话，也点头答应。

对小迪，我是又怜又疼，在关心她生活的同时，我会教育她自我保护，加强和家长的联系。

四、自我反思，耐心对待

对于转化小迪早熟行为，我的预设是理想状态，我原以为小迪会有改变，没想到，却是我的一厢情愿，小迪又被投诉了。她看中一位男生，她的几位姐妹把那位和男生玩得比较好的女生拉进一个群，相互对骂。当我收到其他班的学生和老师对小迪的投诉时，我是真的生气了："为什么说那么多次还不改？为什么还会被投诉？"我抓她到办公室狠狠批评了她，她突然泪流满脸说自己很想自杀。我先是一惊，赶紧安抚情绪失控的小迪，从小迪口中了解到最近她的妈妈和爸爸因为金钱问题而吵架，爸爸说要把小迪带回老家读书，让爷爷奶奶看着小迪。小迪不想回老家，老家一个朋友都没有，但爸爸妈妈都不想把小迪带在身边。小迪觉得自己是多余的，谁都不想要她。那一刹那，望着满脸泪痕的小迪，我心如刀割，从小迪的眼神中我仿佛看到了她的无助与绝望……

放学后我亲自护送小迪回家，并联系小迪爸爸，希望他多点关心她。安顿好一切后，我才离开。在回家的路上，我不断指责自己当时为什么这么严厉地去骂她。这件事情过后，我冷静地反思，也终于明白了那次我面对投诉，暴跳如雷的原因，我觉得别人的投诉和指责都是对我工作的否定。面对投诉，我首先要克服自己的挫败心理，不要带着一份急躁、焦虑去处理问题。学生存在的问题不是一朝一夕，也不是一两次的谈话可以解决的。多一分耐心，了解情况出现背后的原因，就会多一分慈悲，才更有利于问题的解决。我要先处理自己心情才有能力处理事情。于是，我决心要学习心理学，家庭教育，只有更好地学习，更好地成长，才能更好地帮助学生。

五、发现优点，提供帮助

第二天，当我进入课室看到小迪，小迪好像没事一样继续和同学打闹，高谈阔论，但她看到我后突然又有点不好意思。既然她口齿伶俐，我就让她有展现的舞台。我在我们班进行"我是演说家"的演讲比赛，小迪自然就是他们小组优秀的代表，她的演讲题目是"我的偶像"。在整个演讲比赛过程中，小迪落落大方，向同学们讲述她喜欢的偶像的故事。我是很久之后才了解这个青春偶像。小迪说："别人都说追星不好，但我喜欢他的原因是，他除了有俊朗的外形，还有非常多的才华，如书法、绘画、音乐等。而且，他还非常努力。"小迪的这篇演讲稿写得真的非常好，她很理性看待自己追星问题，通过自己偶像的正面行为促进自己的进步成长，最后她的演讲获得一致好评，荣获一等奖。

后来，我们班又进行一个历史剧比赛，小迪挑战一个高难度的角色——朱丽叶，很多女生不敢演这个角色，她自告奋勇演了，而且演得非常精彩。她在剧中把朱丽叶的勇敢、真诚、真挚表现得淋漓尽致，也当之无愧地获得最佳女演员的称号。另外，我们班也举行很多班团活动，小迪经常自告奋勇当组长，引领自己团队获得更好的成绩。小迪脸上的笑容越来越多，她的早熟行为也越来越少，应该说她学会如何处理和表达自己的感情。

初二我没有带这个班了，小迪在初二下学期也转回老家读书。通过对小迪早熟行为的处理，我改变了自己的管理方式，减少了对学生的批评，更多的是了解学生问题背后的原因，耐心倾听同学们的心声，用引导、鼓励的语言帮助同学们。我觉得自己管理和教育方式的改变更能赢得同学们的尊重和合作，班上同学们之间的矛盾变少了，人际关系也越来越好。我用耐心温和的态度对待他们，师生矛盾也减少很多，我可以腾出更多的时间来处理核心问题，如班风整顿、主题班会设计、班干部培训等等。

我越来越发现教育不是输赢而是共赢，教育不只是管理与被管理，而是相互理解、沟通、合作、彼此懂得。感谢每一位来到我身边的孩子，她们都在帮助我成为更好的自己。

一瓶拌饭酱

广东省佛山市南海区南海中学　邓小满

我拿起桌上的拌饭酱，拧开瓶盖，挖了一大勺，拌着饭，大口地吃起来。

一、一封愤怒的书信

周一早上，我回到办公室，拿起书本备课时，发现桌面上有张蓝色的便笺纸，整整齐齐地叠放着，上面写着"邓级收"。（见图1）

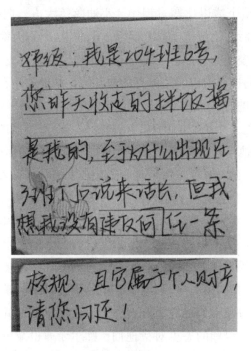

图1　便笺纸

我打开一看，里面写着这样的几行字："邓级，我是204班6号，您昨天收走的拌饭酱是我的，至于为什么出现在3班门口，说来话长，但我想我没有违反任何一条校规，且它属于个人财产，请您归还！"

看着那义愤填膺的字眼，我可以感受到这位同学的愤怒与责备。

事情起源于周日晚上，D3 座三楼中厅摆放着几张零散的志高凳，凳子上面放着一瓶拌饭酱与一个勺子。应该是上周核心素养考试后，同学们还没来得及把桌椅摆放整齐。3 班阳台有位男生正在收拾东西，我把他叫了过来，让他把桌椅摆放整齐，并随口问了一句："这是谁的拌饭酱？教学区不能带这些东西回来哦。"他去（3）班问了一句，没人回应。于是，我就顺手把它拿走扔到了（5）班的垃圾桶。

没想到事主来找我"算账"了。

因忙着上课，我还没来得及及时找这位事主，同时我也想让这位事主先稳定情绪，然后等她主动来找我。

二、算账

周二上午，有位女生来找我了。

她先主动表明，她就是这张纸条的作者。看她说得直截了当，她应该已经做好了思想准备，来迎接我跟她之间的"战争"了。

我看她神情平淡，于是，决定从规章制度的角度给她分析："校规与年级要求教学区是不能带这些酱料回来的。"

但这些理由显然她不能接受。"但我没有违反校规，请你还给我！"看得出她语气比较生硬，依然愤愤不平。我还需要更充分的理由去解释。

我紧接着说："校规虽然没有明文规定，但是我们年级从高一的时候就有过要求，教学区不能吃早餐，也不能够带食物回教学区。况且现在是雨天，接下来又是南方漫长的回南天，这些酱料很容易发霉，引发病菌，不利于我们健康。"

她听到我为她的健康着想后，语气松了下来。"但是，那瓶拌饭酱是我朋友送我的，我还是希望你能还给我。"

但那瓶拌饭酱，我已经在周日晚上扔到垃圾桶了。我只好实话实说："那瓶拌饭酱在当天晚上已经被我扔到垃圾桶，现在肯定已经倒掉了。"

她听后，眼眶开始发红，眼泪在里面打转。看到这样，我突然意识到这瓶酱料对她可能有着特殊的意义。

于是，我站起来，扶着她的肩膀，温柔地说："这瓶拌饭酱对你有特殊意义，是吗？"

她点点头。

"对不起，我不了解，我可能伤害到你了。那这样，我给你重新买一瓶可以吗？"我真诚地向她道歉，伤害一位学生的心理比行为本身更严重，我必须要向她道歉。

"但那是朋友给我寄的。"她委屈地说。

"你能不能打个电话给你的朋友，问问是什么牌子，然后告诉我，我去给你买回来。

然后你把它带到饭堂去，不要带到课室。可以吗?"

她听后，点点头表示答应，就走了。

三、道歉信

第二天早上，我的桌面又多了一张纸条。写着"邓老师收"。

我打开一看，这信上这样写着：（见图2）

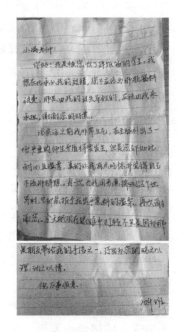

图2　一封信

小满老师：

你好！我是被您收了拌饭酱的学生。我想在此承认我的过错，您不应该为那瓶拌饭酱料破费，那是由我的过失导致的，应该由我来承担，谢谢您的好意。

说实话，之前我非常生气，甚至脑补出了一场严重的师生矛盾将要发生，但是您却如此耐心且温柔，真的让我有点吃惊，并觉得自己不该那样想。每一次，当我用恶意揣测这个世界时，它却总报予我出乎意料的温柔，再次谢谢您。今天眼泪在眼眶中打转不只是因为那是朋友带给我的手信之一，还因为您的晓之以理，动之以情。

祝万事顺意。

204班一女生

看到这封信，依然是那隽秀的字体，但是信里面，读来不再是那冷冰冰的愤怒，而是满满的温情。无论是称呼的改变——"邓级"改成了"小满老师"，还是后面的倾诉与祝福，都让我感受到这位女孩子的情真意切，感受到她内心的平和与幸福。

虽然，她不要求我给她买拌饭酱，但我依然去超市给她买了一瓶，并附上一纸笺："这瓶拌饭酱虽然没有你朋友的祝福，但它却有我们的温情。祝你幸福快乐。"

我一边嚼着拌满拌饭酱的米饭，一边想着这件事，我非常庆幸，在学生找我"算账"时，我依然保持着平和的心态，没有与她斗气，而是以尊重的语气与她沟通。在事实面前，从规则与道理角度与她分析，并且及时读懂对方的情绪，站在对方的角度思考问题，积极与她共情。在认识到伤害对方的同时，主动坦诚自己的鲁莽，并向对方致以歉意。

教育，有的时候只需要老师学会善意地放下我们的身姿，与学生平等而真诚地对话，并且善于读懂学生的情绪，及时调整自己的语气与做法，站在对方角度去思考，与她共情，即使是再愤怒的学生，都会被真情与真诚软化。因为，尊重与平等是教育的本真，而善意与真诚正是人性的美好。

一 米 阳 光

广东省深圳市格致中学　曾迎婷

2021 年 9 月至今，我当老师已有 2 年，接触到了本年级将近 80% 的学生，尤其本学期还担任了女生占比很多的文科班班主任。每个学生都各有特色，与众不同，因此如何相处、怎么教育就是一门学问。这一年半，我和他们共同谱写了很多大大小小的故事，有教学上的、德育上的、心理上的。许多故事都已随着时间的流逝而渐渐淡忘，可也有一些就如同树根一样深深地扎在了我的心上，虽不曾惊天动地，但仍历历在目，下面我分享两个令我印象最深的教育故事。

一、一个从十几分进步到及格的"天才"

有一个男孩叫小曾，他一直都是班上最让老师头疼的学生，非常厌学和叛逆。自入学以来，从没有认真听过一堂课，每科成绩都在班级"垫底"。当时我是他的生物老师，没少为他十几分的生物成绩头疼，也曾苦口婆心找过他谈话，但收效甚微，其他科的老师也变着法子教导他，但他始终油盐不进，我行我素，坚决不改。

最初，我将他的行为归因于他自身较低的羞耻感和愧疚感，所以能够厚着脸皮接受成绩"垫底"和长期被批评的事实。但通过几次的谈话沟通和长期的观察，我发现小曾同学并不是真的铜墙铁壁，不可攻略。俄国教育家乌申斯基曾说过："如果教育学期望从一切方面去教育学生，那么就务必首先也从一切方面了解学生。"作为教师要想学生对你多一份亲近与信任，就必须躬下身来主动去亲近孩子的心灵。因此，在我的留心观察和密切交流下，我发现他的内心深处其实很期待老师的关注，尤其害怕老师对他失望，但又不敢付诸努力，所以总想通过这种恶劣的方式让老师看到他。

知道这个事实后，我马上改变了教育策略，我将他同桌（一个也很调皮，同样经常犯错的男生）当众喊出来谈话，并在谈话过程中故意提到小曾同学，表达我已经对小曾同学彻底失望，放弃了他，但对同桌仍保留很大的期待，进而劝同桌转变心性，不要被小曾带歪。谈话结束后，我没有再像往常一样对同样犯错的小曾同学进行谈话，而是故意忽略、不管他。

　　果然，不出我所料，同桌将我的话转述给了他，接下来几天他总是时不时喵我几眼，眼中含有期待，但我依旧保持冷漠。不出一周，他受不了了，主动来找我，问我是不是真的对他失望了，这时候我知道时候到了，我说道："我确实快对你失望了，老师努力了很久但你依旧没有改变，老师也是人，也会有不想坚持、要放弃的想法。'期待'这个词很重，它会在一次又一次的失望中逐渐消磨掉。但我很开心，今天你主动来找我，所以在刚刚那一刻我就不想放弃你了。不过我仍需要你在行动上的变化，你能不能给我一次惊喜呢？"他听完很有触动，后来跟我打赌，说这一个月要努力自学把一学期落下的生物知识都补回来。我很欣慰，但说实话当时的我并不相信。

　　接下来这一个月，他买了本很厚的生物教辅，每自学完一节内容就找我给他缕一缕重点、查漏补缺，这几乎花费了他所有的时间（甚至包括其他科的上课时间），我有阻止，让他权衡各科的时间，但他心里有把"秤"，说他的风格就是一个时间段只能学一门科目，非常犟，又劝不动。

　　但一个月后，考试成绩出来了，真的让我很惊喜！从原来的十几分考到了六十多分，从"垫底"到中上水平，这让我不得不感慨他真的是个"小天才"。对于这个孩子，我可能只播撒了心头一米的灿烂阳光给他，但他却将这一米的照耀转变成了无限的绿色展现给我，我非常感动和自豪，因此我在课上当众表扬了他。当天晚上，他写了封感谢信交到我手里，表情非常开心和自豪，甚至有点小得意，我看着他并再一次表扬了他，我说："你是个很聪明的学生，有目标后也非常有毅力，说明你的先天条件很好，换一个其他同学他不一定能做到，但你不要荒废了自己的天赋。你缺一股劲，缺一个动力，这一月的动力你说是来自我对你的期待，那以后你的动力能不能来自你对自己的期待？现在老师对你的期待值非常之高，我认为没有任何一科是你学不好的，没有任何困难是你解决不了的，我希望你也这么想。"听完后他冷静下来，点点头沉默地离开了。

　　虽然现在我已经不再教他，但我依旧会把他的例子跟我现在的学生讲，也触动了挺多正在迷途中的学生。

二、因泡面引发的冲突

　　我刚接手班主任工作时，班上的纪律和内务有很大问题，包括沿用的班委也不太合适，因此在管理上总是出现琐碎的小问题，我一直在思考和调整管理方式。他们的原班主任是一位非常有爱心、非常有教育情怀的优秀班主任，学生们都很喜欢他。而我的风格相对强势，讲究公事公办，因此学生也在努力适应我的风格。

　　在第一个月的磨合期中，就出现了这么一起"因泡面引发的冲突"。某天晚上，同学小赵在宿舍吃泡面（这是被明令禁止的），而且还被隔壁其他班的同学投诉，因此，当宿管阿姨语气较重地和我反馈此事时，我很生气。

小赵同学性格有点愤青，说话很直，平时比较较真，性子很犟，开学初还做过一些低情商的事，给班级、给我都带来了一些困扰。所以，起初我对她的印象并不太好，又加上这一次的事件以及宿管忍无可忍的语气，让我对她的不满一下子冲到了最高点，但我忍住了，并没有直接冲过去批评她，而是咨询了其他班主任遇到此事会怎么处理。

后来我冷静下来，借着晚自习前5分钟的时间心平气和地谈到了此事，我开玩笑地说："毕竟这是咱们班的初犯，我们这样，这次也不惩罚，以后小张就是咱们班的反泡面联盟盟主，今晚写一个联盟须知，在班上讲一讲为什么不能在宿舍吃泡面以及吃泡面有什么坏处，可以吗？"结果我话音未落，小赵同学就很激动地大声说："我不写！我不会做的！"一瞬间，原本还有同学在笑着讨论的轻松气氛变得剑拔弩张，我忍了一个下午的火气也噌地一下就上来了，但我又压住了，我再一次心平气和地问："你是不想写还是不想读？"其实这句话也是在给她台阶，如果她回答不想读，那我可以让她不读。但她却很冲地大声说："都不想！我都不会做的！"

这是我接手班主任工作以来第一次被学生当众顶嘴，且不说我当下本来就压抑着的愤怒情绪，单单就小赵同学挑衅班主任权威这件事就不能被容忍。因此，我立刻就表达了我的愤怒，并严肃地批评了她，她没有再顶嘴，但我依旧要求她今晚一定得把检讨书（此时我已将"联盟须知"改成了"检讨书"）交到我的办公桌上，若明早我没见到这个检讨，就不要尝试可能会发生什么事情。（这是我的管理习惯，就是将话说到前头，后续才能更好地放开手去做。）

第二天，果然没见到她的检讨书，我立刻联系了她的家长，严正声明了此事的严重性，并提出希望家长将她接回家反省几天的建议。家长很着急，希望先通过电话沟通，劝一劝孩子，我答应了，但沟通结果似乎不太理想。因此，中午家长直接来到学校，与学生面对面沟通。我当时正在吃饭，家长打来电话，跟我描述了学生的说法，暗指有我误会她之意，我很生气，并将事件有理有据地跟家长进行了阐述。后来，家长自知是孩子理亏，表示理解和感谢，并对孩子进行了一番教育。

当天下午，小赵同学就哭着跑来找我，郑重地道了歉。我没有再批评她，而是认真温和地握着她的手跟她一点一点复盘这件事，我说："吃泡面不是什么滔天大罪，完全没有必要闹成这样对不对？我昨天也说了不打算因为此事惩罚你，因为老师也认为这只是件芝麻大的事，下次不吃就是了。所以，我开了个玩笑来处理此事，并没有想侮辱你的意思，当时其他同学也开开心心的对吗？是不是从你说不愿意开始才起的冲突？"说到这里她想了想，点点头。我继续说："你第一次跟老师抬杠时，老师是不是也没有生气？我还问了你，你不愿的原因是我想给你机会说出你的想法，你刚刚说你觉得当众读检讨书很丢人、没面子，那么在老师问你是不想写还是不想读时，你是不是可以表达出来？你若说不想读，老师可以让你不读，是不是就不会起冲突了？还有，我要求你昨晚将检讨书交上来，这和你觉得丢人的理由并不冲突吧？但我等了一晚上也没有等到，你说老师生不生气？"她又点点头。

到这里，我觉得差不多了，于是我换成了比较欢快轻松的语气，说："你看，你其实是个很明事理的人，我看得出你并没有不尊重老师的意思，也没有毫无反省，不然今天你也不会哭着来找我，对吗？那就够了，老师只是希望你能吸取教训，下一次不再犯错。这件事咱们就让它翻篇，今天的谈话我觉得很有意义，我认为我们已经和好了，你觉得呢？"她又点点头，眼里闪着光。当天晚上，她还是写了封检讨书放到了我桌上。

现在我和她的关系亦师亦友，她会大胆地跟我提出她的想法和意见，也很少再违纪犯错，即使做错了事也会主动跟我解释说明。只要用尊重和耐心去浇灌学生，携不止一米的阳光去温暖学生，一切都会朝着更美好、更和谐的方向发展，作为教师的你，又何乐而不为呢？

爱上漫画的男孩

广东省广州市天河中学　杨换青

你远走高飞，我原路返回。刚刚送走一个高三班，又迎来一个新高三班。为了尽快了解班级和融入班级，我会经常去班上溜达溜达，拉拉家常，问问学习。几天下来，我发现了一个小秘密：小哲总爱倒腾一个紫色的小本子，一发现我进教室，就赶紧藏在课桌里。我琢磨着：这小孩到底有啥名堂？紫色本子有何秘密呢？我找来班长，旁敲侧击地问："小哲是一个怎样的同学，他有啥爱好？"班长说起小哲，就兴奋地说："他超级喜欢漫画，他有一个专门创作的紫色小本子，画得可好了！"原来如此。

几经观察，我发现这孩子爱漫画已经到了忘我的境界，不管课上、课下画，自习晚修也画，这就有点不合高三的氛围了。最夸张的是，有一次，我请校长来我们班进行高三励志演讲，大伙儿都兴致勃勃、聚精会神地聆听校长的谆谆教诲时，这小孩却一门心思地画漫画。漫画的对象当然是正在台上慷慨演讲的校长！看着他专注的一笔一画地涂抹，我哭笑不得，别的孩子一节课下来获得信心和前行的方向，他倒好，一个字没听进去，校长离开了，他给人家留下了一幅人头漫画像。好多次，我在班上进行高考励志班会演讲，我就发现他一会观察我，一会低头涂抹，脸上还带着不易察觉的兴奋。我的天啊，这孩子肯定又在为我画漫画了。估计几个月下来，他都不知画了我多少次，估计各种表情都被他捕捉到并且记录成为他的作品了。这样下去，哪有心思学习？如何应对高考？我得帮帮这个孩子。我心里清楚，一个如此痴爱漫画的孩子，你任何粗暴的干预都是对他爱好的干扰和侵犯，他是不会接受的。唯有艺术性的处理和对爱好的尊重，才有可能帮助他在学习与漫画里获得平衡。于是，我制定了以下帮扶策略。

首先，我得自己懂得一些漫画的知识，于是我开始学习有关漫画的起源、流派、绘画风格、代表作品和作家。其次，要走进孩子内心，挖掘"痴迷漫画"的原因，我想到了孩子的家长。我约来了孩子妈妈。直率地表达我的目的后，孩子妈妈真诚地表达了自己对孩子过分沉溺于漫画而不顾学习的隐忧。我问："孩子是什么时候特别喜欢漫画的？"孩子妈妈说："特别疼爱小哲的舅舅因为网瘾而出了意外，那件事对孩子影响特别大，从此孩子不再接触电脑手机等产品。也是从那时起，孩子疯狂地爱上了漫画。"这样看来，漫画或许是小哲寄托情感表达思念的方式吧。那么，我就从尊重他的爱好开始吧。

另外，为了不让他反感，我要表明自己的态度。我利用班会的时间，讲了以前与学生相处的故事，我真诚地说，一个孩子有自己喜欢的事儿做，是一件特别幸福的事儿，我支持个性的发展。我还特意组织了"表达感情的方式""尊重与信任"等主题班会，我想在环境的感染里让小哲卸下对我的戒备。渐渐地，我发现小哲不再那么防备我，当我发现他课堂上画漫画时，他会有些不好意思地对我笑。那个笑容里，是一个孩子开始接受我的亲近。正式谈话的机会成熟了。

有一天，我找来小哲。我坦率地告诉他："小哲，其实我早就发现你多次在上课期间画漫画了。"这个单纯的男孩说："啊？老师，你知道呀！那你为什么不没收我的本子啊？""以前的老师是不是没收过你的作品，所以你怕我？""是的。"他小声说。我说："小哲，不要怕我，我不会没收你的作品的。你坐下来，咱俩今天好好聊聊漫画。""好啊，好啊。"一说起漫画，孩子就眉飞色舞。那天，我们聊了很多，其中很多知识都是我从网上搜来的。我还特意推荐和解读了丰子恺先生的作品。我告诉小哲：之所以丰子恺的漫画能成为漫画史上的丰碑，就是他有一颗悲天悯人的心，有感怀天下的胸怀，有立意高远的格局，他的漫画才可以成为"带有温情的讽刺"。艺术的背后是素养与人文，是温情和高度。

我还告诉他，作品不是闭门造车，而是需要广泛的阅历，丰富的积累，还要有品质的提炼，修养的锤炼。创作，需要平台，还需要有专业素养。那么这些因素的完善，高考无疑就是一个良好的契机和平台。说来说去，还是绕到重点，高三，需要学习。至少需要处理孰轻孰重。学习是主要的任务，漫画可以不放弃，但只能暂时屈居第二。

那天的谈话，我想是比较深入的。慢慢地，我发现小哲同学可以很好地处理二者的关系，平衡好时间。他把创作放在了零散时间。这个聪明的孩子，一旦把时间放在功课上，他很快找到了学习的窍门。在几次大考成绩不理想后，经过努力，最终又回到了他原有的水平。高考成绩放榜时，他妈妈给我发了信息：杨老师，小哲考了542分，太感谢您啦！我欣喜不已，迅速回信：真开心，我很满意。教育感悟：在小哲的成长故事里，我有以下两点教育感悟。

（1）教师要尊重孩子的天性，尊重孩子的兴趣爱好。对于小哲一事，如果不是尊重和呵护，而是横加指责甚至粗暴没收，他就不会接受我的后续跟踪和教化了。

（2）教师应随时保持学习的习惯。例如我能接近这个孩子最终帮助他合理平衡学习与兴趣的关系，要归功于我对漫画的了解。活到老，学到老，是对教师这个职业的基本要求，只有注重学习才能适应不同个体教育管理的需要，在教育的路上，我们需要多加学习，不断提升教管能力和水平。

教育是走进心灵的艺术

陕西省西安市临潼区临潼中学 赵静

教育是走进学生心灵的艺术。教育者的一切教育行为唯有从心里发出来，才能抵达学生的灵魂深处。

一天早晨，我接到一个电话，是我班张同学打来的："老师，我病了，需要请假。"我没有多想，就准了假。之后，我打电话给他妈妈询问他的病情，谎话穿帮！家长急坏了，四处寻找，直到晚上终于和他联络上了。当我向他询问为什么要撒谎请假的时候，他陈述，去他表妹家，给表妹过生日去了。那天晚上，他妈妈告诉我说，孩子一直责怪家长大惊小怪，把事情闹大（全班同学都知道了），不然他现在早到教室安静读书了。

就"撒谎请假"事件，我该如何处理？从打电话这一细节看，孩子心里是有班主任、有学校纪律的，他并不是一个纪律涣散的孩子。从埋怨家长这一细节上看，孩子恼的不是学校处分，而是事情闹大影响了自己的名誉，孩子是有羞耻心的。从难以承受的现实看，事件本身已经教育了孩子。这时，老师再来画蛇添足式地"教育"，不是加重了孩子的心理负担吗？这样不但不利于孩子的发展，还会造成师生关系僵化。

细思以后，我觉得此时这个孩子最需要的不是"教育"，而是安抚，是班主任能够想方设法走进学生的心灵深处，及时给予学生的理解、引导与宽慰。

我告诉他："老师想知道你的病情，才给妈妈打的电话；妈妈关心你，才会四处寻找。所以才有了后续发生的一系列事情。对吗？"

听完我说之后，他不好意思地低下了头，他说："谢谢老师。之所以撒谎请假，是我担心真实的请假理由，您不会批准。"

我追问："为什么？"

他说："学习更重要呀。比起学习，过生日好像不重要。"

我说："如果你这样认为，为什么还要请假去给表妹过生日呢？这个生日肯定对你很重要，对吗？请相信老师，让老师知道实情，只要合情合理，老师都能够理解你。"

此时，他抬起头，微笑着说："老师，谢谢您。"

我说："其实，你并没有做坏事，只是请假理由不对，让家长和老师都很担心。"

他说："我那样做确实不合适。我也没有想到您会专门打电话给我妈妈，询问我的病情。"

我说："知道你生病了，老师肯定要打电话问问病情呀，老师一直都很关心你。"

他再次低下头来掩饰脸上的羞愧，他说："老师，谢谢您。"

我继续说："这件事情对老师来说也是有影响的，老师以后都不敢轻易准学生假了，我会怀疑每一个同学的请假理由。我会猜测每一个来请假的同学有没有说谎话？这就陷老师于不义了，对不对？"

他说："我知道了，老师，真的对不起。"

我说："现在没事了，我们把一切都说开了，你也要放下心结，不要再埋怨和责怪任何人，这件事情已经过去了。你要认真听课，努力学习。"

在这件事情的处理过程中，我让孩子明白了老师是宽容的、理解的，家长是关心的、有爱的，事件处理的结果是学生真诚的感谢，并且使师生关系更加融洽。

教育不是说教人，而是为了成全人、发展人。班主任应分别站在家长、老师和孩子的立场上体会这件事情，而不是揪住"恶果"不放，就已经发生的"恶果"去批评学生，甚至惩罚学生。首先你要能容忍孩子犯错，以宽容平和的心态来客观谈论这一"事件"，孩子就能更好地接受教育，并能进一步理解这件事情的"不合适"之处，而不是事情本身"有多么错"。如此一来，孩子的情绪才会稳定下来，因为你给予的，正是他需要的；你没点明的，是他已经知道的。

教育不是单纯地告诉孩子错在哪里，更不是抓住错误来惩罚孩子，而是把一次犯错变成一次教育契机，积极引导，及时纠正，给予他理解与关爱，从而促进孩子收获与发展。教育的目的就是要为孩子的成长服务。

孙绍振先生在解读都德的《最后一课》时说过这么一段话："一个人的心理结构，其内在的结构，从表层到深层都具有相当的稳定性，即使外部条件有了某些改变，例如，父母的责备、老师的鼓励等，人物的心理，在表层也可能做出一些调节，例如，痛下决心，用功读书之类，但是其深层是超稳定的，表层的一般调节不会影响到深层的稳定，因而表层的调节，尽管是真诚的，但不用多久，就会被深层结构的反调节所消解。"这就告诉我们，很多时候，我们的教育仅仅是起到表层调节的作用，而不能真正撼动孩子内在的心理结构。

一个学生，从小学到高中，受过很多老师"尽心竭力"的教导，可能也正是这些"尽心竭力"的教导才导致我们当今教育出现困境。假如孩子是一张洁白的纸，每位老师都按照自己的"无限的爱"在这张白纸上画一笔，其效果也许并不好。爱，可以，但一定要科学。

苏联教育学家苏霍姆林斯基说过："教育的全部技巧就在于如何爱护儿童。"在教育过程中，师者如果能够用真诚影响真诚、用理解感染理解，就一定能用真诚与理解走进学生灵魂深处。我深信：教育只有经过脚踏实地的践行和细致入微的思考，才能绽放出最美丽的花朵，而这花朵往往属于有着执着信念的实践者和研究者。

细致关怀，方能驱散潜藏的阴霾

广东省深圳市格致中学　廖玥

小云是我从教以来一直带着的学生。我们俩从陌生到熟悉，见证了彼此的成长。她见证了我在教师工作方面的进步，我看着她蜕变成更加闪光的女孩。

一、阳光女孩，悲伤底色

在高一上学期，小云是班级的文娱委员。因为在开学自我介绍的时候，她就落落大方地展示了自己的中国舞特长。随后，她又积极参选班干部，并顺利当选。平时在班级里，她乐观、开朗的性格吸引了很多朋友。在课间，经常可以看到她和朋友们聚在一起说说笑笑。因为她的笑声清脆响亮，我从走廊外经过总是能听到她银铃般的笑声。这时，她单纯可爱，快速地适应了高中生活。

在她和她的小伙伴的协同作战下，班级的文化墙以"小王子和他的小狐狸"为主题，以银河系九大行星喻指九大小组，布置得十分精美，在评比中名列前茅。之后，班级运动会的开场舞也是她挑起了大梁，从排队型、选服装、买道具、大彩排，她的身影一直活跃着。可以说，高一上学期的她是个活跃的文艺积极分子，任何人看了都要夸赞一声"真是个阳光的小女孩"！

到了高一下学期，一次全校心理健康大调查颠覆了我对她的认知。我怎么也想不到，这个阳光女孩可能存在抑郁倾向，灿烂的阳光之下可能潜藏着一些不为人知的阴霾。然而，经过和小云妈妈的电话沟通后，我发现小云妈妈并没有意识到这件事，而且小云在线上学习期间依旧按时按量按成作业、认真听课。

二、彩云易散，劳燕分飞

经过了一个月的线上学习，学生们终于返校了。分了新班级，自然要选出新班委。但这次，小云没有主动报名，在做线下自我介绍的时候也少了点以前的朝气，没有秀出自己的中国舞了。我联想到学校心理普查的结果，不免有些担忧。心理普查的量表应用广泛，早已经过时间检验，其准确性自不待言。再联想到之前培训时讲到的"微笑抑郁症"——看上越乐观、越乖巧的孩子一旦心理出现问题，就越容易钻进牛角尖，越难自救，最后酿成惨痛悲剧，我更加觉得普查结果不是空穴来风。

但突然约谈小云总会有点生硬，可能会引起她的抵触，反而达不到良好的沟通效果。于是在接下来的一段时间里，我都默默地观察着小云的状态。在学习方面，她依旧能保持以前良好的学习习惯和学习态度，没有走上歧路，我稍稍松了一口气。她的语文作业一向完成得很认真，因此我经常表扬她的优秀作业，私底下也会当着面批作文的机会和她聊聊天。得知她理科学习有点不开窍的时候，我鼓励她把握好班主任是物理老师这个机会，多向老师问问题，从而提升理科成绩。她答应我每周会至少问 1 次问题，然后认真执行了，班主任也看到了她的进步，经常鼓励她。

在学习的交流之外，她开始慢慢跟我透露一些家庭情况的信息，比如周末和妈妈去哪吃好吃的了，爸爸给她买了什么东西，外公外婆给她做了什么美食，等等。这其中，似乎从来没有提到过爷爷奶奶对她的关怀。想起之前在三八节女性独立议题的讨论时她对重男轻女现象的感慨，以及上学期周记里偶尔提到的爷爷奶奶的形象，我的心中隐隐有了猜测。但我没想到，这并不是最终答案。

在某个周末，她突然非常难过地跟我发语音，说自己很难过很生气，因为爸爸动手打了妈妈，爷爷奶奶是"帮凶"，她努力保护了妈妈，但觉得非常心疼、非常难过。就因为她的性别不是老一辈所期待的，自她出生起，妈妈就一直承受着爷爷奶奶的诸多指责，随着年龄渐长，爸爸对妈妈的态度也逐渐转变，最终上演了一场暴力悲剧。我努力宽慰她、鼓励她，希望她不要因此对生活失去信心，所幸她难过归难过，没有产生轻生的念头。我们聊了一个多小时的电话，她慢慢平复了情绪，开始理智分析如果爸妈离婚后她和妈妈的生活要如何过。从她对妈妈的维护和对未来的规划中，我仿佛看到了当初那个单纯可爱的小女孩逐渐高大起来的身影，她试图变得更加坚毅勇敢，去和妈妈一起抵抗生活的风雨。幸运的是，正值假期，她们有充足的时间找房、搬家，并庆祝了小云的生日。我既心疼这个小女孩在一夜之间突然长大，也为她破茧成蝶感到欣喜和骄傲。

三、融入集体，阴霾散去

就这样，高一下学期逐渐接近尾声，她和妈妈进入了新的人生阶段，她的成绩也有了一些起色。在和班主任讨论这件事情的时候，他也表示很惊喜，同时又提出另一个需要注意的现象："你有没有发现几乎没有同班同学给小云的朋友圈点赞？"我表示观察到了，但不清楚原因，没听到过她和哪个同学之间存在矛盾的消息。结果这个问题在下一个学期偶然间被捅破了。

高二上学期，小云不再为家庭关系闷闷不乐了，但是也没有恢复成之前开朗的模样。

我发现她有时一个人吃饭，有时又能找到伙伴，但没有固定的朋友。在一次活动排队中，小云排在了我前面几个，她的室友排在了我后面。在发现小云排在她们之前的时候，我后面的女生惊呼："怎么办今天她排在了前面！完蛋了，完蛋了，又洗不成澡了！"我听到有些疑惑，不禁问她们："为什么洗不了澡呀？"她们回答道："老师，你不知道有的人洗澡一洗就是四五十分钟，只要她进去，我们下午根本就洗不成，晚上时间又很紧张，三个人排不开。"听着她们的话语，我逐渐意识到小云在这个班没能融入女生集体的原因。

我把这一情况告诉了班主任，并和他商量了对策。我们并没有专门去找这一寝室的女生谈话，而是在等待一个契机让她们化干戈为玉帛。在一次班级生月会活动中，恰逢小云的室友小刘过生日，我就安排小云当了活动主持人。小云很好地挑起了这个担子，制作了生日会PPT，并在寿星游戏环节十分关照她的室友小刘。之后的生日会，小云都成了固定主持人，她的主持能力得到了班级同学的一致认可。校运会的到来，为小云预备了更大的舞台，她和班长带领着全班练舞、彩排，逐渐和这一集体产生了更加紧密的联系。

后来，校运会取消了，同学们获得了两节课自由活动时间。我发现她和班上同学尤其是室友们都合影了。周末回家晒在朋友圈之后，她获得了一些点赞，之后她的动态都有人接茬了。我没有去过问她们寝室的洗澡问题到底协调得怎样了，因为从小云和她们的融洽相处中我已经得到了回答。现在课间路过班级，我偶尔也能听到小云银铃般的笑声了。

小云经历了理科不开窍、父母离婚、室友不待见的波折后重新快乐了起来，变得更加自信、坚毅、圆融，这就是成长！我陪伴小云共度了这些波折，在欣喜于她的蜕变的同时，也庆幸自己能从蛛丝马迹中窥得小云真实的身心健康情况，并能用合适的方法引导她走回正途，避免了事情的恶化。以小见大，防微杜渐，用细致关怀方能驱散潜藏在阳光下的阴霾！

第七章　教　育　思　考

文学，让成长踏上温暖归途

——文学社团学生成长个案研究

广东省佛山市顺德区乐从中学　何淑而

文学社团是我校校园文化的重要组成部分，是培养学生综合素质的载体，是学校开展素质教育的重要途径之一。文学社团活动内容丰富多彩，透过具体的实践，开阔了学生的视野，促进了学生的读写能力，学生的综合能力也得到了锻炼，例如进行小记者的采访，让学生在面对不同的采访对象时能训练自己的应变能力。同时，文学社作为第二课堂的一个升华，不仅仅是对语文学科的提升，对挖掘自身潜在能力也有很大的帮助。文学，可以让学生的成长踏上温暖归途，改变自我，提升自我。下面，我以一个后进学生的成长个案为例做分析研究。

一、个案背景

小仙（化名），女，16岁，高一（16）班学生。她日常行为习惯较差，经常会与老师发生言语冲突，不愿意接受老师的批评。特立独行，自尊心强，但有时又有自卑感，做事情绪化，逆反心理比较严重，常常受到同学们的排斥。

二、主要问题分析

小仙的上述问题主要是由心理原因引起的。小仙的叛逆行为是进入青春期的一种表现，许多青春期的孩子对大人都有一种逆反心理。他们往往把家长和老师的批评、帮助理解为与自己过不去，认为伤害了自己，因而就会表现出敌对倾向。心理学家阿德勒认为："每个人都有先天的生理或心理欠缺，只不过程度不同而已。只要处理得好，缺陷也能转化为各种各样的优越感。"从小仙的个体情况来看，她的心理问题比别人要稍严重一些，解除心理枷锁是转化她的关键之举。

三、采取的对策

（一）以柔制刚，发现所长

自尊和被人尊重是一个人生存的一种基本需要。人的天性是希望得到别人的理解，特别是对待有逆反心理的学生。记得开学第一周，小仙便因仪容仪表问题顶撞老师而受到学校批评，因接着要上课，我还没来得及找她。我回办公室，发现我的办公桌上有一份长达800字的信。原来是小仙在信中交代整个事件的缘由及道歉、反省，还说道，自己没吃午饭，赶着写信。由此可见，我想小仙应该也想努力改过，思考着怎么处理这件事。第一节下课，她马上主动过来找我。我先搬好凳子让她坐下来，拿出自己准备好的食物递给她，说："你还没吃饭，别饿着了，先吃点东西吧。"她一再推辞，最后还是乖乖地吃了。等她吃完，我表扬她主动认错的精神。同时，表扬她的信写得很有文采，很深刻，建议她发挥所长，加入学校的文学社。她先被我的热情"请坐""请吃"有所感动，接着又受到我的表扬，虽略有迟疑，怀疑自己的能力，但最后还是答应了。

（二）加入文学社，发挥所长

开学不久，广东省新闻出版局、顺德区人民政府及乐从镇人民政府共同在著名出版家岑桑先生的祖居地佛山市顺德区乐从镇葛岸村举行"岑桑书屋"启用仪式。在仪式上，岑桑将自己的1000多册图书捐赠给书屋。借此机会，指导老师便安排文学社社员采访岑桑书屋，了解岑桑书屋的兴史，完成关于岑桑书屋的演讲解说稿。小仙加入文学社后第一次接到任务，很紧张，便来向我请教采访的相关问题。我很乐意和她交流我的看法，如拟写采访问题；学会如何倾听别人的话，并从中找到访问方向；正式访问的语言表达和礼仪的注意事项；等等，并建议她回去准备好问题。此后她几次找我，反复修改采访问题。采访那天，小仙第一个有礼貌地走到岑桑先生面前，大胆地采访岑桑先生。问题中肯，引得其他社员也争相效仿。对于小仙的表现，我在文学社活动中及时给予了肯定、鼓励、赞扬，在活动中启发她意识到自己是集体的一员，自己的一举一动直接影响着集体的荣誉，促使她珍惜集体的荣誉，鞭策她管住自己，抑制自己不良品德行为。从这以后，她的心灵之火被点燃了。

文学社活动课程以海量阅读为主，实践研究为辅，写作方面侧重于论文、读后感和写作经验研究。其中，有一项是通过观看名人专题视频，尝试走近名人，感受名人的个人魅力，如托尔斯泰、苏轼、林语堂、陈寅恪等，要求社员选择一位自己喜欢的名人，制作成课件，然后在社团活动中展示。小仙喜欢苏轼词、纳兰性德词等，恰逢我也很喜欢这些诗人，便推荐她看叶嘉莹的《唐宋诗词十七讲》、林语堂《苏东坡传》等书，她看得如痴如醉，时常利用课间时间阅读，她经常就读不懂的诗词问我。除了解答她的问题，我还发现她身上的闪光点——有一种执着的追求。通过互相交流诗词，小仙很信任我，我也借此细心观察，深入了解小仙的思想动态，把握小仙思想的热点和盲点，以便对症下药。因为逆反心理不是一两次说服教育就可消除的。我借助于文学社，使她把大部分心思转移到她爱好、感兴趣的事情上，做好她的思想教育工作。老师的信赖、同学的支持使她的态度发生了很大的转变。两个月后，她的逆反心理也减弱了，精神面貌已比开学初进步很多，她能以良好的心态投入学习，成绩也有了进步。

文学社鼓励社员一个学期交2篇以上的稿子。小仙对此没有自信，害怕自己的文章写得不理想。我想，文学社可以培养她的自信。因为成功总要有个助手，那就是自信。我先从简单的做起，鼓励她做班会课的主持人，写好主持稿。著名教育家斯宾塞说："记住你的管理目的应该是培养一个能够自治的人，而不是一个要让人管理的人。"然而，要使学生成为一个能够自治的人是离不开必要的教育和管理的。班会课是培养小仙能力的大好机会，我让小仙担任其中的一名主持人。我先让她和另一个文学社社员采访饭堂勤工俭学的同学、学校饭堂经理、乐从供电所班长、乐从水厂经理等，再指导她写主持稿。在磨课中，曾有同事建议我应把她换成另一位同学。可当我看到她在周记写道："今天，上了另一个班的一节公开课……，可谁又知道，背后付出了多大的努力，多少节课都放在了这短短的40分钟。后悔过吗？如果当时我自私那么一点，就一点，也许我就解放了吧！但时至此分此秒，依旧在奋斗，为了什么？仅仅是因为吃的？不，是因为心中的一团火，从未然灭，因为心中有梦，所以不放弃……"我决定不换了，就让我和小仙享受成功的快乐与失败的痛苦吧。因为有梦，我们更应自信。自信为我们搭建了一个绚丽的人生桥梁，我们可以在这个舞台上尽情演绎自己在生活中的角色。

小仙通过班会课主持稿的锻炼，写作水平有了不少的进步。恰好班上需准备读书节启动仪式《弟子规》朗诵，我便让小仙担任负责人，并写一份朗诵稿。这又促使小仙反复认真阅读《弟子规》。她的朗诵稿被我修改多次。在一次排练中，她对我说："读了《弟子规》，让我明白了自己以前是多么的不懂事。从此以后，我要痛改前非，绝不犯错，要听父母的话，听老师的话，不再让父母、老师伤心，做一个勤快懂事的好孩子。"我知道，在阅读与写稿的过程中，小仙继续着她的成长路程，依旧接受着风雨的考验，然而她的记忆中，多了一份有价值的回忆。她的信念中，多增了一份人生收获。

在我的鼓励下，小仙勤写、勤问，多篇文章在《龙韵》上发表。此外，在佛山市航天征文比赛中，她写的《飞翔航天梦》荣获一等奖，实属难得。

一个学期快过去了，如今的小仙遵守学校的规定，在宿舍主动帮助同学、关心同学，人缘不错，在班上成绩进步明显，深受同学欢迎，是同学们学习的榜样。与开学初相比，转变很大，小仙焕发着积极向上的精神。

小仙还主动参加"发现你·感动我"演讲比赛，演讲稿写的是我，她感谢我给予她用心去发现生活，一句温暖的话语，一个美好的回忆……这些不断聚集在心灵时，将她的生活改变得美丽起来，使她的人生充满了感动。"感谢文学社，文学社重在让我在亲历的生活实践中通过感受、体验，在用语言文字进行表情达意的过程中认识自我、发展自我，使我的写作热情得以激发与培养。"在演讲的过程中，她几度哽咽，眼泪最终还是哗哗直下。感动是什么？每个人都有不同的答案。但任何人都无法对一个毫无感情的人说感动究竟是什么。因为感动不是用嘴说出来的，而是用心品出来的。

文学，让小仙的成长踏上温暖的归途。文学社，为小仙提供了一个归途的平台，并拨动着她内心深处这一最温柔的琴弦。

四、个案启示

文学社活动是师生进行情感和心灵交流很好的平台。当然，任何社团活动都不可能一劳永逸地解决问题，一堂再好的社团活动也只能是教育的开始。因此，社团活动还要延伸到课堂以外，班主任应与社团指导老师相结合，及时地巩固教育成果。只有这样，才能更好地发挥社团活动的作用，使教育切实能收到实效。

给孩子一件有价值的"睡袍"

广东省佛山市顺德区乐从中学　何淑而

一、小提示点燃大火气

"小毓（化名），你的手臂动作不够标准，注意看一下小教练。"我提醒道。下午放学后全班同学在操场上学跳集体舞。

"你哪只眼睛看到我动作不标准了？"小毓突然抓起胸前的校卡，往地一扔，恶狠狠地看着我。

"两只都看得清清楚楚。"我压着心中的怒火微笑着说。我提醒自己教育要有耐心。

"有本事去调监控，你这么严格，我受够了。再说，我死给你看！"小毓愤愤不平地说完，便转身就走。

听她这话，我顿时火冒三丈，大声说："站住！跟我来办公室。"

来到办公室，我将她开学的表现一一列举并严肃批评：作业经常迟交；上课趴台睡觉，拒绝回答老师问题，与老师发生言语冲突；给同学起低俗绰号，成为许多同学敬而远之的"孤雁"。而此时她抬头看着风扇，满不在乎，还用略带威胁的语气说："初三的班主任向我妈打小报告，到现在我还很恨他。"

二、细了解引发深反省

当天晚上，我把小毓在校表现一一告知她的母亲。小毓的母亲说，其家庭矛盾严重，有家族自杀史，她生小毓时差点难产而死，她自己本人也曾自杀，现在小毓是她留在这个家的唯一依托。很少享受过母爱的她也不知应该如何爱自己的小孩，一直以来对小毓都是埋怨、指责。小毓初三暑假时也曾割腕自杀。

我的心底突然一阵心疼——多可怜的孩子！我也身为母亲，我能感受到小毓母亲内心的自责，同时，我不禁检讨自己：我以师长自居，总是从主观自我出发告诉小毓该怎么做。而这些是她的内心真正需要的吗？

第二天，我把小毓情况上报年级——"心灵家园"，年级负责人安排得力班干关注她在班上、宿舍的表现。平时多与小毓母亲沟通。我阅读了有关抑郁自杀的论文，自学了有关心理学的知识，明白了有自杀意向找她谈话时注意不要搞"晓以大义"那一套。谈话的重点是向她证明：你有价值，你的痛苦是有办法减轻的。言下之意，运用心理学的"配套效应"，给她一件有价值的"睡袍"。

三、寻价值滋养迎阳光

于是，我努力寻找一件属于小毓身上有价值的"睡袍"，更多地关心她的生活，关注她的优点和特长。小毓喜欢阅读，我便采用阅读心理治疗法。我推荐她看《唐宋诗词十七讲》《苏东坡传》等书，互相交流诗词等。渐渐地，小毓感受到自身的价值所在，一步步放开自己心绪，一点点感受着周围人给她的善意，因此变得努力学习，期末考试语文成绩年级前十名，学期质检一考试进步了78名。前不久，她母亲联系我说："小毓回到家后笑容多了。今天第一次主动帮我做事，我内心真的很感动。谢谢您，何老师。"

四、真教育引领同成长

教育学家斯普朗格说过，"教育的最终目的不是传授已有的东西，而是要把人的创造力量诱导出来，将生命感、价值感唤醒"。通过这件事，我明白教育应该给孩子一件有价值的"睡袍"，唤醒孩子沉睡的生命。相遇只为前行，与孩子一起向前奔跑，共同成长。

涂亮孩子的生命底色

广东省深圳实验学校坂田校区　杨琴

发生在学生身上的事情，看似是一件件小事，但如果教育不得当，或者教育不及时，那么小事可能变成一件大事，或许会影响集体。学生偶发的故事有很多，但这些偶发的小事件需要我们用教育的大智慧去解决，教育越在得当的时候，对学生的成长越有利。

一、直面于"人"，根植于"爱"

"我不要跟你谈，你让我一个人静静"，小孚抽动着鼻子，怒气冲冲地闯进安静的教室。他可是班里的乖孩子，弹得一手好钢琴，是公认的钢琴小王子。

此时离学校合唱节仅有一周，大家正热火朝天地准备着。在眼操时间班长向我抱怨，上午音乐课进行合唱排练，小孚不愿意按照琴谱上的和弦来练，想自己编，一直闹情绪不肯弹，浪费大家的排练时间，为此两人差点吵起来。我先安抚班长的情绪，决定对这个熟悉的"休眠火山"小孚先进行冷处理。午写课时，我把他叫到办公室，原以为我的有意"冷落"能触动他的心灵，让他及时反省，没想到我刚一开口，小孚就激动地说："杨老师，您是不信任我咯！您直接换人！"还没等我反应过来，就出现了开头那激烈的一幕。

我忽然想起来小孚妈妈曾经和我说过，孩子在一年级时被诊断为抽动性秽语症，一直在配合药物进行治疗。孩子一旦得这个病，身体会不自主地、突然地抽动，注意力不集中而且容易情绪失控和骂脏话。爱是老师教育的源泉。想到这，我的心一下子软了下来，立马跑进教室，拍着他的肩膀，努力让他平静下来。不料他抬头瞅了我一眼，甩开我搭在他肩膀上的手，眼里依然燃烧怒火，吓得我往后退了几步。我想，他此时依然需要一个自我"冷却"的空间。

班主任一个肩膀挑着学生的现在，一个肩膀挑着祖国的未来。怎样影响一个遇事急躁的"休眠活火山"，我陷入了深深的沉思……

终于放学了。空空的教室里只剩下我跟他。他不以为然，我微笑着递给他一瓶水，示意他坐下。他一副惊疑的样子，但眼里少不了对我的提防。"半个月以来，你一个人排练 2 首有难度的钢琴曲，老师担心你压力太大，想和你谈谈呢，不料撞见你的坏脾气。你的怒气像拉断了引线马上就要炸响的地雷，对我来讲，这一天比任何一天都漫长，心里委屈又担心。"他低着头，嘴巴一翘一翘，欲言又止。我一直寻找着触动他心弦的契机，趁机发射文字波和情感波，"其实你一心想着班级，我们都看在眼里，你是我们的骄傲！班长没同意你编琴谱，你有情绪，我非常理解"。我轻声细语地说，小孚认真听着，脸红一阵白一阵，想必各种滋味齐聚心头吧。"老师，我知道错了，可我就是控制不了自己。"我拍着他的肩膀，"情绪没有对错。老师也会有控制不了自己的时候。你可以宣泄情绪，但不能伤害他人，更不能不尊重师长，凡学之道，严师为难呀"！我告诉他，有情绪时可以通过注意力转移法，跟同学或是信任的人一起聊聊其他事情；也可以参加某项自己喜欢的活动，比如打篮球、弹钢琴；还可以尝试释放、宣泄的方法，去操场跑跑步；等等。小孚脸上慢慢变得舒展："老师，谢谢您，我一定改。"通过头脑风暴，小孚意识到：不改琴谱，我们练习会更有把握；改琴谱，那就得抓紧练。这是集体的事情，要商量，少数服从多数。

教育，就是增强人的精神力量，把隐藏的种种潜力，变成发展的现实。小孚因为个子高有双大长腿，在跑步和跳远方面比较占优势，我对他说："你是老师的镜子，你让老师成长！好好练习，等合唱节结束后弹几首舒缓音乐作为午写课的背景，好吗？大家很期待！"他眼睛闪着光，"老师，接下来，我一定好好练习，一定控制情绪。"接下来因为各方合力，我们班在合唱节比赛中顺利获得第一名。

二、着力于"导"，作用于"心"

为庆祝党的 100 岁生日，6 月初，我们班将代表学校参加建党 100 周年的省级比赛《沁园春·雪》的录制，从语文老师到班主任再到孩子们和家长，每一个人都很重视。为了 11 号的录制，连续半个月，每天放学后大家都自觉留下来排练。尤其是录制当天，从 7 点开始化妆，彩排将近 3 个小时，可以说，为了这台上 5 分钟，大家一致拼尽全力。

然而，大家看到视频原稿时，感到一阵凉飕飕。原来我们班的 L 同学，在视频最开始的 15 秒内不停地重复下蹲、升起的三个动作，破坏了整个画面，气得语文老师火冒三丈。熊孩子破坏了这一画面，怎样渡过这次危机，将其转化为一场教育契机呢？作为班主任，我积极冲在最前面，一方面积极沟通信息中心，寻找补救措施，希望通过技术制作将这 15 秒内容进行处理，极力将事情的影响降到最低；另一方面，我积极安抚语文老师，说明自己的做法，让她吃下定心丸，迅速降火，以免大动肝火。协调好各方之后，我立马找来"事件主角" L 同学，帮助他分析事情的利弊，告诉他，他的"三蹲三升"带来的后果："这小小的三次深蹲，是多米诺骨牌的第一张牌，是蝴蝶效应中扇动翅膀的那只蝴蝶，可能会让大家一个月的辛苦付诸东流，尤其是对舒老师影响更大，她为了这次节目，劳心劳力，从排练前的写稿，再到视频的制作、服装的确定等等每一个细节，默默做了很多工作，甚至牺牲中午睡觉时间思考布局，同学们也很生气，你这次的小小行为影响了集体荣誉，大家这次都很伤心了……"一向心高气傲、挑战课堂纪律的 L 同学以为等来的是严厉的批评，结果换来的却是循循善诱的话语，L 同学居然泪流满面。让我也顿感意外，原来是真实宽容引起的道德震动于惩罚更有效果。我继续教导 L 同学："杨老师正在积极联系信息中心对视频进行技术处理，希望一切能顺利。""老师，真的能补救吗？"他眼里闪着光，"谢谢您帮我，我真的只是腿有点痛，然后……谢谢您让我缓解了很多的压力。""你能做点什么让语文老师和小伙伴们开心点呢？毕竟大家付出了那么多，心里一定不好受。""老师，我写一封道歉信吧，把我的诚意写进去。""还有呢？可以做点啥，让你自己和大家都好受一点。""您平时跟我讲，犯了错误影响了班风，可以奖励做点好事弥补。您看，接下来我给舒老师和全班同学做 10 件好事弥补可以吗？""当然可以。"中午观察他，时而发呆地看着填空似乎在思考着啥，时而在本子上沙沙写着啥，我想结果已经不重要，但宽容的种子慢慢在他心里滋养。

人民教育家于漪曾说："知心才能教心。教育的针对性越强，教育的效果越好。"小孚和 L 同学的改变让我体验到了教育的前提是了解，是尊重。尊重学生的人格，善于发现每个学生身上的长处与潜力，用智慧启迪智慧，这些都使我拥有了改变学生的力量。其实，改变的不仅仅是学生，从这些事情上看，我和学生们都在成长，我的学生每天都发生事情，希望接下来的事情会更加温馨更加精彩。

在自省中长成自己最好的模样

——期末评语

河南省濮阳市油田第十中学　尚善报

班主任为班级学生写期末评语已成惯例。以往的期末评语基本上都是教条式的评价——先把评价内容逐条如列清单似的从德智体美劳中列好几条，再结合学生的具体情况，对应选取几条作为该生的期末评价，这样着实少了很多个性的东西。那种教条式的评价会消耗掉班主任的不少时间，写完后还容易被束之高阁。评价应该成为学生的自省与总结，在自省中长成自己最好的模样。

期末评价更不应该如"落叶"般被尘封在过去，而应该作为一学期结下的"果"。无论是甜抑或是涩，"细嚼"后才能更好地修正前行的方向，在自省中更好地成长。于是我把本学期期末评价改为学生自评与组长评价两种方式拼成对学生的期末总评。并利用金山文档在线编辑的形式，也更真的向家长们敞开了一个了解自己孩子与班级学生的窗口。

首先强调自评以及组长对组员的评价内容要真实客观（可从听课、作业、纪律、锻炼或劳动、班级服务、读书等方面进行评价）。其次要强调在评价的形式上可以多样化，也可发挥自己独特的创意。可以写成"短诗"的形式来点评和寄语自己以及组员学生。我借用李富华老师"打油诗"的形式，为班级一名学生写评语。高相冰是一个端庄文静的女生，成绩优秀为人谦和，则可以这样为她写评语：

> 高家有女高相冰，
>
> 秀雅文静心玲珑。
>
> 为人谦和有涵养，
>
> 勤奋好学好前程。

这样既评出了她的个性特点文静谦和，又寄语她勤奋好学就有好前程的希望。

接下来，请随我一起看看我们班的小伙伴们怎样自评的？又是怎样给组员写评语的吧！

王培溪同学给自己的评语：

> 为人善良是优点，

> 脚下生风在课间。
>
> 行事不能分重点，
>
> 懒惰学习心不专。
>
> 若能克服此缺憾，
>
> 成绩定能大步赶。

这个评语读来就像小家伙站在身旁一样，活泼好动的他在评语中淋漓尽致地展现了独特的自己，善良、好动、做事没轻重还有点不太专心，同时也清晰地告诉自己，若能克服自身缺陷，定能实现自我突破。期待王培溪同学在自己的总结中长成自己最好的模样。这也正是我让学生给自己写评语的初衷，在自评中认识自我、修正自我、完善自我。

崔芸灏同学给自己的评语：

> 脑好字差欠认真，
>
> 聪明难补态度深。
>
> 少年应存凌云志，
>
> 全力一搏直青云。
>
> 学习若能尽全力，
>
> 清北通知入我门。

崔芸灏同学是一个心气很高的孩子，有时又像一个小机灵鬼，课堂活跃但缺乏恒心。凡事贵在坚持，持之以恒才能有所成。活泼好动的他总是扭来扭去，但有时也能沉浸在自己的思考中无法自拔。期待他尽力一搏而青云直上，期待崔家男儿快快长成。

杨雁舟同学给自己的评语：

> 上课紧跟老师学，
>
> 每科作业认真写。
>
> 态度认真守纪律，
>
> 读书运动有欠缺。
>
> 学习之余做家务，
>
> 取长补短不停歇。
>
> 责任意识需提高，
>
> 班级责任不能卸。

看到杨雁舟的名字就想到那个乖巧懂事的姑娘。如她在自评中描述那般，课堂上眼神永远跟着老师，写作业一直都认认真真，态度谦和有礼，秀外慧中就是她做最好的样子。乖巧贴心优秀出众，典型的家长口中的"别人家"的孩子。就这么一个"学霸"，还在自评中总结自己应该加强读书运动、取长补短，增强班级责任意识，争当班级小主人。

组长李文沐同学给自己的评语：

钝学累功尺寸取，

手不释卷读书多。

墨作龙蛇纸上飞，

戒骄戒躁细雕琢。

再来看看组长李文沐同学对同桌李昊鑫的评语：

敦厚热心好同桌，

专心致志来上课。

勤学苦练多读书，

枉辔学步不可得。

还有组长李文沐同学对组员杨有晟的评语：

体弱多病缺课勤，

一曝十寒待恒心。

身强力壮需努力，

跛行千里要发奋。

以海量阅读立于班级的李文沐同学有没有给你带来不一样的感觉？无论是对自己的自评还是对组员的评语中，谦逊的言辞都无法掩盖自身的光芒，皆彰显出自己深厚的语言功底。对组员的评价中肯到位，在对自己的评语中还不忘再警示自己戒骄戒躁，期待手不释卷的他细雕琢后能散发耀眼的光。

组长郭奕萱同学给自己的评语：

性格自信品行正，

家中懒惰少运动。

课堂专注勤思考，

课后莫忘多温习。

茶余饭后多捧书，

开卷有益须牢记。

莫负韶华争朝夕，

勇攀高峰再努力。

组长郭奕萱同学对同桌解桐的评语：

头脑灵活转得快，

热心助人很有爱。

童心挚纯爱嬉戏，

课堂四方皆好奇。

只待玩心收将起，

自信前行三万里。

若能踏实定心性，

成功之花犹可期。

组长郭奕萱同学对组员陈锦涵的评语：

性格纯朴心肠热，

友善同学稍羞涩。

课堂发言需积极，

课后还需多努力。

自信表达多锻炼，

勤于思考多钻研。

若能勤奋伴书本，

成绩很快就攀升。

郭奕萱同学总给人一种不卑不亢的感觉。外表温和如水利万物而不争、谦卑随和。其实，她温和的外表下蕴藏着开山劈石的能量，正如她给自己的评语那般——为人自信、品行端正、学习专注、勤于思考，爱阅读且一直牢记开卷有益。成绩虽已位居年级顶端，但仍不负韶华，再努力勇攀高峰。

在给古灵精怪的组员解桐写评语时，短短几句话把解桐描绘的形象真切。解桐头脑灵活热心有爱，童心未泯好奇心重，只待玩心收起成功之花便可期。身为班长的她一直在静静地积蓄力量，永葆一颗积极向上的心，引领班级同学共赴美好前程。

开启评价新模式，与学生一起在自省中成长。自评与组长评价让孩子们对自己有了一个清晰的认识，在总结自省中认识自我、调整自我、完善自我，在自省中长成自己最好的模样。

期末评语个性化，伴孩子温暖前行

广东省深圳市龙华区第二外国语学校　吴清宇

又到期末了，班主任的日常工作之一便是写评语。我还记得小时候拿到"家庭报告书"，首先就是怀着紧张的心情，想要在评语中找"但是"两字，因为这两个字后面，写的是缺点，家长会重点关注这个。读师范学校的时候，我很惊喜地发现，老师没有写我们的缺点，全班同学皆大欢喜。这些细节，我至今记忆犹新，也在提醒我，作为一个给别人写评语的人，要注意措辞，一定要让自己写下的评语带有温度，让学生读了之后是开心而有力量的，能够在未来的道路上温暖前行。

一、评语要个性化

评价学生，应该是多角度的，评价方式也是多元的。每个人的成长和发展不完全同步，有些东西，孩子暂时没有弄懂的，过一段时间也许就会弄懂了。有的孩子爱阅读，语文成绩好；有的孩子喜欢画画；有的孩子体育方面有特长；有的孩子功课并不出色，但是特别有爱心，乐于帮助别人。长大后，绝大多数人都会成为普通人。所以，当老师的我们，要用欣赏和发展的眼光看孩子，要让评价的角度更加多元化。评价的方式，除了期末的评语之外，平时的鼓励也是很重要的一种方式。摸摸孩子的头，竖个大拇指，公众场合的一句夸奖……孩子自然能够感受到老师对自己的肯定。

二、评语要关注细节

小时候，我以为所有老师对学生的评价语第一句都是"该生思想品德好"，如今历经风雨，我明白了，实际并非如此。老师的评语不要千篇一律，不要全篇套话，学生会更爱看。也许，这很难。确实很难，但不应该因为很难就完全不去做。尽力去做，尽自己的努力，做到最好，足矣。怎样写细节呢？可以写师生相处的事情，也可以写老师观察到的瞬间，还可以写学生某个闪亮的时刻。例如，有的学生在竞美教室评比中表演了，有的孩子在某节课上的响亮回答，还有负责整理书架的、负责午休摆鞋子的……让孩子们读老师评语的时候，也能回忆起自己的闪亮时候，在心里产生温暖的感觉。同时，评语也是写给家长看的，应尽量正面地评价孩子，如果有做得还不够的地方，就委婉地表达期待。

三、评语要有温度

与人善言，暖于布帛；伤人以言，深于矛戟。在生活中，很多人会被别人无意中的话语中伤，陷于情绪的痛苦中。反过来想一想，自己平时说的话，是否也会无意中负面评价别人，而让别人难受呢？做一个温暖的人，多说温暖的话，让身边的人因为我们的存在而倍感幸福。作为班主任，生活在这个时代，跟家长的互动是比较多的，我也反复告诉孩子和家长：无论何时何地何事，都可以跟我沟通。如果是我可以帮忙的，我一定会帮忙；如果我没有及时回复信息，也请不要着急，我看到后会第一时间回复。所以，沟通没有障碍，学生在老师心中的形象或者说老师的评价，也不是只需要通过期末评语才知道。有同行说，将"期末评语"改为"期末寄语"，也许更合适。我非常认同这个观点。

希望学生读到我写的期末寄语时，心中能有暖阳，嘴角微微上扬，带着老师的期待，温暖前行。

生 命 教 育

——呵护与敬畏同行

广东省深圳市龙华区第二外国语学校　吴清宇

如果，孩子向你提问：

活着有什么意义？

我从哪里来？

每个人都会死吗？妈妈也会吗？

你的回答，会对孩子的人生价值观念造成重大影响。

　　每个生命都是来自偶然，每个生命却又都是神奇而独特的。作为大人，尊重生命的成长规律，适时给予恰当的养分，让孩子长成自己的样子，就是最好的教育。生命教育，是一个神圣的、值得敬畏的话题。但是，生命教育的开展形式，却是既可以生动活泼，又可以随机巧妙。

一、生命教育，在图画书里

　　生命的过程是神奇美妙、多姿多彩的，生命的尽头却是颜色冰冷、令人感觉非常恐惧的。大人们都觉得难以说明白的问题，如何跟小朋友们讲呢？

　　我想起绘本《一片叶子落下来》，这个故事深深地打动了我，影响了我。"对于不知道的事情，我们全都害怕。这很自然。不过，春天变成夏天，你不害怕；夏天变成秋天，你也不害怕。这些都是自然的变化。那么，你为什么要害怕这个死的季节呢？"仔细想一想，确实是这样，人生几十年，我们要经历的事情真的太多了，有意料中的，更有意料之外的，根本害怕不过来，只有坦然面对。那么，生命的意义是什么呢？取决于自己对生命的态度和认识的程度。故事中也有很令人回味的回答。"如果我们反正是要掉落的，那为什么还要来这里呢？""是为了灿烂的太阳，是为了浓绿的树荫，是为了五彩的秋天，是为了美好的四季呀！"就连一片叶子都有自己活着的意义，更何况我们人呢？我们要学会感受生命的丰富多彩，品味生活的酸甜苦辣。无论顺境逆境，都要有一颗积极善良的心，善待自己、宽容别人。

我还读过祖庆老师推荐的《天蓝色的彼岸》，故事的主人公是一个因车祸死去的小男孩哈里，他牵挂着爸爸、妈妈、姐姐和朋友，在幽灵阿瑟的帮助下，重返人间和他们做最后的告别，表达自己生前未来得及说出的爱的故事。这本书讲述的是一个男孩死后的见闻，却丝毫没有引起读者对于死亡的阴暗恐惧心理。该小说透过温暖清雅的笔调和具有童真的视角以及充满哲思的语言，启迪我们去思考生命的意义。作者通过哈里说出了自己要揭示的生命的真谛，生命是短暂而美丽的，读者不应该浪费时间去抱怨和恨，而是应该用更多的时间来自己的亲人，感受生命的美丽，这才是生命的真谛。

二、生命教育，在语文课本中

据说，孩子对死亡的疑惑通常始于 4 岁左右，此时他们的自我思考意识开始建立。但并非能完全理解大人的说法，当孩子提及时，不回避话题，心态可以保持平静，用孩子能听得懂的话语正面回答。孩子不愿提及时，也无须再展开，更不必刻意进行情绪疏导。真正的教育是恰到好处的无声浸润。

在《我的伯父鲁迅先生》一文里有这样一段话，"我呆呆地望着来来往往吊唁的人，想到我就要永远见不到伯父的面了，听不到他的声音了，也得不到他的爱抚了，泪珠就一滴一滴地掉下来"。就是很好的表述范例。

生命，不仅仅属于自己。某些时候，偶然看到一些年轻的生命，轻易地消逝，令人扼腕叹息的同时，必须得好好思考：生命，仅仅是属于自己吗？自己有不想活的念头了，就可以马上不想活吗？这是极度自私的、极度不负责任的。"人固有一死，或重于泰山，或轻于鸿毛。"父母给予的生命，值得每一个人好好地活……

三、生命的意义，在自己的言行中

李镇西老师说的"让人们因为我的存在而感到幸福"，就是非常朴素的表达。孩子完全可以用自己的方式，让身边的人因为自己的存在而感到幸福。同学、朋友、亲人，甚至是路人、陌生人……孩子们有能力通过自己的努力，让他们感到更加幸福。在某一个普通的日子里，真诚地感谢一下父母，让父母感到幸福；在同学需要帮助时，伸出援助之手；在别人为我们服务后，说一声谢谢；在与陌生人交往的过程中，主动微笑……举手投足间都可以送出自己的善意。这样的生命，才是特别有意义的。

四、生命教育，在日常的陪伴里

我的两个孩子都非常喜欢小动物。去年来深圳不久，孩子爸爸就给他们买了两只虎皮小鹦鹉，给平日缺少玩伴的孩子们增添了无限的欢乐。但是，过了一段时间，有一只比较活泼的，学会了自己开鸟笼，飞走了，孩子们难过了好久。寒假，我们回老家过年，离开了大约20天。其间，也曾委托留深的同事偶尔帮忙喂食一次。整个寒假，娃们最挂念的就是鹦鹉，返程的路上，孩子们一直在念叨，进家门的第一件事，就是冲去看鹦鹉。非常不幸，出现在我们眼前的是小鸟的尸体。儿子嘴巴一瘪，无声地落泪了，躲在房间里很久都不肯出来！我拥抱了他，没有讲大道理，就说小鸟也是有自己的命运的，记住我们一起相处的时光就好。我会重新给你买另外的宠物。

此时，无须多言，经历就是最好的教育。

现在，我们班上的小朋友上了科学课，很多人都在养蚕，这也是很美妙的一段生命历程。家长朋友们也可以借这个契机，开展多方面的教育。

生命教育，是一个复杂且庞大的工程，需要大人们平日里对孩子进行经常性的渗透。抓住最好的时机，让孩子适度了解，并对孩子进行有关生命意义和价值的教育，给孩子心灵深处播撒一颗颗优质的"生命种子"。

生命无价，教育有法

——探析在小学低段渗透生命教育的积极策略

浙江省杭州市钱塘区云帆小学　黄希宾

近年来，层出不穷的校园安全事故，让社会各界看到了一些孩子对生命的不够重视。这种对生命的不够重视，其根源在于学校对生命教育的忽视和家长对生命教育的无视。生命无价，教育有法。无论是学校还是家长，都应该担起责任对孩子进行生命教育。在开展主题班会和应急演练等生命教育主题活动的基础上，我们还应探析渗透生命教育的积极策略，引导孩子认识生命的本质、理解生命的意义、保护并提升生命的价值。

当前，部分学校并没有引起对生命教育的关注和重视，学校所开展的生命教育主要围绕在珍惜生命的层面上。针对生命教育并没有设立专门课程，也没有要求教师针对生命教育进行专门的教学规划。这样会导致生命教育整体流于形式，无法落实生命教育的具体内涵。同时，部分教师在思想上对生命教育还采取敷衍回避的态度，导致生命教育的真正价值很难在小学低段有效发挥。

生命教育尚未纳入正式教育内容。在传统应试教育环境的大背景下，大多数学校都以追求学生的成绩及升学率为主要目标，对学生树立的正确"三观"、养成良好生命意识等方面缺乏积极而科学的引导。另外，现今大多数学生都是家里的宝贝，有些个人主义，也很容易受到功利主义、利己主义的不良影响，从而产生错误的生命观念。当前小学低段教学的内容主要以学科教育为主，如果在学科教育中没有对生命教育进行融入和渗透，就会进一步导致学生生命教育的缺失，从而使学生难以获得对生命价值极其重要性的深刻理解。

生命教育缺少相关资源。生命教育作为学生日常德育中的新兴领域，目前在硬件和软件上都普遍缺乏教学资源。一方面，由于生命教育并未纳入实际教学课程，因此生命教育并没有专门的教材或直接性的教学资料，很难由教师有针对性地开展教学；另一方面，学校中普遍缺乏生命教育专业培养的人才，学生的生命教育通常由班主任或道德与法治教师承担，这在一定程度上减少了学生接受生命教育的机会。我认为，在小学低段积极渗透生命教育可以采取以下策略。

（1）借助日常行为规范，引导学生认识生命的可贵。生命教育要让学生认识生命的可贵，这种可贵不仅是对自身，还是对家人和朋友，甚至对社会和人类。小学低段学生由于身心发育尚不完全，总体安全意识淡薄，甚至没有安全意识，课上课下肢体碰撞或肢体冲撞的小插曲时有发生。针对学生的打闹行为导致有人受到伤害的现象，教师可以在班级通过讲故事进行生命教育。"古时候的男人一般是留着长头发和长胡须的，你们知道这是为什么吗？"小学低段学生由于好奇心较强，对教师的问题会抱有较高的兴趣。"古人说：身体发肤，受之父母，不敢毁伤。因为古人认为，我们的身体，我们身体的每一部分，包括皮肤和毛发，都是父母给的，是父母生命的一部分，我们不能使其受到伤害。所以，我们一定要好好保护我们的身体，保护我们身体的每一个部位，不管在任何时候都不能让身体受到伤害，否则，不仅我们自己难过，爸爸妈妈也会伤心的。"学生虽然对于古人蓄须留发的深刻含义并不能理解透彻，但通过故事引导能够对学生产生生命教育的潜在影响。此后，每当有学生在肢体上有碰撞或冲撞的事情发生，教师都可以借用古人的这句"身体发肤，受之父母，不敢毁伤"来提醒并教导他们保护好自己的生命。

（2）结合学科教学，激发学生对生命的敬畏。教师可以在平时的教学中通过挖掘、提炼相关素材，开展好面向学生的生命教育，激发学生对生命的尊重与敬畏。小学二年级的课文《小马过河》讲了小马驮着半口袋麦子去磨坊的路上遇到了一条自己不知深浅的小河，在得到老牛伯伯和小松鼠对河水深浅的说法截然不同时，小马还是回家问妈妈。本课所在单元的训练主题是从不同角度看问题会得到不同的结果，本课的训练主题上提升了一步：遇到问题时不要光听别人说，要自己动脑筋，再去试一试。当学完课文学生明白了课文内涵的时候，教师可以抛出问题让学生开展小组讨论："假如你是小马，你会去试一试吗？为什么？"汇报交流时，如果学生表示不会亲自去试，因为贸然尝试可能会有危险，一不小心会失去生命。虽然这种表述与课程内容以及本单元训练主题并不贴切，但教师应当对这种思想意识给予肯定，引导他们明白：在面对存在安全隐患的环境或者问题时，如果听取了别人的意见后还是拿不定主意的时候，那就千万别拿自己的生命去尝试，一定要寻求自己最亲、最信任的人的意见和帮助，因为生命是最宝贵的。

（3）利用实际案例，帮助学生掌握生命安全知识。生命教育不仅强调对学生理论知识的普及，更加看中对学生的经验及其技能的积累和培养，在教学过程中融入实际案例，不仅有助于学生加深教学印象，还能够借助一些特殊案例融入生命教育内容。例如，在学习《雷雨》一课时，在理解"闪电越来越亮"一句的时候，课件出示了一幅雷雨前恐怖的闪电撕裂天空的图片。教师可以顺势花上几分钟时间给孩子们讲起了电闪雷鸣的雷雨天气时，千万别在空旷的野外停留或大跨步跑动，也不能躲在树下或者墙根，尽量待在室内，关好门窗，关闭电闸，等等。此外，教师还可以通过搜索新闻为学生寻找雷雨天雷击伤人的实际案例，让学生真切地了解雷雨天气时雷电的危险，从而在一些极端天气中掌握保护自身生命安全的知识的经验，真正经受了一场"雷雨"带来的生命教育。

（4）联系生活实际，启迪学生重视生命的意义和价值。生命教育除了在课堂中进行教学，还需要在生活中不断启迪学生完整理解生命的意义，积极创造生命的价值。小学低段学生通常不理解什么远大的理想或目标。作为教师，要在学习生活中时时处处引导并培养他们的生命意识，使其明白生命的宝贵，并对生活和学习充满期待和热情，促使其在生命中的每一天都活得努力、积极、向上，让每个新的一天都成就一个更优秀的自己。例如，当课堂上有人因开小差而跟不上课堂节奏时，教师可以通过名言警句提醒学生不浪费时间——"要做比昨天更优秀的自己"。虽然小学低段学生对深奥的名言警句理解能力有限，但在教师的反复提醒下，他们还是能认识到自己的行为是错误的，也能激起做"更优秀的自己"的意愿。当然，生命的价值和意义不在于一时一刻的成绩。因此，当学生在因取得一点成绩而沾沾自喜甚至骄傲自满时，或者因遭遇一点失败而情绪低落甚至一蹶不振时，教师要及时进行引导，让学生明白生命是一个不断提升自我、实现自我的探寻过程，成功和失败会在我们的生命中一直伴随着我们，只要不断积极努力地向着梦想前进，我们的生命才会更有意义、更有价值。通过在日常生活中的不断启迪，学生会潜移默化地形成重视生命意义和价值的认知，改善自己的学习生活习惯，这对文化课程的学习也起到一定的促进作用。

（5）开展实践活动，培养学生欣赏生命的美好。生命教育除了要培养学生对生命价值的重视，还要引导孩子们学会欣赏和感受生命的美好。教师可以通过课外实践活动，如春秋季游园活动、文化娱乐活动等。在亲近自然的活动中，引导并培养学生拥有一双发现生命之美的眼睛和一颗感受生命之美的心灵，让学生在青山绿水、繁花落叶、皓月星空中感受到自然之美；驻足于名书画面前，聆听着名曲的时候欣赏到艺术之美；遨游在知识的海洋里，探索着奥妙无穷的未知世界的时候体味到科学之美；挥洒汗水驰骋拼搏在绿茵场的时候享受到运动之美；等等。通过实践活动，教师可以帮助学生充分感受到生命的美好，自然而然地形成对生命的敬畏与重视，还能够将自身感悟不断沉淀成为生活经验，让自己即使在遭遇困难的时候也要懂得世界之美、生活之美。

（6）结合防疫背景，唤醒学生珍惜生命之重。在疫情反复的大背景下，学校的教学模式和进度难免受到一定影响。直播网课的形式虽然解决了居家隔离学生的上课难题，但线上线下同时进行的授课模式很容易打乱教师的教学节奏和学生的学习生活节奏，让居家的学生以及部分家长产生莫名的焦虑。教师应当有针对性地在学生和家长面前淡化疫情带来的影响，通过轻松、开玩笑的方式对直播教学模式进行引导，强调这一新型教学模式的优势以及它对学生发展的必要性，引导学生和家长抱着积极乐观心态面对疫情。提醒学生除了积极乐观的心态，还要多多运动，锻炼身体，提高免疫力，积极应对疫情，早日战胜疫情。这种教育方式不仅有助于学生和家长提高疫情防控意识，降低疫情带来的焦虑，还能够唤醒学生在这个特殊时期更加懂得去欣赏生命之美，珍惜生命之重。

（7）加强家校联合，提升生命教育效果。家庭是生命教育的主阵地，因此教师在进行生命教育的过程中，应当积极加强家校合作，利用好家庭教育的重要作用，提升生命教育的质量和效果。一方面，教师要与家长加强沟通，通过家长会、班级交流群提醒并引导家长在日常生活中以身作则，引导与培养学生对生命重要性的认知，将生命教育落实在学生生活的每一个环节；另一方面，教师应当对学生的家庭环境产生的基础进行了解，及时帮助学生与家长积极沟通、化解家庭矛盾，创造温馨、幸福、和谐的家庭环境，这样更有助于学生的身心健康，从而让学生以更加轻松和乐观的心态形成对生命价值的认知，在遭遇挫折或困难时能够拥有良好的心理状态。

生命无价，教育有法。在小学低段渗透生命教育的积极策略，丰富多样，需要广大教师通过积极思考和不断实践提高生命教育的有效性。逐步培养学生的珍惜生命、热爱生命的正确生命价值观。同时，生命教育不仅在于对学生的理论知识教育，更要在校园安全工作方面做到防微杜渐，为学生健康、快乐的学习生活保驾护航。

跆拳有形，德育无痕

——以智障学生跆拳道教学的德育渗透为例

广东省佛山市三水区启智学校　吴燕飞

　　跆拳道发源于朝鲜半岛，以"礼义廉耻，忍耐克己，百折不屈"的教学宗旨，不仅可以让智障学生学习动作技能，还可以增强身体素质，最重要的是可以全面培养学生礼仪修养、爱国精神、坚强勇敢、忍耐克己的精神和坚韧不拔、百折不屈的意志品质。

　　以下是我在进行跆拳道教学过程中对智障学生进行德育渗透教育的实践与反思，希望能够带给特教同行们和家长孩子们一些启发。

一、跆拳之道——礼始礼终，尊重谦让

　　跆拳道运动要求练习者不仅要学会跆拳道的动作技能技巧，更重要的是要学会礼仪，其始终强调"以礼始，以礼终"。这是一种由外而内的道德修养的过程，是一种礼仪教育，其中，鞠躬是最为基本的礼仪。

　　所以，我在进行跆拳道的教学时，始终要求学生们要注重礼仪，每次上课前先向国旗敬礼鞠躬，然后向老师敬礼鞠躬。上课过程中迟到时要跟老师鞠躬，上厕所也要鞠躬，整理着装要鞠躬，与老师或同学进行练习时也要鞠躬，如果练习时不小心踢到或打到对方也要及时鞠躬表示歉意。此外，在进行动作练习前后都要向为你服务的同学敬礼致谢，上课结束后要向老师鞠躬，向国旗敬礼鞠躬，等等。尽管一开始，我们的孩子非常不习惯一节课里有那么多的鞠躬动作，一尿急就直接跑去厕所，腰带歪了鞋带松了就直接重新整理好，踢到同学了就马上吵起来了，等等，状况连连，但我始终把"礼仪"这个跆拳道基本精神坚持到底。没想到，经过一个月左右的跆拳道学习，我们的学生都慢慢养成了行礼的习惯，通过向国旗、老师、同学等鞠躬敬礼，逐渐培养出对祖国的热爱之情，对师长的尊敬之情，对同学的互助友好之情，形成热爱祖国、恭敬谦虚、友好忍让、互相学习的作风，这便是潜移默化的德育教育成果。

二、跆拳之意——坚韧不拔、百折不屈

跆拳道的"礼义廉耻，忍耐克己，百折不屈"的教学宗旨，不仅体现在老师"教"，更体现在学生"学"，学生不仅要掌握品势、竞技等技能，更重要的是如何在失败挫折中磨炼出坚强的意志！

其实，最令我感动不已的是，我这些可爱的孩子们。

有个学生叫鹏鹏，在做蒙眼破板的动作时，他的手经常无法触及那块木板。我让他在练习时注意手臂的伸直和腰部高度的保持，平时也加强他的个别练习。后来，我发觉他进步很明显，听他的班主任说，他在家经常让爸爸拿张白纸，不停地练习蒙眼横劈的动作，练习一天又一天，才达到了今天的进步。我听后非常感动，集万千宠爱于一身的他，是家中的宝贝，竟然如此勤奋刻苦地练习动作，这是需要多么强的毅力和恒心啊。

有个名叫健健的学生，因为感冒请假了，一周后终于等到他回校，当时他父母感慨地说："这个平时懒洋洋的儿子在家休养期间，都没闲着，仍时常在我们面前表演什么太极一章，还边做动作边喊'呼哈'，完全忘记自己喉咙还在痛呢！我们觉得他像变了另一个人，比以前更懂事更认真了，希望他上台表演有好的表现啊。"听到这些，我忍不住流泪了，如此坚定信念，如此坚持不懈，多么难能可贵的精神！多么可爱的孩子！

还有小华，他表演空中破板，是高难度动作，他真的很刻苦，中途休息时间大家都坐着歇息，而他还让同学拿着练习靶辅助他练习空中破板的动作；他还主动向我提出请求——带一个练习靶回家让姐姐陪着练习。记得比赛前，准备上车了，他还在练习，谁知不小心擦伤了脚，我不忍心让他带伤表演，但他坚持要上场，并哭着央求我，用不是很流畅的语言说"去表演，我想去，去打拳（他把跆拳道说成是打拳）……"，那是为追逐梦想而坚持不懈的眼神，深深打动了我……家长见状也叫我继续让小华上场。那次表演最后那个动作他第一次踢失败了，我和全场观众都屏住呼吸，以为他会情绪失落垂头丧气，谁知他紧接着又来一踢，还是失败了。我心想，小华，没关系的，你受了伤，你已经尽力了。但小华却做出了让全场观众都惊讶的举动，他跑到更远的距离进行第三次的尝试，这一次他用尽所有的力气向上一踢，木板破了——他成功了！他向场上的选手和在座观众证明了"我一定行"的信念！顿时场上响起雷鸣般的掌声，不仅仅是为他的成功而喝彩，更是为他的坚持而鼓掌！那一刻我哭了，孩子，你是最棒的！只有老师才知道你有多么的不容易，你把我们的竖幅写的"自强不息，坚毅不拔"精神真真切切地发扬出来了。功夫不负有心人！我们的跆拳道节目获得了广东省二等奖的佳绩！

三、跆拳之思——只要相信，就有奇迹

跆拳道教学中的德育渗透，其实是"春风化雨""润物无声"的一个过程，没有重

彩浓墨，只有轻描淡写，看似有形，实则无痕。

有人说，教师是伟大的职业。其实，我只是一名平凡的特教教师，我认为，这些特殊孩子的坚持不懈的努力才是真正的伟大，我教给孩子们的是跆拳道动作、技巧、知识和能力，但孩子们却教给我礼义尊重、坚韧不拔、百折不挠……我要感谢这些特殊的孩子，如果没有与他们的相识相知，我也不会有如此丰富的收获，更不会有如此难忘的快乐相处时光。能够跟孩子们一起成长，克服困难，体验点滴进步，享受成功，甚至创造奇迹……这是多么幸福美好的事！

只要相信，就有奇迹！

适 彼 乐 土

广东省佛山市三水区实验中学　陈惠珍

作为一个普通的高中一线教师，我跟其他人一样有很多畏惧和烦恼。然而工作这么多年，我扪心自问，对这份工作，我还是很满意、很快乐的。而我的快乐，正是源自那每天都充满未知充满探求与启智之乐的课堂。那是我与我的学生缘分的凝结点，是我的价值得到充分体现的所在。那片乐土，丰富充盈着我的世界，让我的生活每天每天都开出一朵小花。

一、我欣喜地看见他们出现在我的视线

每换一批新的学生，上第一节课，我都忍不住要细细地打量每一个新的面孔。他们经过那么多年的勤奋努力，经历中考，来到了这个学校这个班级与我相会。想想这个过程，就让我对在座的每一个小面孔产生了无限的好奇，同时又觉得非常亲近，笑意从我的脸上荡漾开来。也许，我们早就约好了在这个时间这个地点相见，我们将在自己几十年的光阴中抽出一年或三年的时光来相识相知相离。看着一个个面对着陌生与未知而紧张地屏息凝神的面孔，我就会萌生小小的愿望，愿我们的人生因为彼此的走进与分离而变得充满色彩，充满感恩与追忆，这是对缘分最好的感谢。

二、让鲜活的生活走近我们

那是刚开学不久的一节课，我们在学习《诗经·静女》，远古的诗歌透着质朴与纯情款款地向我们走来。两个男同学第一次被我请到了讲台上。"静女"为了表演"爱而不见"，找不到地方躲藏，仓皇之中将自己的头掩在了大屏幕后面，却将屁股高高地翘在外面，被"我"一把揪了出来。台下顿时一片大笑。而另外一组同学在表演中充分发挥了自身的创造力，"静女"在"我"搔首踟蹰的时候，悄悄地从背后蒙住了"我"的双眼，顿时，无限的温馨涌上我的心头，也映在了同学们的脸上。初恋那么美好，我在细细体会稚嫩的心对美好爱情的理解与向往。

我问他们："为什么静女送'我'那么普通的荑草，'我'都那么喜欢？"同学们异口同声地说："因为是静女送的呀！"我表示肯定，但仍旧不满意。我在黑板上写下了大大的"自牧归荑"四个字。可是，同学们仍然不得要领，不知道我葫芦里卖的什么药。看到同学们实在纠结，我终于揭开了谜底："荑草虽普通，但是静女在放牧的时候采回来的哦，说明静女即使在野外放牧，也无时无刻不在思念'我'，她送荑草给'我'就是想告诉我她在想'我'啊！我能不感动吗？""哦……"在同学们恍然大悟的点头中，我们结束了一节回味无穷的语文课。

我喜欢借课文中的人物来引导同学们思考自己的生活。学了《诗经·氓》，我要问他们："你同意诗中女主人公对婚姻的处理方式吗？你有什么好的建议？"有些同学的见解很精辟："我不同意，女主人公在做决断之前应先和氓开诚布公地谈一谈，看看这中间是不是有什么误会，也让氓理解自己的想法和感受。如果氓还是一如既往，死性不改，那再做决断也不迟。"学了《孔雀东南飞》后我问他们："如果你是刘兰芝/焦仲卿，你会怎样对待你的婆婆/母亲？你会选择殉情吗？"

我们很多同学的回答都很有见地，就是还不曾思考过类似问题的同学也慢慢地打开了思想的闸门，学会了用单纯而稚嫩的视角审视我们这个光怪陆离而庞杂琐碎的社会生活。我们的同学，在学语言文字的同时，学会了如何去看待生活，也必将慢慢地学会如何去生活。看着他们一天天成长，思想一天天成熟，快乐在我的心里一圈一圈地荡漾开来。

三、谢谢你，你是我的一字之师

有一日，我在黑板上为"尴尬"一词注音。忽然，一同学在台下大叫："老师，你写错字了！""嗯？哪里错了？""尴尬"两字不是"九"字旁的。我一时呆在那里，写了几十年的字，怎么可能会错呢？而台下此时已是议论纷纷，有人说是"九"，有人说是"尤"。汗，慢慢从额角渗出来。可是，我不能着急跳脚，也无法强迫学生接受我的看法。于是，很不好意思地说："真的啊？老师写了几十年，难道错了几十年？来，拿出字典帮老师查查。"全班同学都动起手来，当然，有的同学是急于向老师证明，有些同学在寻找答案。最后，在我们的共同努力下，用部首检字法证实"尴尬"二字是"尤"字旁。我非常惭愧又非常自豪地说："哎呀，这两个字我写了几十年，教书也教了近十年，今天，终于纠正了这个错误，否则，还不知道要错多久。我们十班的同学实在是太厉害了。谢谢你们，你们真是我的一字之师！"说完，深深地鞠了一躬，引得同学们都笑了。

真所谓教学相长。虽然我们站在权威的讲台之上，但是长江后浪推前浪。正是后生可畏，才去迁生新，推动时代的车轮日日向前。我怀着一颗学习之心，向我的学生们学习，感受完善自我的充实与欢喜。

四、我愿能用幽默为你的"乐学"引航

身为老师，我愿意我的学生们每天都在快乐中学习。那种沉闷、了无生气的课堂会让人整天郁郁寡欢。可是，教学内容有时并非那么有趣，我只能努力修炼自己的幽默能力，尽可能地让我的学生们在轻松愉快的氛围中学有所获。能让别人快乐，这是一种能力。

身为教师，在烦琐的学校工作中，我渴望走进课堂，这是我一天最快乐的时光。和学生一起说，一起笑，一起走进文学的殿堂，一起感受课堂的脉动，这是我作为一个语文老师最大的享受。

乐土乐土，爰得我所！

小 步 走 路

安徽省淮北市人民路学校　魏雪雁

> 有只鸭子叫"小步"。
> 它在郊外迷了路。
> "我要找妈妈！可我的脚好酸……"
> 鸭哥哥来帮助，
> "不用怕，你只要想着走好一小步。"
> 一小步，一小步，
> 走过了田野，走过了山谷，
> 走过了树林，埋头走呀走，
> 终于到达终途。
>
> ——［英］赛门·詹姆斯 寓言绘本《小步走路》

一、长长的路，慢慢地走

很多时候，我们真像那只小鸭子。我们不能像老鹰飞得高，不能像小鹿跑得快，不能像骆驼有耐力。但是，干吗非要和别人比？你有你的优势，我有我的节奏。你就是你，是世界上独特的唯一。不妄自尊大，不妄自菲薄，不艳羡他人。

永联研修共同体3月份开启共读《教学勇气》。看到刘老师宣布共读方式是朗读打卡，我心里是有些发怵的。因为从教多年，以前教学大班近80人，没有扩音器，用嗓不科学，结果咽炎、声带小结、声带闭合不全种种问题都找上门。发音费力，咽部肿痛，声嘶力竭，恶性循环，于是喉宝、响声丸、香油无盐鸡蛋茶……各种偏方常常相伴。曾经一边教学、一边备赛、一边中午时间到医院做雾化，然后赶去上班。后来在医院工作的姐姐索性专门给我购置了一套雾化治疗设备，自己点酒精灯，操作治疗。教学方面取得了一点成绩，委实付出的更多，比如声音的损伤不可逆转。参加线上研讨时，很多时候我不敢上麦，因为声音哑，内心里有些自卑吧。

后来因为机缘巧合，改变了我的心态。市里盛大录音工作室祁明老师辗转托人打来电话联系我，请我在他做的节目中配音。情景剧中我扮演一位病体虚弱的妈妈，在电话里和孩子说心里话。深情婉转的音乐响起，我投入身心，声泪俱下。"魏老师，你太厉害了！"祁老师一边拭泪一边竖起大拇指。从那以后，我成为祁老师录音室的常客，多次声音"出镜"，参与的多个节目获得省、市一等奖。我明白了，只要用心用情去朗读，读出温度与情愫，暗哑的声音也能一样能抵达心灵，传递力量。

现在虽然工作一忙碌起来，声音还会疲劳沙哑，但我已经不再害怕发声。没有完美的声线，成不了精彩的第一，能成为唯一也很好。

二、长长的路，小步地走

"寄蜉蝣于天地，渺沧海之一粟。哀吾生之须臾，羡长江之无穷。"人生路漫漫，渺渺无尽头。与其望洋兴叹，不如走好脚下。分解目标，一天天行走，心无旁骛，不顾盼左右。朝向心中梦想，执着地走，大胆地走，不回头。

我多次看到线上研修的信息，总是心动却没行动，特别是看到三年、五年的读写目标，不免有些畏怯，缺少坚持的勇气。永联研修共同体以一年为单位的研修计划打动了我。以年为单位的坚持，从每日一言、每周一文、每月一书做起，从百字感悟、千字随笔写起，不好高骛远，不急功近利，不急于求成，踏踏实实走好脚下的每一步。步子稳健了，还用害怕路途遥远吗？

做出选择，就是对自己做出了承诺。以年为单位的坚持，我对自己有信心。因为我有了坚持成功的体验。我和一些尺码相同的伙伴坚持练钢笔字、粉笔字已经有一年多；数年坚持师生阅读，致力书香校园、书香班级建设；和一阅读书会伙伴们坚持每月共读，已走过了十个多月；报名参加成人软笔书法班学习……一年为期，日日坚持，久久为功，跬步千里。

三、长长的路，专注地走；长长的路，踏实地走

就这么一小步、一小步地走，走过晨昏，走过夜晚；走过春秋，走过四季；走过寂寥，走过欢喜；走过光阴，也走过自己。让我们与自律的自己来一个约定，坚持着，热爱着，用时间记录成长。一年后，再与自己对话。

一年为期，我们且拭目以待。

"关 于 他"

广东省佛山市南海区南海中学　邓小满

一、关于他

今天科代表收了周末布置的读书笔记"书写父亲"。在翻阅的过程中，一篇简短的文字引起了我的注意。我细细读了起来。标题是《关于他》。如果不是父亲节的主题，我可能要误会了。

正文是这样写的：

> 说实话，对他为人处世的风格我并不是很清楚。我只知道他从不会主动去买新衣服，也会在别人要给他买新衣服时说句"不好看"来推辞。
>
> 形容他，我只会用"朴素"这个最简单的词语。他不追求富贵，也不追求名利，他的兴趣除了跑步就是写作。他柜子里的衣服基本样样跟随他许多年，就连鞋柜中他的鞋，也只有屈指可数的几双，可他从不吝惜在我身上花钱，就算我的鞋堆积如山，他也不会阻止我买新鞋。
>
> 在我6岁的时候，母亲因做手术而住院了。我太小，不会做饭。那一年，是我自记事以来他第一次做饭，虽然只是将一堆菜倒在一起做成了一碗"杂食汤"，但在我现在看来，那是一碗深沉的爱。
>
> 我已不记得很多事，但我知道，就是到了现在，他的爱依然深沉。

文字很简单，但却是深情得很。我一读这个文字，不需要知道名字，也知道是谁写的。

我的头脑里会不自觉地浮起那一晚陪她在楼梯上坐，在办公室坐了一整晚而沉默不语的那个夜晚。也会想起那个中途她突然离开而让父母担惊受怕的中午。

二、她心中的他

这个大大咧咧的孩子，总以微笑来掩饰她内心的敏感、忧虑。

她曾告诉我她很讨厌她的父亲，因为她父亲大声吼妈妈了。她很担心妈妈，所以对父亲的行为很生气，也很讨厌父亲。

那时我以为，她只是因为初中的遭遇而让她对男性有所逃避与害怕，以至于对父亲也会有这样情感的逃避与阻隔。

然而，今天看了她这篇文章，我突然觉得当初自己太过于武断。这个孩子，不是表面所表现的那样的，她的内心丰富得很，也复杂、矛盾得很。

我想对于她来说，父亲应该是他生命中一直被她忽视的一个人。或者说她从来没有试过静静地去品味父亲，去思考父亲，去感受父亲。她总以自己的视野去看待身边的这个人，似乎这个人的一切行为都是理所当然的，包括对自己的包容与疼爱。然而，当处于一种特殊的情境，让她必须要去思考的时候，她才发现，原来这个身边习以为常的人，这个父亲一直以他沉默的方式持续着自己的爱，以自己拒绝的姿态来将自己的爱转移给身边的这个唯一的孩子。

三、我的他

在他身上我突然看到了自己父亲的影子。

在我读大学时，虽然家里经济条件不好，然而父亲总会把每一分钱都省下来，只为了给我交学费。大一那年夏天，我想留在大学做暑期工。天气不是一般的炎热。父亲很是担心我，但是他没有直接拒绝我，而是想尽办法给我的房间装了一台空调，只是为了让我回到家可以感受到清凉。害怕炎热的他却一直住在只有风扇的房间里住着。

是的，父亲他一直拒绝着。"这衣服不好看，我不要。""我有很多鞋子，我不需要。"突然发现，我印象中的父亲竟然一直是穿着那身褪色的中山装的样子。而我，似乎从来没给父亲买过一件衣服。而他却一直让我坐在他的自行车后座上，带着我去集市买新衣服。

四、感谢他

子欲养而亲不在。这是人生最深的疼痛，心底里永远的恨。

孩子，你应该要感谢父亲，他一直陪伴在你的身旁，不言不语，但却不离不弃。

同学们，我多么想你能够珍惜身边的这份幸福，这份有着父亲包容与疼爱的幸福。

　　静下心来，好好品味感受一下身边那位默默陪伴的伟岸的身影。他或许已经不再伟岸，他或许已经斑白了发丝，他或许腰杆已经不再挺拔，他或许再也抱不动你，但他一直未曾改变对你的爱。

　　写写你身边的他吧，看看身边的他，去触摸、去感受身边的那个他。

圈　层

广东省佛山市南海区南海中学　邓小满

今天，我想谈谈"圈层"的话题。

6月7日上午，2022年高考语文一结束，在佛山中学语文群立马炸了起来。谈论最多的是，关于这次的新高考一卷的作文题，大家各抒己见，精彩纷呈。我喜欢这种学术争论的氛围，在碰撞中，思维不断产生火花。本来，今年取消了粤港澳大湾区的高考下水作文大赛，我有点泄气与惰性，想偷偷懒，免了今年的下水作文。然而，群内的热烈氛围，一下子把自己带动起来了。趁着高考气未消，当晚，我带着两个学生，一起写了今年的高考作文《本手就妙手，守正方创新》。该文章还被《佛山日报》转载，算是不辜负今年的作文了。我的写作激情，被佛山中学语文群带动了起来。

无独有偶，高考前夕，刘永要老师邀请我进入永要联盟研修群，在群内跟着50几位精英老师一起写每日一言，一起参与他们的每周一文。在阅读他人的文字中，感受教育的精彩，生活的丰富。每个人都有个人的生活与世界，然而，圈子，把一群热爱阅读，充满教育激情的人聚集在了一起，让激情在酝酿，让思维在提升。我喜欢这样的氛围，带动了我每日坚持写点东西。或多或少，积沙成山，思想借助文字得以沉淀。

4月23日，世界读书日，我无意中加入某杂志社举办的读书打卡群，群内一群人每日坚持阅读打卡。在打卡中，我读完了《终身成长》与《教育中的积极心理学》，还带动教师成长群的老师们一起阅读。平时总有诸多借口忙碌，懈怠阅读，然而在外界的督促下，在每日打卡的监督中，每天半小时的阅读时光，竟成了每日最惬意的时光，让心灵得以沉静，让思想得以徜徉。文字带给心灵的滋养，慢慢让浮躁的心变得安宁。我喜欢这种阅读的氛围，当个人自律不足时，他律能够成为一种督促，推动自我的进步。

采铜在《精进》中说"一个年轻人，进入一所不那么优秀的高校，对自己的标准会不由自主地降低以适应这个环境，减少自身与环境的冲突，而这种做法对他们的人生也许是致命的。"这说的就是"圈层"。虽说人的自律与上进，靠的是内驱力。越是优秀的人，越是自律之人。然而，世界上真正优秀的人只有1%左右，而99%的是普通人。而99%的普通人，都有着人性的弱点，都有着对舒适区的享受欲望，虽有着自律的觉醒，然而，有时终究抵不过安逸的诱惑。因而，环境的力量就凸显出来了。

我们之所以在教育学生时，想尽一切努力让学生考进优秀的学府，目的就是让他们可以进一步与优秀的人为伍，让他成为更加优秀的人；我们之所以在班级不断创设优秀的文化氛围，目的就在于让一群未成年人可以在优秀的氛围中，借助他律，慢慢激发自律性，养成内驱力带动的优秀习惯；我们之所以在孩子一、二年级时，不断陪读陪作业，目的就在于借助外界的督促，让孩子从小养成良好的学习习惯，慢慢接受良好的学习氛围。让孩子从小就在一个又一个的圈层中生活、学习、成长。

马斯洛说人的最高追求是自我价值的实现，而圈层的追求，是对自我尊重的需求，也是在尊重需求的基础上，努力实现自我价值的过程。

努力，让自己进入一个拔节向上的圈层，让自己在推动中不断向上。

让生活中有更多的"谷爱凌"

广东省佛山市顺德区第一中学外国语学校 晏清华

北京冬奥会上,"谷爱凌"的名字让大家耳熟能详,她成为冬奥会历史上最年轻的自由式滑雪金牌得主,成为中国女子雪上项目第一位冬奥会冠军。我们来看看她的简历,她兴趣爱好广泛,滑雪、马术、体操、舞蹈、攀岩、越野跑、乒乓球、足球、篮球……真是"无运动不欢"。同时,谷爱凌在学习成绩方面是学霸级别的存在,她用一年的时间完成了高中两年的课程,提前一年从高中毕业。2020年9月,满分1600分的SAT(美国高中毕业生学术能力水平考试)考试,她考了1580的高分,并如愿收到了斯坦福大学的录取通知书,属于所有考生中前0.2%的超级考生序列。谷爱凌成功不仅仅是靠自己的天赋,其背后的努力和强大的时间管理能力更是打开成功大门的密匙。谷爱凌的住所距离最近的滑雪场都要4个小时车程。在妈妈带她去雪场的路上,她会写作业、看书。当铺天盖地的有关她的新闻进入我的视野时,我感觉她如神一样的存在,称其为"天才少女"一点也不为过。再仔细看看作为中美混血的她,出生在美国,在美国生活学习,其中常回中国多是为了进行奥数培训等。由此,我想到当前的"双减"政策,减轻学生的作业负担及校外培训负担,是不是目的之一就是要让学生拥有更多自主成长的空间,让社会有更多的"谷爱凌"出现呢?

如何让"双减"真正实现给学生更多自主发展的空间,让我们社会产生更多的"谷爱凌"呢?这是一个系统工程,需要方方面面的配合和落实。

首先,做好家庭教育工作,多些高效陪伴。"父母是孩子第一任老师",家庭教育是孩子的成长的基础,家长在其中起着举足轻重的作用。家长要树立正确的思想对待"双减",双减并不是没有作业也不是没有培训机构,只是减了过重的作业和规范培训机构的非学科类的培训,旨在让孩子有更多的时间进行兴趣爱好和人文素养的提升。因此,家长要注重家庭环境的营造,言传身教,回到家中放下手机和工作,多些陪伴孩子。工作之余要制订好陪伴孩子计划,如运动计划、读书计划、出游计划和培训计划等,多些高效陪伴孩子。

其次,做好学校管理工作,多些提质增效。学校加强学生的思想教育,组织励志、自律等系列主题班会。加强课堂教学改革、优化课堂教学、规范教师教学行为等,让提质增效真正发生在课堂，以学生为本，向课堂 45 分钟要效益。加强优化教师评价制度，充分调动教师的主观能动性和积极性，激发教学的内驱力。加强课程建设，创设更多的特色课程和学校社团，让学生在学校能有培养个性的地方。组织好丰富多彩的学校校园活动，创设各类平台让学生有更多的出彩机会，使"双减"政策下的学校更加有活力。

再次，规范校外培训行为，多些各美其美。校外培训机构要及时转型升级，把原来学科类的培训行为转变为音、体、美等非学科类的艺术类的人文提升培训，开发更多符合学生综合素质提升的兴趣爱好方面的培训项目。

复次，国家要加强监督，多些反馈指导。相关部门多些监督和管理学校、校外培训机构等教育行为，严防"上有政策，下有对策"的现象。比如，完善中高考升学路径及评价制度、制定"双减"政落实的细则及评价方案、出台督查方案并不定时有督查行动、全社会公布"双减"政策落实的举报热线或邮箱、惩处一批没有按"双减"政策落实的单位和责任人等，让"双减"政策真正落地生效，造福人民、社会和国家。

最后，学生要自主管理，多些自律自强。有资料表明，谷爱凌成功不仅仅是靠自己的天赋，还靠其背后的努力和强大的时间管理能力。"双减"减掉的是过重的作业负担，作为学生课堂学习的效率非常重要，所以，要加强学生自主管理，提高上课听课的效率。同时，做好人生规划，利用好自己的课外时间，抵制不良诱惑，培养顽强的意志力，懂得利用零碎时间，在自律自强中发展好自己的兴趣爱好。

"谷爱凌"让人喜欢，更让人羡慕。但是她这种学习成绩好、爱好广泛的优秀天才才女的产生，不是一朝一夕的事，也不是一个人、一个家庭、一所学校等的事，而是合力发展的结果。让我们的国家、社会、学校、家庭和每个学生都行动起来，一起携手前行，在"双减"政策下，教育回归初心，早日培养出更多的"谷爱凌"！

以悦纳助力学生心理健康成长

广东省佛山市三水区华侨中学　胡碧华

2021 年 7 月，我所带的班级在高考中取得了非常优异的成绩。全班考取本科人数达到了 53 人，超额完成学校下达的任务指标 17 人，一大批学生被重点大学录取。回眸高二接班之初，面对这样一个纪律与学习均居于年级倒数之列的班级，我采取的措施是：家校联盟，看见学生，悦纳学生，助其成长。

一、与家长结成同盟军

（一）和家长结盟，让家长成为我的坚实后盾

根据我的调查了解，可知这个班级的家长大体上有两种表现。

一种家长是对学生的成长不问不管的。这种父母毫无责任感，对于子女教育，父母间互相推诿，有的孩子甚至连基本的生活费都得不到保障……如果孩子长期生活在这种"无爱"的环境中，"我是一个没人要的孩子"的感受会让他们倍感焦虑和缺乏安全感。

另一种父母则是对子女关爱"有加"。但这种爱是有条件的，要求孩子听话、成绩好、很优秀。在这种有条件的爱中成长起来的孩子，要么焦虑，要么自卑，很难成为自己。

知己知彼，百战不殆。对第一类父母，我晓之以理，喻之以"利"，与之沟通支持孩子上学的益处，鼓励其坚持投入高质量的陪伴；对第二类家长，我则动之以情，施之以理，不仅分享家庭教育的智慧，还帮助父母赋能孩子，挖掘孩子的内驱力，发挥孩子的主观能动性。

在我的坚持努力下，家长们意识到家校合作对孩子成长的重要意义，他们纷纷成了我的后援团，成了我的坚实后盾。

（二）转变家长观念，让孩子更自由和更自主

尹建莉经常说："自由的孩子最自觉。"孩子的自觉是建立在父母对孩子的信任和放

手的基础上的。很多孩子，其成长是被父母一步步地安排和控制的，他们没有真正地自主过。为了争取属于自己的自由，这些孩子常常跟父母产生冲突，每天都跟父母斗气；因为这样，家长对孩子更加没有信心，更加不肯放手，更加不断安排并控制孩子，这就陷入了恶性循环。从来没有领略过自由自主的孩子，也就没有机会发展自己的能动性，当然也就欠缺向上生长的动力了。

于是，我经常鼓励家长放手，并告诫家长：放手的初期，孩子的行为看起来会比较混乱无序，但这是孩子成长的必然经历，这个时候，家长一定要学会忍耐，不要又尝试去控制孩子，否则，孩子可能一辈子都无法真正长大成人。坚持一段时间之后，慢慢地，孩子就会往好的方向发展了。孩子一旦走向自主，他的自信心就增加了，自卑感也会没那么强了，心理就会比较健康，情绪也会平和很多，学习动力自然而然也就产生了。

二、给予学生无条件的关爱与接纳

（一）分析学生问题，给予学生关爱和接纳，提升孩子们的安全感

接班前三周，班级各种违纪层出不穷，如私带手机、旷课、迟到、在课堂上睡觉、交头接耳、顶撞老师等。无论我怎样重申班规校规，学生依然我先我素。学习懒惰不上心是常态，心理抑郁自残的大有人在。武志红曾说："让孩子获得自我实现的前提，是允许他们成为自己。"唯有学会悦纳自己，才能正视自己，接纳自己。所谓悦纳自己，就是心理学的自我悦纳，指我们在面对、接受自我缺陷的基础上能够正确面对自己，无条件接纳自己。我们知道当人在自我怀疑和否定时，他的能量是负的，内心是痛苦的，是挣扎的。学生也是如此。

如果心理不平和，情绪不稳定，内心不安宁，怎么可能静得下心来学习呢？我决定给予孩子高质量的陪伴，提升学生自我存在感与价值感。

我身体力行，在言语与行动中给予孩子成长的力量。例如，"你们放心，我们的班级，没有学霸，也没有学渣，老师会一视同仁，公正公平。不管你们的成绩如何，我都爱你们"。同时，我经常约谈有自卑感与焦虑感的学生，给予他们更多的关注，让他们感受到老师无微不至的关爱，让他们拥有安全感。

（二）"看见"每一个学生的情绪，提升他们的幸福感

"连成人都会犯错误，何况孩子。"人生活在世上，总有喜怒哀乐惧，特别是孩子。先解决情绪，再解决问题。在日常学习生活中，我们要善于"看见"每一个孩子，"看见"每一个孩子的情绪，不评判，不贴标签，而是去接纳，去关注，去引领。当父母和老师能够"看见"孩子，接纳孩子，孩子对自己的接受程度就会升高。

　　学生违纪后，我总是先询问，再倾听。如"什么事情令你那么痛苦？需要靠抽烟来排解？"学生逃学，我更是以同理心拨动心弦："在学校什么令你那么不开心？需要逃离这里？"每每遇到学生袒露心声，我更是共情之，陪伴之。

　　就这样，"看见"每一个孩子的情绪，倾听每一个孩子的喜怒哀乐，更以尊重、信任的爱去拨动心弦，学生变得活泼开朗了，与家人、同学相处更和谐了，也越来越有安全感、成就感和幸福感了。

　　总而言之，我运用"悦纳"的理念，借力家长，助力家长，并不断对学生进行心理健康的疏导，引导孩子对自我价值进行无条件的肯定，教会孩子们悦纳自己，帮助他们拥有一颗强大的内心，一个学期过去，学生自主性越来越强了，心态越来越平和了，也越来越能沉得住气、静得下心来学习了。学习学习兴趣浓厚了，班风自然正了，成绩自然也大面积提升了。这样一来，高考成绩的优秀也就变得自然而然了。

教育需要等待

陕西省西安市临潼区临潼中学　赵静

那天晚自习，我让学生默写刚刚学过的诗歌《将进酒》。同学们纷纷把语文书扔在地上，表示绝不抄袭。教室里鸦雀无声，大家都投入安静的默写之中。

我走到小爱的书桌旁，她旁边的座位是空的，所以她没有把书丢在地上，而是放在了这张空着的书桌上，书桌上面放着她的语文书和一个小本的75首必背用书。我随手拿起她的语文书边翻看边小步在教室的过道里往前走，我在想《将进酒》写完以后，再写一首小短古诗，写哪首好呢？正在这时，只听见"啪"的一声，我回头一看，小爱座位旁边书桌上放着的75首必背用书已经在地上了。

她的脸庞涨红，有点生气的样子。我说："为什么把书扔在地上？"

小爱说："它自己掉下去的。"

我转过头，拿着她的书，继续往前走。在大家写完《将进酒》之后，我又让大家继续默写《登岳阳楼》。我把她的语文书放回了原地。我的脑子一刻也不停地在想，我该如何处理这件事情？显然是她认为我在怀疑她作弊，所以拿走她的语文书，她索性扔掉了另一本。而事实上，我只是想借用一下她的语文书，并没有怀疑她作弊的意思。那这个误会该如何消解？她公然把书扔在地上的行为显然是对我的极不礼貌，我又该怎么办？

在我没有想到办法的时候，我在努力克制自己的情绪，我告诉自己，不要着急，我一定要在找到办法以后再来解决这件事情。

那天，风大，零下15摄氏度的气温，冷极了。她坐在靠门的位置，门口学生出入次数较多，开门时间长，我看到她一直很冷的样子。

晚自习放学后，我给她妈妈发了短信："您好，小爱妈妈，明天提醒孩子穿厚点，她这周座位靠近门口，很冷的，也可以让她带上小毯子。"

小爱妈妈很快回复："好的，谢谢老师。"

光阴荏苒，很多留存在心底里的不愉快，真会被时间长河渐渐冲淡，可能会连最初的痛点也找不到了。但日子还在继续，就会有很多新的发生。

一天语文课上，我在声情并茂讲解课文，同学也在全神贯注听讲。而她，又是她，她把头发解开，用手指梳几下，绑起来，再解开，晃几下头，让头发彻底散开，再用手梳头，再绑起来，又解开，又绑起来……我走到她跟前，敲了敲她的书桌，说："不要玩头发了，好好听课。"

学校德育处规定女生在校不能披头散发，这一点我在班里已经强调过很多次。可是她，在我面前她是把头发绑起马尾辫的，我刚一扭身走，她就会一把把皮筋拉下来，又是披头散发了。为此，我也给她说过多次了，但是好像作用不大……

那天下午吃饭时间，夕阳西下，霞光真好。我在操场漫步，忽然就看到她了。我叫她的名字，向她招招手，她跑了过来。

"老师好！"

"你也在散步，今天这个傍晚可真美，霞光满天，也不冷，很舒适很惬意啊。刚好，在这样美丽景色的烘托之下，很适合我们一起说说话。"

"是呢，老师。"

我示意让她和我一起坐在操场边的休息凳上。

我说："孩子，有个事情要给你说一下，有一位学校领导在巡查的时候，说发现我们班一个女生披散头发，今天专门给我打电话说。他描述的座位位置，应该就是说你呢。他说让我好好教育你，如果下次再让他看见，他就要喊你去谈话了。他就是咱们学校的德育校长。"

她低头不说话，我说："你也是咱班班干部，在行为习惯、仪容仪表上也一定要起带头示范作用呀，要不然，同学们怎能心服你的管理，你说是不是?"她点点头。

我继续说："在老师眼里，你是一个乖巧可爱、积极向上的好孩子，你的学习能力很强的，学习成绩也还不错。你做事情也很认真，上次学业水平考试报名填写信息表格，那天你刚好生病请假，老师拍照片发你，让你核对，然后替你签写。让你核对之前，我就在想小爱同学一定不会有错，果然就你做到了零差错。这些都是你的优点。但是，如果你在学习上能够更加专注一些，那么你肯定会取得更加优异的学习成绩。你的理想是当一名老师，我等着可以和你由师生变为同事呢。"

说到这里，小爱笑了。

我继续说："所以呀，可不能在课堂上玩头发呀。试想一下，如果咱班每个女生都在我的课堂上像你那样玩头发，那课堂肯定就进行不下去了呀，那我也只好坐在讲台上和你们一样玩头发了。"

小爱不好意思地笑了，她说："老师，我那天在课堂上玩头发不对。"

我说："还有那天晚自习，我并没有去怀疑你在默写的时候作弊，那天同学们的书都扔在地上，你的书在旁边书桌上，当然用你的书最方便，所以老师就近拿起你的书翻看，在想下一个默写内容，可是不料却听到你扔书的声音，看到了你生气的样子。我肯定知道书是不会自己掉下去的。但那天老师什么也没有说，因为我也不想在你我情绪都不好的时候去处理这件事情。直到今天，我才重新说起这件事情，那天真的是你误会我了。"

小爱低下了头，小声说："老师，对不起。"

"接下来，老师要看你的表现，你要有所改变，注意仪容仪表，不披散头发，遵守纪律，专心学习，能做到吗？"

她看着我，然后重重地点了点头，说："老师，我能做到。"

接下来，一直到放寒假，我没有再看到她在教室披散头发的样子，只有在放学排队的时候，她才会迅速解掉皮筋。这是一个多么爱美的女孩子呀。当然，在课堂上，她也能专注听讲，没有让我觉得又必须要找她谈话了。

回想关于小爱的教育，如果在以前，我可能在那天晚自习的时候，就一本书甩过去了，采用硬碰硬的方法。那天晚上，虽然我的面颊发烫，心里难受，但我拼命在让我自己静下来，我一直在告诫自己，双方情绪的发泄与对抗绝不是处理问题的有效办法，不要着急，等我想到办法了再说。

一直等到这个下午，我和小爱在操场边上的谈话可以说是比较成功的。两人偶遇，而不是生硬刻板目的性强的"专门叫你"；强调班干部要以身示范，是希望作为班干部应有的责任感能起到规范个人行为的作用；接下来，鼓励表扬的同时，让她知道我帮助过她，希望她对我心存感激，不会抗拒我说的这些话；由师生变为同事，是激励，亦是长远发展来看，你不能和我把关系搞不好，我们很有可能再碰面。在此基础上再说"玩头发事件""扔书事件"，才会比较好让她从心理上感受到老师的用心和真诚，才会诚恳接受。

有人说班主任是"机会主义者"，其实教育学生就是需要这样：敏锐捕捉教育契机，伺机而动，这样的教育才不会刻板、不会生硬，才能更生动、更鲜活、更走心。

"上善"是教育追求的一种境界

陕西省西安市临潼区临潼中学 赵静

现今，共享单车已全面投入使用。共享单车的初衷是环保与便捷，也是给予城市公众的一种真诚信任。昨天我在街边却偶遇一辆被"虐待"了的共享单车。共享单车身材纤细，一身靓丽黄衣，头脚、手腕点缀以时尚的黑色。它的出现应运环保主题，绿色出行，减少废弃污染。它的出现，让物欲横流、尘土飞扬的城市多了一些生动活泼的亮色装扮，也似在我们的生活里注入了一种纤弱执着的生命。纤细瘦弱的它出现在这个城市的各个角落，它的职责便是随时做好准备，载着出行的人们出发和到达。它完全信任每一个和它遇见的人们。

然而不料，一段时间之后，它被人虐待至遍体鳞伤，被撬锁、被狠砸、被放气、被扭断手把、被在车座上竖着放上针和针头，甚至被直接丢进河里。无论你怎样对待它，它都像个软弱的孩童，无力反抗，只能默默承受和死亡。它出现在这个城市的第一天，它光鲜漂亮，满是活力的黄衣在阳光下熠熠生辉，它身体健康，整装待发，随时准备去完成它的绿色使命，它可能从来也未曾想到会饱受风雨、因乱停乱发而被嫌弃，受尽虐待，甚至死无全尸。对这一纤细而新鲜的事物——共享单车，我充满同情，不禁思考，它在这座城市被投放，为何会有如此命运？

很多人把这个问题的原因归咎为个人素质，然而，社会这个大熔炉，人数众多，形形色色，因家庭出身、所受教育及周边环境的差别，难免良莠不齐。而我认为，其实良好个人素质的内在就是一个人要善良、要有悲悯情怀。而教育的实质，就是要通过教育智慧激发出受教育者骨子里的那份善良及悲悯情怀，逐渐让受教育者成为一个善良、并有同情心的人。孟子曰："无恻隐之心，非人也；无羞恶之心，非人也；无辞让之心，非人也；无是非之心，非人也。"此"四心"之说，是孟子性善论的基础。"苟能充之，足以保四海；苟不充之，不足以事父母。"罗素说："在一切道德品质之中，善良的本性在世界上是最需要的。"

记得我在教高中语文必修一《小狗包弟》时，课前的导入方法，便是让学生说一说自己养狗的经历，及所养小狗后来的命运。在学生的诉说中，我听到有的小狗至今也和他们一家幸福地生活在一起，也听到有的小狗因惨遭车祸或疾病等已失去生命。同学沉浸在同情、悲悯的情绪中，我顺势导入本课，看看巴金的小狗包弟有着怎样的命运？当看到小狗包弟最终死在医院实验室的解剖台上时，全班同学给予小狗包弟的便是一种深切的同情，他们更愿意去主动解读小狗包弟如此命运背后的根本原因。可以想见，这一课是成功的，成功所在之一，便是看到了学生心底里的善良。教育需要我们运用智慧，时时来发现、关注、扩大学生心底里的善良。试想，对一只小狗都可以如此怜悯同情，更何况对那些没有生命奉献市民的共享单车呢？

校园霸凌是一个备受关注的话题，每出现一起校园霸凌事件，总会令人唏嘘不已，是目不忍睹后的慨叹，如果被欺侮的孩子就是我们自己的孩子？是痛心疾首的反思，如果我们师者可以早点触动施暴孩子心底里的善良，让他懂得要善待他人？记得我的孩子在他很小的时候就不会和别人动手打架，有时候他也会被别的小朋友动手打了，我会问他，你为什么不还手？我孩子告诉我说："我怕把他打痛。"其实，孩子们的内心纯洁美好，但成长途中，他们在慢慢被一些负面的东西浸染，父母感情不和甚至家庭暴力，周边生存环境及平时所接触品行恶劣的人的影响。孟母三迁，确实有它的道理。再到进入校园，班级同学之间的互相影响，我们一直在强调班风正，其实就是在强调班级能够有一种互相影响、互相感染的正能量。包括教师对学生的影响，教师的草率粗暴，甚至是抬起手掌、扇出去的那一巴掌，不能不说，或许就教给了某个学生去扇别人巴掌，甚至比你扇得更凶、更狠。我一直愿意去相信任何学生都是善良的，所有的孩子都是上苍赐给人间的天使。作为师者，我们应该去努力让善良感染善良，"人之初，性本善"，以善良去洗涤人蒙尘的心灵与倦怠的精神，师者努力去放大学生心底里的善良，善良是对人精神上的关怀与给予，无论是对自己还是对他人。我想，真正感染学生去做一个善良而有悲悯情怀的人，他会理解"己所不欲，勿施于人"的道理，他会设身处地地去为别人着想，会换位思考，会想到打人，别人会很痛；会想到欺侮别人，别人心里会很难受，他会去怜惜和爱护。值此，我想这是一种教育境界，达到这种"上善"境界，校园霸凌、打架、欺侮、对别人的故意伤害，乃至对公众设施的不爱护等事件会从源头被杜绝，真正做到釜底抽薪。

有时我们在思索教育的功能，我想学校教育最重要的功能，除了学习文化知识之外，就是要让学生有健康、积极的三观。我们在上语文时，绝不只是在讲教材本身，而是要透过教材对学生进行深入灵魂的感染，从而启发学生逐渐懂得什么是真善美，什么是假恶丑。"必须敢于正视，这才可望敢想。敢说，敢作，敢当。"鲁迅先生在教给我们敢于直面、敢作敢为英雄气魄；祥林嫂的悲剧命运，让我们在给予她深刻同情的同时，深思造成其悲剧的深刻原因，鞭笞那吃人的封建礼教封建社会；"长风破浪会有时，直挂云帆济沧海"里，那满溢的自信感染我们执着抱定"天生我材必有用"的决心，上下求索，达则兼济天下，穷则独善其身。我们会为黛玉的寄人篱下久久慨叹、会为林冲的坎坷命运无奈感伤，我们也会为苏轼的旷达乐观拍手叫好，"归去，也无风雨也无情"可以是我们每个人的座右铭，李清照的"莫道不消魂，帘卷西风，人比黄花瘦"让我们对这个女子心疼不已，柳永的那句"执手相看泪眼，竟无语凝噎"让我们内心的那块最柔软的地方被深深触动了……我们语文组一位同事，曾把语文境界的境界概括为三个——识字境界、阅读表达境界、做一个善良而灵魂高雅的人。我很赞同这位老师的看法，这最高境界就是我谈的深入骨髓的善良。

有好的素养的人，一个灵魂高雅的人，他一定是善良的。因为他的眼睛时刻关注着别人，心里始终装着别人。"善人者，人亦善之。"我们需要给予，需要付出，需要给予别人我们的爱。因为，我们时刻都需要被别人爱，时刻需要世界的温暖。

现今，我们所从事的教育事业，只注重应试考试，以学生学习成绩来比评教育质量的好坏是远远不够的，教育需要我们引导学生修身养性，学会感恩和关爱他人，去做一个善良的人。失去了善良，租售公共道德就无从谈起。我们绝不想看到的是，无论学生成绩怎样优秀，却自私、虚伪、冷漠，更不懂感恩，唯我独尊。教育的主色调应该是善良的颜色。

期待阳光下的孩子健康快乐成长，期待阳光下的人们真诚友好相待，期待阳光下的共享单车每天都可以精神百倍地立刻出发。

班主任的望、闻、问、切

湖南省衡阳市高新技术产业开发区衡州小学　左佳瑶

老中医想要治好病人的病，首先就是要对病人望、闻、问、切，才能对症下药。班主任带领一个有着几十名学生的班级，班级里的每一个学生既有共性又有个性，于是成长中的故事也就如雨后春笋般层出不穷，需要班主任细心发现，耐心疏导，精心呵护。一个有着丰富的育人经验和高超的育人艺术的优秀班主任，就应该如同一个医道炉火纯青的老中医那样，善于施展"望""闻""问""切"的功夫。

一、"望"，即观察

（一）察颜观色

行动是思想的外化，一个人在思想上有了问题，在日常行为上就会显现出来。每个孩子都是纯洁无瑕的，他们的喜怒哀乐都是时时刻刻表现在脸上的。班主任要练就一双"火眼金睛"，善于观察学生日常的行为举止，对他们每一天的生活情况了如指掌，并从其细微的变化中找出需要进行教育的地方。在工作中我们经常会遇见这样的问题：为什么这几天有的学生神色恍惚？为什么有的学生近来上课注意力分散、心不在焉？为什么有的学生成绩突然下降？为什么有的学生近来忧心忡忡、紧锁双眉？许多问题都需要通过班主任有针对性的观察来解决。例如，小颜有一天上课突然打不起精神，作业也是马虎了事，安排她的工作也不能及时完成，跟平时判若两人。我发觉这一变化后立马和她父母沟通，了解到原来是父母吵架要离婚才导致小颜情绪低落。我把孩子的情况告诉家长并做通家长和孩子的思想工作。家长处理好自己的矛盾，孩子的学习也步入了正常的轨道。

（二）观察细节

学生一个小小的非常态情况，也许潜藏着对学生个体、班集体的极大危害。班主任要善用"望"功，尽可能发现学生身上极为细小的变化。如我班的班长小申是一个乖巧懂事的孩子，对妹妹的关怀无微不至，俨然像个小大人。每天早上奶奶只给她们5元钱吃早餐，妹妹要吃蛋糕，她自己不吃早餐把钱省给妹妹买蛋糕吃，结果小申饿着肚子到学校上课。我发现她早上上课总是没精神，通过交谈后发现该问题，马上与其家长反映，从而解决了这个问题。

班主任要想做好"育人"工作就得洞悉学生的一切，善于观察，做个有心人。

二、"闻"，即倾听

班主任要善于倾听。言为心声，说话的内容、方式和流露的情绪色彩都可以给班主任提供教育信息。

（一）听话听音

班主任每天除了和孩子交流，还需要和领导、任课老师、家长交流。这些交流中我们都需要听话听音。有一次，我与小飞的家长沟通，孩子每次听到老师说他不对的时候，他都会生气，认为老师不公平，甚至小声辱骂老师。小飞的妈妈说："老师，你就对孩子冷处理，当他不存在吧。"我一听就明白了，小飞的妈妈以为我是来告状的，只想找个借口安抚我的情绪。我接着说道："我们老师没有生气，是认为孩子这种情绪要引起重视。他一直把自己放在一个弱者的角色上，任何他不好的地方都是别人的问题，那以后进入社会，没有人愿意与孩子好好相处的。"

只有听懂话语的背后意思，才能帮助我们更好地解决问题。

（二）博闻善听

俗话说，班主任是学生的良师益友，可良师难做，益友更难当啊！每天班主任面对的事情就够多了，有时候忙得焦头烂额时，恰好孩子在这个时候来找你告状，这时班主任不免心中烦躁，甚至不想听，但这样往往会刺伤孩子的心。所以我们要学会善于倾听学生的心声，了解他们的内心世界。班上有个学生叫小伍，长得牛高马大的，力气比同龄孩子也大出许多，很多孩子不但不愿意和他玩，还经常来告状说他打人。我一气之下批评了他，并让他写下保证书让家长签字。可小伍过了三天之后又犯错。这样的孩子让我不得不静心深省。

一天，我静下心来把他喊到走廊上聊天。当孩子说出心里话后我才明白，他是一个害怕孤单的人，班上的孩子总觉得他吃得多、力气大，就嫌弃他，不愿意与他玩耍，他就更想和同学玩耍，在玩耍中控制不好自己的情绪就导致了那一幕幕的发生。后来我利用一次班会课告诉孩子们，同学之间要相互友爱、相互团结；告诉孩子们他力气大，为班上赢得了很多荣誉；告诉孩子们无端地排挤同学是多么的不好；告诉孩子们一个人能够控制情绪才能赢得朋友。经过这次班会后，告他状的孩子少了一些，下课后也能见到他与同学玩耍的身影。

在学生心中，班主任是包青天，是知心姐姐，是心理医生，是值得信赖的人。困难时找班主任，他能帮助你；受委屈时找班主任，他能替你说话。这样才能让学生心服口服。

三、"问"，即关心

（一）问寒问暖

一个老师要想让孩子学好你这门功课，就要让孩子喜欢你，怎样才能让孩子喜欢上你呢？我想就需要让孩子知道你是爱他的，让家长知道你是关心孩子的。刚接班时，我碰到一个孩子生病请了几天假。我没有打电话问家长孩子怎样了，什么时候来上学。后来同事告诉我，孩子的家长在埋怨我这位新来的老师对他的孩子一点都不关心。我才意识到自己的失误。从那以后，不管多忙我都会记得给请假的孩子亲自打个电话嘘寒问暖。

（二）问长问短

对于班主任来说，不管是成绩好的孩子还是成绩不好的孩子，都是我们班主任的心头肉。对于后进生，我们更应该主动、真心地关心他们。班上有位同学小翼不写作业，喜欢刷抖音。一次，我因为他不写作业要打电话告知其父母的时候，他激动地说要和自己的妈妈断绝母子关系。我仔细询问才得知，只要我和他妈妈说他的情况，妈妈就会生气地揍他。我了解情况后，把孩子妈妈请到学校与孩子一起面对面沟通，从家长理短，从孩子小时候的故事都聊一聊，让家长真切感受到老师是关心自己的孩子的。从那次沟通后，小翼妈妈发生了一些变化，小翼的情绪也稳定了一些，作业也会写一部分了。老师每一次真心实意的促膝长谈让学生感受到关心和爱护，再厚的"冰雪"也会被我们融化。

四、"切"，就是亲自体验

（一）亲切相待

亲切相待即尊重学生，理解学生，关心学生。正如苏霍姆林斯基说的一句话："老师公正客观地对他们评价，才能如和煦的春风，沁人心脾，润物无声。"在我刚接手一个新班级的时候，家长和学生总是对以前的老师念念不忘。经常是我说什么他们都会说以前的老师不是这样说的，每次上网看到他们在群里聊的也是以前的老师是如何好。看到这些内容，我自己心里的难受无法用语言形容。但我没有因此而放弃，反而是站在他们的角度去尊重他们，去理解他们，去关心他们。一个偶然的机会，我告诉他们："你们真是一群重情重义的孩子，曾经的老师走了这么久你们还是这么想念她，让我很感动，如果我有一天离开了，你们也会这么想念我吗?"这一席话让孩子们认真思考，从那以后我与孩子们的心更贴近了。

（二）切正脉搏

班主任充分了解学生，注重因材施教，是班主任教育学生取得成功的重要因素。班主任要多方面地去了解学生，可以通过个别谈话、问卷调查、社会调查、家访等方式来了解学生的思想行为和真实的感情，以便切正脉搏，对症下药，因材施教。

教海无涯，班主任工作中的方法还有很多，我想只要我们"望、闻、问、切"，及时了解学生的真实思想，在处理具体问题时见机行事、灵活运用，练就一身"中医功夫"，那么，在教书育人实践中，就不会有什么问题不能迎刃而解了。

心有微光，必有远方

——巧用多种工具助力教师成长

广东省深圳市罗湖区布心中学　向小群

"这两年你成长得为什么那么快？"

"又要工作又要带娃，你是怎么平衡工作和生活的呢？"

"每天工作那么忙，你哪有时间进行写作？"

"……"

身边的同事得知我的文章登上《中国教师报》，大家在表示祝贺的同时，更多的是疑惑：同样是宝妈，工作都已经焦头烂额，哪来时间进行自我提升呢？同事们的问题引起了我的深思。对于教师来说，如何平衡工作和生活，确实是一个大难题。想当初，我也是和她们一样不知所措，但是现在的我，一直奔走在不断成长的路上。回首间，我不敢说我掌握了什么诀窍，我只是寻找到了一定的方法，那就是：巧用多种工具助力自身成长。

一、讯飞语记：让工作更加得心应手

曾经有人说，灵感一闪而过，只有及时地记录，才会更有价值。我在班级管理过程中，每天总是会发生很多的故事，学生的一次进步，学生的一次错误，课堂上的一次巧妙处理等。每一件给我们带来触动的事件都值得我们用心去思考和挖掘，都是我们宝贵的人生财富。每天工作那么忙，哪里有时间呢？对于教育中的点滴记录，讯飞语记可谓是个小神器，这一点在我的实际工作中非常有效。只要打开讯飞语记，你可以随时随地把身边的教育故事、教育心得、所思所想统统记录下来。随手记学生好的行为进行分享，可以给予学生鼓励，可以促进家校沟通，可以促进自身专业提升，可谓一举多得。比如开篇提到我发表的文章，就是来自自己随手记录的一个教育案例。点滴记录，随时记录，定时回顾，我的思想得到了升华，工作思路更加清晰，工作也能更加的得心应手。

二、番茄闹钟：让工作生活效率提升

有一些人每天都很忙，是真忙；但是有一些人很忙，是因为没有高效使用时间而已。作为老师，工作繁多，工作期间，随时可能被打扰。为了提升自己的专注度，每次有任务需要专心处理时，我就会把手机调成静音状态，打开番茄闹钟，与时间开始赛跑。比如改一个班级作业、备一堂课、给学生写一封信等，我会提前预计时间，然后快速进入状态。番茄闹钟不仅让我的工作更加高效，同时也让我和孩子的亲子时光更有质量。比如晚间阅读时光，我会打开番茄闹钟，邀请儿子和我一起玩挑战游戏。这不仅避免了我频繁查看手机的问题，而且更加提升了亲子阅读的效果，做到了高效陪伴。一个番茄闹钟，可以极大提高效率，让我们真正做回时间的主人，平衡好工作和生活。

三、时间手账本：让时间消费更加清晰

一天下来，每个人都可以问问自己一个问题："时间都去哪儿了？"我们往往会感叹一周、一月、一年的时间消费，却往往忽视了一天的时间消费。殊不知一年的时间恰恰是由 365 天组成。一天中发生了哪些事情？哪些时间花费是有意义的？哪些是无效的时间利用？只有清晰知道自己时间花在哪里，你才可以优化时间，做好时间管理。而做到这些，一个时间手账本就够了。利用这个本子，我会经常会做好三件事：①提前计划。前一天的晚上，我会利用睡前安排好第二天的重要事情，如此一来，便可做到心中有数；②及时记录。随身携带时间手账本，随时记录每一个时间自己所做的事情；③做好复盘。每天结束时，我会做好复盘，思考自己的时间利用率。如此一来，我能够很轻松和时间成为朋友，加强对工作和生活的掌控感。

四、各类读书 App：快速提升自己的法宝

时间如海绵里的水，挤一挤总是有的。现在是信息时代，智能手机的使用，把各类学习资源轻松地推送到我们面前，就看我们是熟视无睹还是会珍惜利用。我每天上下班花费在路上的时间，差不多是一个小时，在这一个小时的时间里，我经常会提前计划，充分利用。走路的时间用于听书，坐地铁的时间用来写作，等待的时间用来思考。如此一来，零碎时间被充分利用，日积月累，效果凸显。学习到的各类知识，不仅提升了我的认知，更加让我在面对工作生活问题时有章可循，有法可依。

教育教学的工作是非常复杂的，生活也是需要兼顾的，作为教师，其实很容易陷入生活泥沼而只知抱怨不能自拔，其实有时候你也可以尝试一下奋力振翅，飞向空中俯瞰

世界。而在这个过程中，工具就是我们向上的梯子。巧用各类工具，可以快速促进自身成长，更好地应对工作和生活。

冰心在其散文诗《成功的花》一文中曾说："成功的花，人们只惊羡她现时的明艳！然而当初她的芽儿，浸透了奋斗的泪泉，洒遍了牺牲的血雨。"向上走的路一定是难的，累的，苦的，但是心若有微光，必有远方，当你自律了，难的事情也容易了。人生路上，哪有什么生活优待，岁月优待，一切全是日积月累的结果！

后　记

与 光 同 行

陕西省西安市临潼区临潼中学　赵静

遇见了"永联"，便是遇见了生命之光。

————题记

不知不觉，我加入全国永要德育联盟已经六年了。在这六年时光里，"永联"给了我专业成长上的引领，坚定了我扎根教育事业的初心。"永联"让我在失落彷徨中，重拾不服输的信念和勇气；让我在孤单无助时，有了方向不再迷茫；让我在寒风凛冽的日子里感受到温暖。"永联"给予我的这份深情陪伴，是我走过漫长人生中的一隅，又是我每一个今天的不可或缺。在季节的更迭里，我保留这些微小但可贵的记忆，在时间的长河里，我逐渐找到属于自己的那束光。

（一）

思忆我与"永联"，我打开"永要德育联盟"微信公众号，输入自己的名字搜索，一下子出来几十篇文章与我有关。

我主持过德育话题研讨，还记得第一次主持研讨的时候，看到全国各地的老师参与研讨、积极发言，在群里编辑大段的文字来表达观点，我有点兴奋，我感受到一束强光照进了我的内心。这束强光瞬间又合成了一股强大的成长助推力。

德育方面的棘手问题、经典案例，都是研讨的话题。其研讨过程也是自我梳理解决问题思路的一个过程。有的问题说着说着，自己也就想开了，更何况有那么多老师参与讨论，提供了各种解决问题的办法。实际问题解决了，整理成稿，由"永要德育联盟"微信公众号推出，以便让更多老师看到。

还记得我第一次整理推文，当时还不知道有微信文件传输助手，我凌晨 5 点就起床，开始在电脑前逐字逐句地录入文档，一直录入到早上 7 点多，也只录入了很少一部分。我有点着急，便问刘永要老师，有没有什么录入文档的简便方法？这下，我才知道了微信文件传输助手。现在回忆起来觉得那时的自己真是笨得可爱。

由我负责研讨及整理的一共有四期，每期七八千字。这个研讨、整理、成文、微信公众号推出的过程，对我来说，本身就是一种学习、一种锻炼、一种进步。

（二）

后来，我们又有了永要德育联盟讲座一群、二群，每周三、周六，由来自全国各地的一线教师，结合自己的教育教学实践进行线上讲座。那时开讲座很简单，做好 PPT，截好图，就在微信群里"按住说话"，语音输入，配合 PPT 图片，把内容一条条发出即可。听完讲座之后，刘永要老师要求大家写至少 100 字的听后感。质朴的方式，简单的要求，纯粹的教育情怀，我就在这样一场场朴实又专业的讲座里悄悄成长着，先后写下上万字的听后感。

听刘永要老师的讲座"如何通过班级活动育人？"，我写下题为《做一个真正为学生着想的老师》的讲座感悟；听刘永要老师的讲座"家校沟通的道和术"，我写下题为《家校沟通中"化险为夷"策略的思考》的讲座感悟；听刘永要老师的讲座"如何构建良好的师生关系"，我写下题为《解决学生问题 创设教育契机》的讲座感悟；听胡燕辉老师的讲座"做一个'有新意'班主任"，我写下题为《做个"三心三业"的老师》的讲座感悟；听张海琼老师的讲座"家校沟通贵在审时度势"，我写下题为《班主任要善于寻找教育契机》的讲座感悟；听了魏雪雁老师"用心陪伴 用爱共读"的讲座，我写下题为《共享阅读 收获成长》的讲座感悟。在听完杨换青老师"班级小组建设策略"的讲座之后，她在班级小组建设中的具体做法，我至今还在模仿。在听完刘志发老师的"班级管理"讲座之后，"破窗效应"让我深受启发；在听完曾瑞琦老师"打造幸福班级"的讲座之后，我第一次懂得原来在日复一日的班主任工作中，也可以找到通往诗意与幸福的出口。在这样的氛围感染下，我也做了 2 场题为"且行且思 且说失败""用心陪伴 静待花开"的公益讲座，并深受好评。

一场场的"永联"讲座中，没有一点粉饰与浮夸，全是班主任们实实在在做过的事情和正在做的事情。谁说教育困境让人频频失望、举步维艰，在这样一群教育人身上，明明闪耀着照亮前方的智慧之光。

（三）

2019 年 8 月，首届全国永要德育联盟研讨会在福建举行，承蒙福建省福鼎市茂华学校的接待，我们相聚于此。永要德育联盟讲师团为与会的老师们带去了讲座盛宴。为期 4 天的学习，让我们每一个人都收获满满；为期 4 天的相处，让我们每一个人在分别的时候都依依不舍。

再忆起，恍若还在三年前，还在茂华学校大大的礼堂里，听着盟友们精心准备的讲座，为那一个又一个真实生动的教育故事，为那一次又一次真心实意的为生付出，为那一段又一段刻骨铭心的师生情谊，我收获了感动、喜悦、幸福与成长。

休息时间，我们一起去食堂，又一起发现一种美味。我们一起去操场散步、听风，聊聊过去、现在和将来。很多老师都是第一次见面，可是彼此之间却像是认识很久的老朋友，没有一点陌生感。

我们是一群来自全国各地的老师，为了同一个梦想、同一种情怀，在一束光的指引下，我们相聚于此。我们一起学习、读书、探讨、听讲座、写感悟。课间时分，我们一起去操场玩耍；夕阳西下，我们一起在湖边游玩；趁着夜色，我们还可以去打篮球，来场比赛。这是不是就是生命最好的模样？我们像是一群充满活力的孩子，阳光开朗、向上生长。

（四）

2022 年 2 月，在刘永要老师的带领下，我加入了为期一年的永联研修共同体。"共同体"要求依据"本周话题"写每日一言，每周写一篇教育类千字文。迄今为止，我的每日一言已写了近 5 万字，

每周一文已写了 20 多篇，每篇字数都在 2000 字以上。

今天，我们永联研修团队的专著《行者致远：班主任的思与行》要结集出版，我有幸成为编委之一，我的多篇作品有幸入选。

除此之外，"永要德育联盟"微信公众号里开设了我的个人专栏，我在专栏里已发布原创文章 50 多篇。鲁迅先生说："伟大的成绩和辛勤的劳动是成正比的，有一份劳动就有一份收获，日积月累，从少到多，奇迹就可以创造出来。"当然，我不曾创造奇迹，只是看到这一篇篇用心写出的文章被评论、被转载，我的内心就会涌动喜悦。

与刘永要老师相遇，是多么幸运的一件事情。他说，"学而不倦以育己，春风化雨以育人"。他的带班做法、教育理念，以及在他的带领之下，"全国永要德育联盟""永联研修共同体"产生的集体智慧、生发的最强动力，带给我太多启发、太多灵感、太多鼓励。在我疲惫懈怠的时候，在我灰心失落的时候，在我犹豫踌躇的时候，在我无力无奈的时候，他就是人群里的一束光，闪闪发亮，给我信心，给我希望。

（五）

和刘永要老师相识之后，我的手机里多了好多个微信群，永要德育联盟一群、二群，后来开了三群、四群、五群、六群，直到八群、九群、十群、十一群，每个群几乎都是

满满的 500 人，群友都是来自全国各地的一线教师。可见，刘永要老师的影响力，全国永要德育联盟的影响力。

是的，遇到他以后，加入"永联"以后，最真的感受是眼界阔了，心界宽了，见识广了，懂的多了，我遇见了我的生命之光。于是，我更加坚定地追寻专业之路上的成长；于是，我总能找到令师生都舒适的方式来处理问题。我工作起来更从容自信、专业高效，同时也收获了学生的爱戴、家长的信服、学校的认可。

目前，全国永要德育联盟研修基地已于 2022 年 8 月成立于深圳市格致中学，盟友们的小小梦想便是欢聚于此，永要德育联盟里的我们，携手一起，走得更远。

（六）

我不是一个很好的记录者，我只是惦念那串串脚印里留下的温热和感动。往返、回首、伫足，时光机器依然永不停息地向前奔去。

但我依旧相信，生活中始终存在一种诗意的永远。我们是寂静长夜里的星，互相陪伴，彼此照亮。虽然没有事物能够永存，但当我们因为同一段文字而共鸣、同一个故事而感动、同一种情怀而懂得，我们便拥有过短暂的永恒。来日方长，还有更多的可能等着我们。愿我们心中永远拥有一份清晰的内在蓝图，而全国永要德育联盟将继续做一个我们共同记忆和时间落脚的地方，继续做一个定格美好与深刻的珍贵角落，继续做我们前行路上那一束永远亮着的光。

七年，我们依旧闪烁且年轻，我们依旧拥有同一份明亮与澄澈，世界浩瀚，有幸与你在此相遇，时间向前，我们一起同行。